中传学者文库编委会

主　任： 廖祥忠　张树庭

副主任： 蔺海波　李　众　刘守训　李新军　王　晖
　　　　　杨　懿　柴剑平

成　员（按姓氏笔画排序）：

王廷信　王栋晗　王晓红　王　雷　文春英
龙小农　付　龙　叶　龙　刘东建　刘剑波
任孟山　李怀亮　李　舒　张绍华　张　晶
张根兴　张毓强　林卫国　郑　月　金　炜
金雪涛　周建新　庞　亮　赵新利　徐红梅
贾秀清　高晓虹　隋　岩　喻　梅　熊澄宇

中传学者文库

1954—2024

主编／柴剑平　执行主编／龙小农　副主编／张毓强　周建新

视听传播的互动追求

王晓红自选集

王晓红 著

中国传媒大学出版社

·北京·

图书在版编目（CIP）数据

视听传播的互动追求：王晓红自选集 / 王晓红著 . -- 北京：中国传媒大学出版社，2024.8.

（中传学者文库 / 柴剑平主编）.

ISBN 978-7-5657-3697-1

Ⅰ . G206.2-53

中国国家版本馆 CIP 数据核字第 2024VS1445 号

视听传播的互动追求：王晓红自选集
SHITING CHUANBO DE HUDONG ZHUIQIU: WANG XIAOHONG ZIXUANJI

著　　者	王晓红
责任编辑	于水莲
特约编辑	张斯琪
封面设计	锋尚设计
责任印制	李志鹏

出版发行	中国传媒大学出版社		
社　　址	北京市朝阳区定福庄东街 1 号	邮　　编	100024
电　　话	86-10-65450528　65450532	传　　真	65779405
网　　址	http://cucp.cuc.edu.cn		
经　　销	全国新华书店		
印　　刷	北京中科印刷有限公司		
开　　本	710mm×1000mm　1/16		
印　　张	19		
字　　数	284 千字		
版　　次	2024 年 8 月第 1 版		
印　　次	2024 年 8 月第 1 次印刷		
书　　号	ISBN 978-7-5657-3697-1/G · 3697	定　　价	95.00 元

本社法律顾问：北京嘉润律师事务所　　郭建平

总　序

　　媒介是人类社会交流和传播的基本工具。从口语时代到印刷时代，再经电子时代至今天的数智时代，媒介形态加速演变、融合程度深入发展，媒介已然成为现代社会运行的基础设施和操作系统。今天，人类已经迈入媒介社会，万物皆媒、人人皆媒，无媒介不社会、无传播不治理。今天，无论我们怎么用力于信息传播的研究、怎么重视信息传播人才的培养都不为过。

　　中国传媒大学（其前身为北京广播学院）作为新中国第一所信息传播类院校，自1954年创建伊始，即与媒介形态演变合律同拍、与国家发展同频共振，努力探索中国特色信息传播人才培养模式、构建中国信息传播类学科自主知识体系，执信息传播人才培养之牛耳、发信息传播研究之先声，被誉为"中国广播电视及传媒人才摇篮""信息传播领域知名学府"。

　　追溯中传肇始发轫之起源、瞩望中传砥砺跨越之未来，可谓创业维艰而其命维新。昔日中传因广播而起，因电视而兴，因网络而盛，今天和未来必乘风破浪、蓄势而上，因人工智能而强。在这期间，每一种媒介兴起，中传均吸引一批志于学、问于道、勤于术的

学者汇聚于此，切磋学术、传道授业，立时代之潮头，回应社会需求，成为学界翘楚、行业中坚，遂有今日中传学术研究之森然气象，已历七秩而弦歌不断，将传百世亦风华正茂。

自新时代以来，中传坚守为党育人、为国育才初心，励精图治、勠力前行，秉承"系统治理、创新图强、交叉融合、特色发展"的办学理念，牢牢把握高等教育发展大势、传媒业态发展趋势，瞄准"智能传媒"和"国际一流"两大主攻方向，以世界为坐标、以未来为向度，完成了全面布局和系统升级，正在蹄疾步稳、高质量推动学校从传统高等教育向未来高等教育跨越、从传统传媒教育向智能传媒教育跨越、从国内一流向世界一流跨越，全力建设中国特色、世界一流传媒大学。

中国特色、世界一流，在于有大先生扎根中国大地，汇聚古今、融通中外；在于有大先生执教黉门，学高为师、身正为范；在于有大先生躬耕杏坛，敦品积学、启智润心。习近平总书记更强调，高校教师要立志成为大先生，在教书育人和科研创新上不断创造新业绩。中传广大教师素来以做大先生为毕生职志，努力成为新时代"经师"与"人师"的统一者，做真学问、立高品行，践履"立德树人"使命。

2024岁在甲辰，欣逢中传建校70华诞，学校特邀约部分学者钩玄勒要、增删批阅，遴选已公开刊发的论文汇编成集，出版"中传学者文库"，意在呈现学校在学科建设、科学研究、服务行业实践等方面的最新成果，赓续中传文脉，谱写时代新声。

文库汇聚老中青三代学者，资深学者渊渟岳峙、阐幽抉微；中年学者沉潜蓄势、厚积薄发；青年学者踌躇满志、未来可期。文库与五十周年校庆所出版的"北广学者文库"相承接，大致可勾勒中传知识生产薪火相传、三代辉映之概貌，反映中传在构建中国特色新闻传播类、传媒艺术类、传媒技术类学科体系、学术体系和话语体系方面的耕耘与收获，窥见中国特色信息传播类学科知识体系构建的发展脉络与轨迹。

这一构建过程，虽筚路蓝缕，却步履铿锵；虽垦荒拓野，亦四方辐辏。一批肇始于中传，交叉融合、具有中国特色的学科，如播音主持艺术学、广播电视艺术学、传媒艺术学、数字媒体艺术学、政治传播学等，从涓涓细流汇入滔滔江河，从中传走向全国，展现了中传学者构建中国自主知识体系的学术想象力和创新力。文库展示的虽然是历史，实则是呈现今天；看似是总结过去，实则是召唤未来。与其说这套文库的出版，是对既有学术成果的展示，毋宁说是对未来学术创新的邀约。

回首过往，七秩芳华。我们深知，唯有将马克思主义基本原理与中华优秀传统文化相结合，才能推动中华学术创造性转化和创新性发展，推动中国自主知识体系的构建。我们深知，唯有准确把握媒介形态演变的脉动、深刻认知媒介形态变革所产生的影响，才能推动中国信息传播类学科自主知识体系的构建与时俱进。

展望未来，星辰大海。我们深知，以人工智能为代表的产业和科技革命正迅疾而来，媒介生态正在加速重构，教育形态正在全面重塑，大学之使命与价值正在被重新定义；我们深知，唯有"胸怀国之大者"、面向世界科技前沿、面向经济主战场、面向国家重大需求，才能确保中传始终屹立于中国乃至世界传媒教育发展之潮头。

如何应对人工智能带来的深刻变革，对中传而言是一场要么"冲顶"、要么"灭顶"的"兴亡之战"。我们坚信，不管前方是雄关漫道，还是荆棘满途，唯有勇敢直面"教育强国，中传何为？"这一核心命题,奋力书写"智能传媒教育,中传师生有为!"的精彩答卷,才能化危为机,奋力开创人工智能时代中传智能传媒教育新纪元。

功不唐捐,芳华七秩;风帆正举,赓续创新。

是为序。

第十四届全国政协委员,中国传媒大学党委书记、教授、博士生导师

序

  交往与互动是人的社会性的体现,是人的本质诉求,也是传播活动的逻辑目标。在人类的交往史中,视听传播是最原始的传播形态,因为人类最初的交往与互动即"面对面"视听交流。文字的出现使得人的交往走向远方,但也消弭了立体的、生动的、直接的互动经验,直至视听媒介的出现。纵观视听媒介的形态演进,从电影到电视,再到网络视频,进而到正在兴起的智能视听、沉浸视听,传播技术在不断还原和焕新"面对面"交往情境,也在持续扩展人们交往互动的深度与广度,不断趋向全方位、立体化、多样性。借助现代视听媒介技术,无限的远方、无尽的人们,还有闪耀于远方、隐匿于日常的文化与创造瞬息之间都可以与我们每一个人直接"同场",视听媒介从一种"被观看"的中介物,变成了人们可以投身其中的交往活动空间。在这一进程中,视听认知模式怎样作用于人们的互动与交往?新旧之间的联系在哪里?内在机制是什么?与相对稳定、成熟的文字传播形态相比,视听传播形态正在持续焕发新生,由此产生的一系列理论与实践问题亟待研究。

  马克思将人的活动(以技术为主)与活动的形式(即相应的社会关系)作为社会研究的两个相互影响的维度。技术是人们活动的物质条件,从中可以发现人类活动在物理空间上的可能性;关系则是人们活动的社会条件,表现为活动的范围、幅度、影响以及可能发生的走向。将这种方法引入传播研究，可以清晰揭示当下视听传播形态变革及其深刻影响交往与互动的内在技术逻辑。社交网络的出现开启了人类自由使用视频交往的历史。从电视到网络视频，其本质性变化在于每个个体都可以成为视频生产与传播的主体。以短视频、直播为代表的新型视听传播形态，不仅以快速而直接的沟通方式，打破了高低语境的交往隔阂，而且更为重要的是，它创造了一个包含人类所有活动在内的全新的交往空间，由此也极大地激活了社会创新力。智能技术的进步再度带来人类交往方式的新纪元，它打破了以人为主体的生产与传播关系，开创了人机协同、虚实共生的全新互动体验。作为广播电视、网络视听与人工智能、大数据、虚拟现实、情境感知等新技术深度融合的产物，智能视听迅速进入社会生活场景，重构了人对世界的感知，也带来了新的挑战。

上述变革证明，技术的发明与使用，在不断扩大人的活动范围，也在不断扩展人们的社会交往关系。然而，每一种技术都是一种规定，它在扩展交往范围的同时规定着活动和互动的边界。新的技术发明总是在不断打破这一边界，因此技术发展和社会关系变化呈现着阶段性、时代性特征。视听形态作为人类活动与交往中最古老又最先进的、呈现最完整的传播方式，自然也表现着同样的特征，即以不断递进的演化形式获得其时代性形态，它还在不断丰富、完善乃至重塑人的交往与互动模式，这也为媒体深度融合开辟了探索未来应用的可能性。

于当代中国媒体实践而言，视听媒介不仅为中国式现代化提供了影像纪实，更成为社会生产生活的新形式、新场域。探讨网络视频及视听传播发展议题，既要统筹把握行业发展的现实图景，亦要透过现象看本质，管窥内里乾坤，找寻推动视听高质量发展的理论创新点与实践着力点，于视听传播新格局下，着力打造健康优质的视听新生态。

王晓红

目 录

第一辑 理论篇

论网络视频传播的"本质性互动"及意义 ……………………………… 003

类人际互动与日常化：电视传播互动性的本质与表现 ………………… 017

视频文本化及其技术功能初探 …………………………………………… 026

论网络视频话语的日常化 ………………………………………………… 037

论影像政治修辞的历史演进及其内涵扩展 ……………………………… 048

论互联网时代政府传播的修辞变化及其偏失 …………………………… 058

新型视听传播的技术逻辑与发展路向 …………………………………… 067

短视频助力深度融合的关键机制 ………………………………………… 076

网络视频：超越"观看"的新形态 ……………………………………… 086

可及性：一个观察媒体融合的理论视角 ………………………………… 091

全球短视频的历史回顾与理论图景：2005—2021 ……………………… 108

重建视听传播案例研究的方法观 ………………………………………… 145

第二辑　实务篇

中国网络视频产业：历史、现状及挑战 ……………………………………… 163

新时代中国对外传播的思考 …………………………………………………… 182

我国城市台深度融合发展的问题与路径研究 ………………………………… 190

直播促进共享共创的现实图景 ………………………………………………… 202

让民生新闻走向新生 …………………………………………………………… 207

电视新闻的好文风从哪里来 …………………………………………………… 215

新闻的价值实现及社会守望 …………………………………………………… 220

民生新闻的公益品质和价值期待 ……………………………………………… 226

新历史主义框架下人物文献片的叙事新范式 ………………………………… 233

稳中求"变"变中守"本"：英国电视节目生产机制创新探究 …………… 242

在"细小实"中求得"深广远" ……………………………………………… 250

情境信息的协同构建：基于危机事件中的共享文档功能考察 ……………… 265

第一辑
理论篇

论网络视频传播的"本质性互动"及意义*

早在1995年,数字媒体研究的领军人物尼古拉·尼葛洛庞帝(Nicholas Negroponte)就断言,电影电视是"被动"的旧媒体,有字幕的影视虽然融合了影像、声音和数据,符合"多媒体"定义,但是,它所给予观众的只是被动的经验,而与电脑结合的未来电视是"本质性互动"的多媒体,将充满小规模的信息制作人,网络上的每个人都可以是一个没有执照的电视台。①

那时的互联网刚进入民用时代,文字和图片是互联网的主要应用,视频流媒体技术尚在试验阶段。虽然尼葛洛庞帝没有明确提出"网络视频"这一概念,而是以"未来电视"代之,但他显然已经清楚地意识到,"未来电视"是完全不同的媒体,"本质性互动"是新旧媒体之间的分界线。

当分享视频于2005年前后在全球兴起时,一个全方位、多样化展开并且由无数个体参与创造的影像世界出现,尼葛洛庞帝的预言被证实。著名信息社会学家曼纽尔·卡斯特(Manuel Castells)在《网络社会的崛起》(*The rise of network society*)一书中文版序言中特别指出,电子多媒体正在把我们分化为"互动的"与"被互动的"两种人,前者能主动参与创新,后者则被动接受信息。面对网络社会带来的传播变革,他激情宣称:"一种新的通达全球、整合所有沟通模式的互动式网络正在改变我们的文化。"②

---

* 文章原载于《中国网络视频年度案例研究2017》,收于本书中,略有删改。
① 尼葛洛庞帝.数字化生存[M].2版.胡泳,范海燕,译.海口:海南出版社,1997:89,80,205.
② 卡斯特.网络社会的崛起[M].夏铸九,王志弘,译.北京:社会科学文献出版社,2006:310.

互联网技术为传播带来的结构性变化开创了不同于电视的视觉传播新格局。

在网络视频传播中，人们不再是被动地观看，而是主动参与视频内容的生产与传播，既可以下载收藏，也可以改编上传，还能够利用搜索引擎在庞大的视频数据库中任意选择、加注标签、添加评论、转发分享。无论何时何地，人们都可以借由网络视频交流情感，"享受不断发展的社会关系及其交互时光"①。

为什么说网络视频的传播方式是对尼葛洛庞帝所提出的"本质性互动"的证实？对此，需要从人的活动交往展开的过程和交互传播的不断深化来理解。

一、交互传播的困境与超越

人类社会的发展史既是人类活动史，也是交互传播史，更是人类追求"全面发展"的历史。②人的活动内蕴于交互之中，又在相互交往中展开，这种活动与交往实际上也是人对自己的呈现与展开。人类活动的交互作用表现为传播的双向互动，然而，这种双向互动在不同的媒介时代，其广度和深度都不同。当传播超出面对面的人际传播范围，延伸到社会领域，成为社会传播时，传播的互动性达到什么程度，人类的社会活动空间就扩展到什么程度，人的发展也就达到什么程度。

所谓本质性互动，是基于人的社会性本质的意义来讨论的。人是一切社会关系的总和，人的所有活动都必须在一定的交往关系中展开，没有交往就没有活动本身。人的全部社会关系涵盖了个体与个体、个体与群体、群体与群体、群体与国家、国家与社会、国家与国家的关系，概括来说，上述种

---

① LANG P G.Videos of affinity on YouTube.［M/OL］// VONDERAU P，SNICKARS P.The YouTube reader.Stockholm：Swedish national library press，2009：70-88［2016-05-08］.http：//www.youtubereader.com/images/youtubereader.pdf.

② 马克思指出"社会，不管其形式如何，究竟是什么，都是人们交互作用的产物"，参见《马克思恩格斯全集》第四卷，人民出版社 1958 年版，第 320 页。

种关系可归为两大类：人与人的关系、人与社会的关系，尼葛洛庞帝所说的"本质性互动"应是在这两大类关系中的全面展开和呈现。然而，人的发展是一个现实的、历史的过程，受特定时代的技术条件和社会条件的影响，表现出逐步展开、动态变化的特点，可以说，它也是一个不断遭遇困境和超越困境的过程。

近代以来，以工业革命为标志，人类活动进入规模化和多样化阶段，人类的社会活动空间被急速扩大。其间，传播作为人类活动与交往的基础，古登堡印刷术的诞生对其来说至关重要，它标志着大众传播的出现，并使其超越了时空局限，人类由此走出了封闭狭小的交往状态而日趋开放，但是，"面对面"交往互动的即时性、丰富性、对等性也随之消隐，大众传播呈现了从传播者到接受者的单向性特点。

这种单向性是由"一对多"的规模化传播需要所规定的。社会学者曾经讨论过谈话交流规模和交流属性之间的关系，即：当交谈人数限于7人之内，以面对面形式进行时，谈话还能保持对等性、双向互动性；当谈话人数超出7人时，部分人就可能以私人交流的方式转移话题；当超过14人时，谈话就变成一对多的发言或演说，这就出现了传播上的单向性。"一对多"的单向性传播扩大了人的交往活动，却消解了"面对面"人际互动的感知丰富性，从而构成了大众传播和人际传播之间的矛盾，原本突破交往之时空距离的技术成为深化交往的障碍。

然而，超越困境的需要必然会催生摆脱困境的技术。纵观人类交往活动，其对理想互动的追求正是在上述矛盾中跋涉前行，表现为追求交往活动的扩大化和追求交往沟通中身体感觉的丰富性，与传播技术的发展齐头并进。电子媒介的形态演进突出地呈现了这一点。从19世纪的电报、电话到摄影、电影、广播、电视的渐次出现，每一种媒介形态的出现，既是对旧媒介局限的克服，又是对传播之视听感觉的丰富。

电报克服了印刷媒体出版的时间制约，还原了人际互动的即时性，却受限于文字表达的单一性；电话克服了文字的疏离感，还原了人际互动的"在场"情境和交流感，却受限于一对一的规模有限性；摄影术克服了语言和文

字的抽象性，还原了人际互动的形象性，特别是其中难以言说的微妙情绪，却受限于"凝固的瞬间"；摄像术克服了摄影时空的非连续性，可以完整地记录人类活动面貌，却受限于呈现方式及其应用的复杂性。

电影克服了既往媒介感知的单一性和平面化，还原并呈现了现实交往的丰富性和立体化。1895年，电影诞生伊始，卢米埃尔兄弟（Auguste Lumière，Louis Lumière）以质朴、纯粹的记录方式向观众展现了世界各地的日常景象。随着梅里爱、爱森斯坦等人在电影表现性上的拓展，影像从一种记录技术发展为一种表现艺术，人类最隐秘的情感、最离奇的想象都可以以影像的方式再现，由此满足人类至为深沉的心理互动需求，同时，构成电影的语言、声音、影像、场景等多重元素，充实了人的感知体验。然而，电影终究受制于固定的影院播放环境，其故事虚构性和空间约束性使之无法进入人们的日常生活领域，更不可能变成人的生活空间。

广播克服了电影传播的空间局限和电话传播的群体缺失，瞬息之间，广而播之，无远弗届。进一步说，广播还原了人类活动的日常状态，还原了人际传播的亲近感和真实感，并且与多样化的社会群体密切连接，比如说，在非虚构的广播访谈或报道中，广播者是真实的生动的个体——生活中有名有姓的人，其中不乏家喻户晓的名人。"闻其声"如"见其人"，声音搭建了交往互动的新通道。研究表明，"聆听"广播并不造成传播空白，而是有利于发展真正的交往关系，"当你聆听时，你的心灵正无比繁忙地接受和清理新的思想内容，将这些思想与你已经掌握的东西联系起来，用旧有信息创造新的关系"。[①]可以说，广播互动是直接的也是真实的，人们因"聆听"而聚精会神，进而连通情感，促进交流。正因为如此，在第二次世界大战中，广播现场报道把收音机前的数百万听众即刻"带入"千里之外的战地现场，使其有了身临其境的体验。然而，广播仅限于延伸人的听觉，缺乏"面对面"的直观性和形象感。

电视对广播和电影技术的局限具有双重突破的意义。作为中介，它承接了广播和电影的双重优势，可以超越时空局限，携视听多模态之势，进入人

---

① 斯图尔特.沟通之桥［M］.王怡红，译.北京：新华出版社，2003：114.

的日常生活领域，以多重感觉的叠加更为丰富地还原了直接互动的情境，并由此成了家庭生活中的"客厅成员"。

从以上媒介演进的历史进程来看，媒介技术发展的内在动因有两个方面：一方面不断扩展和深化人的交往互动，超越"面对面"交流的时空局限性；另一方面不断还原人的身体感知丰富性，力求回到"面对面"人际交互的现场。

上述技术发展同样表明，一种新的传播技术在延伸人的身体感觉的同时，会造成感觉的边界，而对这种边界的突破，则依赖于另一种新技术的出现。媒介补偿理论诠释了这一规律，即任何一种后继的媒介都是对旧有媒介功能不足的补偿。可以说，人类传播活动史是在不断的技术累积中，走向"越来越多的历史"[1]，其中，电视综合了此前所有传播媒介的功能和特质，第一次具有了多媒体的意义。

需要说明的是，尽管电视的出现源于人类追求互动的内在诉求，但是，这种"内在性"是就媒介发展目标而言的，电视技术的局限性使之并没有完全实现"本质性互动"。虽然与此前所有媒介相比，电视具有不可比拟的互动优势，并且进入了人的日常生活领域，但是，电视传播的单向性决定了这种互动并不是完全意义或本质意义上的。以真人秀节目为例，如果说观众与电视节目的互动基本上是屏幕外的旁观式评论，那么在"真人""秀"中，"秀"成为大众参与的活动，屏幕内的竞"秀"与屏幕外的选"秀"，共同构成了内外交融的互动场。然而，即便如此，真人秀所呈现的仍然是被电视台所掌控、所规定的，"秀"者和"观"者并没有获得真正的自主性。真正的互动应该包含所有参与者的自主选择、自主参与，换言之，自主性是展开完全意义上的本质性互动的关键与核心。

二、"本质性互动"的实现

当我们进一步深入电视技术及其应用发展的历程中进行考察，可以发现，

---

[1] 菲德勒.媒介形态变化：认识新媒介[M].明安香，译.北京：华夏出版社，2000：24.

电视技术史其实也是在不断向"本质性互动"逼近的历史。如前文所述,一种技术的出现往往为另一种技术的出现提供可能性,家庭摄录机、图文电视、视频点播系统在电视时代的相继出现,都是在不断发展"个人越来越多地使用媒介的能力,而不是被媒介所利用"①,它们为大众参与生产与传播的自主性准备了条件。

(一)公众参与视频生产的条件准备

家庭录像机的普及对于因电视线性播出而无法按时观看的观众来说,不啻为一种解放,人们在选择节目上获得了自主权;同时,家庭摄像机的广泛应用隐含着影像制作权的转移,使得非专业人士参与影像生产成为可能。

20世纪60年代初,专业制作人开始尝试大众参与生产的影像实验。他们将摄像机交给拍摄对象,由被摄对象而非训练有素的专业人士来记录当地的生活和集体活动②。尽管这种记录带来了专业人士所难以企及的真实性,但是,参与者依然是被选择的结果。

20世纪70年代,摄像机的小型化、家庭化吸引了众多影像爱好者。麦克·戴维斯(Michael Davis)在《车库电影院和媒介技术的未来》一文中描述了当时的情形:技术变革将致使独立影像制作人和家庭录像爱好者汇聚在一个开阔而活跃的市场空间里当应用设备和基础设施的建设完善使得影像记录能够被家庭廉价而实际地使用,车库将成为"新新好莱坞"诞生地。③

创刊于1970年的《激进软件》(*Radical software*),在其创刊号上揭示了这一变迁所具有的深刻意义,即通过"设计并执行互动讯息结构,以转化并

---

① 施拉姆,波特.传播学概论[M].陈亮,李启,周立方,译.北京:新华出版社,1984:306.

② 参与式影像起源于1967年加拿大国家电影局在纽芬兰地区进行的"福古岛"实验。导演将摄影机交给当地人,让他们对着镜头自己阐述,从而给平时无法"发声"的岛民一个聚焦当下问题和讨论的机会,从而奠定了参与式影像生产的基本模式。转引自韩鸿.参与式影像与参与式传播——发展传播视野中的中国参与式影像研究[J].新闻大学,2007(4):74-80.

③ DAVIS M.Garage cinema and the future of media technology[J].Communications of the ACM,1997,40(2):42-48.

重建既有的讯息",录影系统和录像带"让互动网络变成事实",因为大众可以将摄影机带到大街上,拍摄"自己的电视",在此情形下,录像带的"立即性"成为"一种组织工具,一种社会变迁与转换的工具"①。

由此可见,当摄像机走入普通家庭时,变化在悄然发生。随着便携式摄像机进一步降低了使用成本,越来越多的普通人获得了摄录自主权,虽然包括家庭影像录在内的非专业内容成了电视节目来源之一,但是总体而言,个体生产并没有获得传播的自主权。

形势已经发展到"万事俱备,只欠东风"的程度,只待另一种新技术产生。人们需要的不只是自主制作的技术条件,还有自主传播的技术平台。互联网满足了这一需要,并使视频技术的运用跃上了新台阶。

(二)互联网与视频的初步结合

互联网出现于1969年,在其后的二十年里,只应用于极少数机构,直到1989年万维网诞生,互联网应用才进入民用时代,人们由此获得了选择、生产、传播信息的主动权,人类传播终于从"一对多"单向传播进入了"一对一""多对多"的互动时代。

互联网的民用普及在一定程度上印证了媒介环境学者雅克·艾吕尔(Jacques Ellul)的断言"面对面互动是抗衡大众社会势不可挡的威力的唯一手段"。他认为,技术介入社会生活的特征之一就是使人类交流系统的降格。虽然大众媒介有利于人类,但是现代传播渠道的介入却摧毁了真正的交流,因为技术本身取代了人与人之间的调适。出路在于寻找到一种新的语言,这种新语言可以避免大众媒介一网打尽的效应,使人能够实现真正的互动②。

在这一进程中,人类追求感知丰富性的天然动力必然促进互联网表达从文字、图片扩展到视频,同时,交互技术的先期探索和互联网技术的发展为

---

① 罗宾韦兹.谁在诠释谁:纪录片的政治学[M].游惠贞,译.台北:远流出版事业股份有限公司,1999:290-291.
② 林文刚.媒介环境学:思想沿革和多维视野[M].何道宽,译.北京:北京大学出版社,2007:75.

真正实现影像交互做好了准备。

电视媒体最先意识到这个巨大的信息平台所潜藏的价值与挑战。1993年12月底，美国国家广播公司（NBC）《晚间新闻》播出了"接近2001"系列节目。作为该节目的一部分，美国国家广播公司第一次公布了它的网址，并因此收到了来自世界各地的上万封来信①，这初步显示了互联网触及全球的强大沟通潜力。

视频文件最初出现在网络上时，用户必须将整个文件下载，再在电脑上播放，其速度之慢，需要"用户有圣人般的耐心"。流媒体技术实现了边下载边观看的方式。虽然视频的画质尚不够清晰稳定，但有学者已经预测到"未来技术上的改进会使流动视频与电视竞争"②。

在中国，网络视频行业的成规模实践最早是由电信运营商开启的。电信运营商为了发展和拉动宽带业务，必须拓展互联网应用，寻找能消耗高宽带的应用产品，视频点播成为当时互联网上最早的网络视频应用。然而，视频点播尚只是电视点播系统在互联网上的平移，用户通过包月、上网卡等方式获得更多的观看选择权，这本质上仍然带有单向传播的特性。③

互联网的出现使得人们对于互动有了更深入的认知。随着电脑、电视、通信的融合，人们开始意识到："交互意味着每个人既是传播者又是接受者，交互意味着信息源和信息接受者之间的双向交流，更进一步，是指任意信息源和信息接收者之间的多向交流。"④

互联网的出现还有一个极为重要的意义，它使便携式摄像机的拥有者获得了自主播出的平台，自此，电视技术的局限得到了突破。虽然早期网络视

---

① 帕夫利克.新媒体技术：文化和商业前景[M].周勇，译.北京：清华大学出版社，2005：29.
② 帕夫利克.新媒体技术：文化和商业前景[M].周勇，译.北京：清华大学出版社，2005：111.
③ 2011年8月26日本文作者对南方广电网络电视台总经理李海彬的访谈，他是中国电信业宽带视频服务应用的早期从业者之一。
④ 帕夫利克.新媒体技术：文化和商业前景[M].周勇，译.北京：清华大学出版社，2005：128.

频和电视的简单结合，相当于电视在互联网上的平移，与大众传播的电视并无区别，也并非今天完整意义上的网络视频，但是当电视和电脑学会对话的时候，从制作到传播的权力终将发生转移，网络技术终将显示它的个性。

（三）分享视频的兴起

2000年前后，人们开始大量涌向互联网。网络交流的双向互动激发了人们浓厚的兴趣，此时的互联网还是以文字为主，但是，电视节目在互联网上的平移和互联网的自主传播性，使网络视频的崛起势在必行。

2005年2月，在PayPal公司工作的查德·赫尔利（Chad Hurley）、贾德卡·林姆（Jadeka Lim）和华裔青年陈士骏设想把一段搞笑的晚餐聚会录像发送给朋友，但是，视频文件太大，无法借助电子邮件发送，于是，他们设计出一种简单易行的视频共享方案，由此创办了YouTube.com（原意为"你的电视机"）网站。他们上传的第一个视频时长只有19秒钟，但是，谁也没有想到，他们所开创的视频分享模式迅速赢得全球拥趸，仅用一年时间就创造了16.5亿美元的市值[1]，每分钟网友上传视频总比为35个小时，网站平均每天点击量超过20亿次，远超美国三大电视台的收视人数总和。[2] 划时代技术的出现可能只是偶然的，大多出于当时最直接的目的，但是它一经产生，其影响必然会沿着技术逻辑展开，并且越过其技术本身。

与其他网站相比，早期YouTube的优势在于界面程序的简单方便。用户无须掌握高深技术，便可自由下载、上传和观看视频。YouTube的创业目标非常明确，那就是：移除技术壁垒，让参与更为轻松，让分享更为广泛。为了鼓励用户参与，YouTube开创了三个具有创新意义的模式：第一，建立以用户为主导的首页，设置简洁多样的列表，用户可以编辑自己的频道；第二，建立相关视频链接，增加评论打分功能，通过提供现金奖励培养用户黏性；

---

[1] YouTube于2005年1月创建，2006年11月被谷歌公司以16.5亿美元收购。
[2] 据互联网统计公司ComScore 2011年1月的调查显示，YouTube在视频网站领域网罗了最多的受众。用户月观看视频量为1,912,534段，每人平均观看时间283.4分钟（4.7小时），这些数据在世界视频网站中独占鳌头。

第三，用视频截取汇集电视精彩片段，为自己赢得大量用户的同时，开创了网络短视频的模式。①

YouTube 的崛起显示了分享传播的巨大价值和发展潜力，它创造了新的传播方式，将来源众多的视频、评论、搜索引擎、超链接等无缝隙地组合在一起，使之成为一个动态的整体。在这个动态系统中，既有充足的文本信息，也有海量的评论，还有巨大的影音资料宝库。其更大的意义还在于：YouTube 是重要的分界线。因为此前网络视频制作与传播的主体是专业人士，从 YouTube 开始，大众自行制作和参与传播的时代到来了，YouTube 的标识语"播出你自己"成为这一时代的最好诠释。

几乎与 YouTube 同时，2005 年 4 月，中国第一家分享视频网站——土豆网创立，其"每个人都是生活的导演"的宗旨吸引了视频爱好者。土豆网希望任何人在任何地点、任何时间都可以很容易地看到想看的东西，同样，任何人也可以向任何人发布内容。土豆网仅用一年就拥有了 35 万名忠实的用户。此后各大网站纷纷试水网络视频领域，到 2006 年 4 月，中国已有 200 多家网络视频企业。

分享视频被认为是"Web2.0 时代的象征"，②用户参与分享是其核心特征，所有人都可以介入内容创作、修改和传播，这从根本上重塑了传播语境，人类传播"第一次体验到没有雄厚资本的个人就能直接接触到广大的视听群体"。③其间隐含了权力的转移，随着视频技术门槛的降低，机构、组织、个人在网络上具有了无差别的视频自媒体性质，由此视频传播呈现微型化，从电视机构转向了无数分散的个体，视频内容也更加丰富多元，同时变得越来越贴近大众的个人生活、个人情感和个性体验。其中，个体赋权是"本质性

---

① JEAN B, JOSHUA G.YouTube: online video and participatory culture [M] // ATHIQUE A.Digital media and society.Cambridge: Polity press, Malden Mass, 2009: 2-3.

② URICCHIO W.The future of a medium once known as television [M/OL] // VONDERAU P, SNICKARS P.The YouTube reader.Stockholm: Swedish national library press, 2009: 24-39 [2016-05-08].http://www.youtubereader.com/images/youtubereader.pdf.

③ 布洛克曼.未来英雄:33 位网络时代精英预言未来文明的特质[M].汪仲，邱家成，韩世芳，译.海南出版社，1998: 108.

互动"得以实现的逻辑起点，体现在当下传播活动中，即对于社交媒体的利用，不只是将其作为延伸视频价值或影响力的工具，而是借力社交媒体，把公众纳入视频节目生成的过程中，从而最大程度激活个体能量。

分享视频还隐含着视频文本化的趋势，即视频可以被截取、被重构、被分享，可以"随取随用"。如果说互联网发展早期，在用户自主性的意义上，还主要以 BBS 论坛为平台、以文字为形式，那么分享视频的兴起，使网络视频获得了相对完整的独立的传播形态，它又必然和文字、图像等发生新的融合。同时，分享视频带来的人际关系链的传播方式，势必构成空间更大、形式更多样、内容更丰富的平台。

（四）网络视频作为活动

在分享视频出现后的几年间，BBS 论坛和视频网站还是各自独立的，前者以文字为主，后者以视频为主。到后来随着技术的进步，不少论坛增加了视频图像功能，但是，视频图像仍然带有点缀性质，文字还是论坛的主要表达方式，而视频网站更是如此，尽管已经具有自主上传下载的功能，但是传统影视机构制作的作品仍然占据主导，网络视频的功能更多在于"观看"。然而，随着移动互联网和智能手机的普及，尤其是以微博进而以微信为代表的社交媒体的出现，网络视频与它们的共构，使得网络视频超越了"观看"的意义，获得了作为活动的性质，视频互动也因此在深度、广度和速度上都得到了极大扩展。

一方面，网络视频借由随手拍，成为人们的一种表达方式。在由分享视频、微博、论坛等社交网络构成的传播语境中，人们可以随时随地将视频图像嵌入电子邮件、微博等发送给朋友，此时，网络视频作为话语方式，正如斯坦·迪兹（Stan Deetz）所说，不仅是个别意义的表达手段，也成为维系交流的"过程"，获得了和口语同样的功能地位，视频图像在历史上第一次成为人际对话的语言。随手拍就像是日常生活中人们彼此之间的打招呼，维系着彼此之间的情感交流。借助社交网络，视频不只能传递信息，还创造了沟通交流的生活化情境。它所激发的不是对某个话语主题的评价，而是使互动双

方参与到彼此由日常话语、情绪、氛围构成的网络环境之中,由此,网络视频消除了时空距离,创造了新的"共处"情境,扩展成一种维系情感交流的活动。

另一方面,网络视频借由不断整合的平台延伸和再现了人的活动行为和情感。今天人们活跃地穿行在电视、手机、平板电脑等多屏幕终端,以各种方式主动使用并消费视频内容。移动互联网带来的"多屏"使用为随时随地的内容消费提供了平台,这使得"用视频"的活动场景变得越来越重要,精准定位用户需求、情感、体验也变得越来越重要。随着移动互联网和社交媒体的深度扩展,多场景共构、多任务处理成为视频互动的新常态。

人类从最初的面对面人际交流,到借助媒介技术不断推进人的交往和互动,传播形态在逐步还原人体的各种感觉,从声音、画面到活动影像进而到现场情境,直到网络视频开启了"与人类的一切经验相关联"的实践,[1] 人类交互传播终于被推进到全方位、立体化、多样性展开的"本质性互动"中。

三、"本质性互动"的意义

技术与实践活动的发展必然引起人们观念的变化,而传播的互动机制又不断与社会发展的内在需求相互碰撞和融合。在技术层面,它通过媒介的补偿性发展,扩展且深化了人与人之间的连接;在互动应用层面,其进程"永远处于策略性变化之中"。[2] 无论是传播的技术变化,还是传播的策略变化,人类的多样性交往与互动,最终借由互联网尤其是网络视频的影像化特性得以完整呈现,用传播学者布鲁斯·格龙贝克的话来说,传播互动其实是从一种传播参与的"面对面"交流形式,通过远程的和多种信息的中介,重新回到了参与式经验,即通过超文本、电子邮件和数字技术,重新掌握视觉形象

---

[1] 施拉姆, 波特. 传播学概论 [M]. 陈亮, 李启, 周立方, 译. 北京: 新华出版社, 1984: 438.

[2] 布卢姆勒, 古列维奇. 政治家和新闻界: 一篇有关角色关系的论文 [M] // 博伊德 – 巴雷特, 纽博尔德. 媒介研究的进路. 汪凯, 刘晓红, 译. 北京: 新华出版社, 2004: 138.

的经验。①

互联网的形成就意味着新的一页。不过，互联网同样经历了一个从平面到立体、从 Web1.0 到 Web2.0 的发展过程。可以说，Web2.0 是互联网发展的成熟阶段。在 Web1.0 阶段，表达方式主要是文字，部分网站可发图片，交流互动仅限于论坛发帖、回复评论和即时性聊天工具，网络在整体上尚呈平面化特点。随后虽然出现了视频影像，但主要是电视机构将节目投放于这个平台，互联网宛如大开本的电视目录，观众只能点看目录中的内容。Web2.0 改变了这一切。博客、维基百科、分享视频是 Web2.0 文化的标志，它以大众参与为典型特征。其中，分享视频的兴起被西方研究者视为近十年来最重要的社会媒体变革，②它使网络空间变得立体而生动，用户不仅享有内容生产权和自主传播权，更重要的是用户创造了价值。

尽管电视看似已经整合了人类的感觉，但是受制于单向性传播，人们感觉什么且如何感觉，实际上是被规定着的，而在 Web2.0 阶段，网民可以自由地上传、下载视频，并可以相互评论，影像仿佛在每个人的掌握之中，在上传下载之间，人的感觉也更为丰富。因为当人们参与视频生产与传播时，所接收到的已不仅是影像信息，还有互动分享带来的情感交流。

然而，新的问题接着出现。无论是 BBS 论坛还是视频网站，都走向分众化，许多频道组成社区，各社区都有自己特有的风格和内容，活跃着趣味、爱好不同的群体。虽然人们可以自由地穿行于不同社区，但社区与社区之间还是存在一定的无形的边界，你可以加入许多小圈子，而那些圈子之间并不一定相互交往。

正如电视整合了大众传媒的各种功能，随着微博等平台的出现，互联网的各种功能也开始走向融合。微博集平台、BBS 论坛、社交网站、营销网站和个人化主页等多种特性于一体，其转发与评论都是一对一的交流，既具有

---

① 格龙贝克.口语—文字定理与媒介环境学［M］// 林文刚.媒介环境学：思想沿革与多维视野.北京：北京大学出版社，2007：277-279.
② YouTube is the top social media innovation of the decade［EB/OL］.(2009-12-22)［2016-12-01］. https：//mashable.com/archive/youtube-2010.

面对面互动的特性，又具有大众传播性质。每个人的微博是一个独立的个人首页，关注者或非关注者的回复都可归到其主页。微博在表达方式上聚合了文字、图片、表情符号、视频、个人化首页等所有的网络形式。直到此时，人们身体的各种感觉需要才得到充分的满足，媒介对人体的延伸才趋于充实与完整。

所有传媒技术和感觉的变化，其意义已不仅在于技术和感觉本身，它必然引发人们时空感的变化，并意味着人的活动与关系同时发生改变。

本文之所以认为技术发展是其逻辑展开的过程，是因为一种技术自身所含有的特性必然为此后技术的发展提供方向。借助手机传播，网络空间被扩展到现实空间，此后一切新的传播技术也必然沿着这一路径展开，在技术上进一步延伸人的感觉，如触觉；在空间上则扩展到人类活动的所有现场，大到实验室、办公室等各种公共活动场所，小到客厅、卧室，再到一切移动的定位，从而走向马克思所说的活动普遍化、交往普遍化、联系普遍化。

类人际互动与日常化：电视传播互动性的本质与表现[*]

自 20 世纪 50 年代电视普及开始，已有整整三代人是在电视伴随下成长起来的。实现与观众的良好互动始终是电视实践孜孜以求的目标，且这一目标激发了电视交互技术的实践探索和电视互动的理论思考。数字媒体研究的领军人物尼古拉·尼葛洛庞帝（Nicholas Negroponte）曾经在《数字化生存》（*Being digital*）一书中指出，本质性互动是新旧媒体的分界线。以他的观点来看，电视属于旧媒体，电视互动并非完全意义上的互动。那么，电视互动的本质属性到底是怎样的？各种交互技术的应用为何不能实现真正的互动？厘清这些问题无疑有助于我们理解新媒体传播环境下电视互动的种种变化。

一、电视交互传播：技术的探索

视频的人机交互最早出现在视频游戏中。视频游戏的雏形始于 20 世纪 40 年代，当时的科学家发明了一种"阴极射线娱乐装置"，通过按钮操纵阴极射线管的光束，以模拟击中"飞机"目标。研究者因此意识到，利用阴极光束不仅能校准光束，还隐含着观众能将内容投射在电视机上的意义，即观众可以从"被动观看"转向"主动操作"。交互电视探索由此开始。

1964 年纽约世界博览会上的可视电话被认为是最早出现的交互媒介。借

---

[*] 文章原载于《新闻爱好者》2013 年第 11 期，收于本书中，略有删改。

助电话线和专用显示器，通话者可以视频通话，但是由于技术所限，可视电话一直没有实质性进展。直到20世纪70年代，电视图文服务赋予了观众更多的内容选择权，电视用户可以从电视屏幕上的主菜单中，通过敲击配套键盘上的数字，找到所需信息。

1977年，美国人推出了第一个双向服务的电视系统"奇布"（QUBE），通过这个系统，观众可以票选他们最喜欢的歌曲，通过回答是、非或者选择数字，参与反馈。

1983年，名为"视特灵"的第一个有线图文服务节目被推出。"视特灵"提供了更及时、更全面、更个人化的新闻资讯以及大量特色信息[1]。不过，它只有缓慢的数据传输速度、只提供静态文字，远不及电视影像有吸引力。技术问题严重损耗了"视特灵"的互动优势，有线图文公司因此相继退出市场。

尽管互动电视实验屡屡受挫，但是，人们并没有放弃对互动电视服务的探索。从20世纪80年代后期开始，活动影像取代了早期电视图文的静态图片，全服务视频点播成为电视交互的象征。时代华纳公司在1994年推出了全方位服务网络（FSN），用户可以在任何时候用电话点播节目，甚至可以选择从不同的角度拍摄画面，用遥控器获得运动员的个人资料。美国新闻集团也曾将合法的赌马活动引入互动电视，试图为参与者提供真正的互动服务[2]。

从有线图文服务到视频点播，电视互动明显在进步着，然而，观众始终只能在预设的时间里和有限的菜单中进行选择，正如评论者所言："在电视50年的历史中，它的角色一点都未改变。它唯一的功能就是从一个中心点对外传送节目，为大众提供消费品。从本质上讲，自BBC在亚历山大皇宫大街上首次播出电视节目以来，它的功能就一直没有变。"[3]

《媒介形态演变：认识新媒体》（*Media morphosis: understanding new media*）一书的作者罗杰·费德勒（Roger Fidler）曾经主持图文电视的设计工

---

[1] 费德勒.媒介形态演变：认识新媒体［M］.明安香，译.北京：华夏出版社，2000.
[2] KRUSE H.Betting on news corporation: interactive media, gambling, and global information flows［J］.Television new media, 2009（10）: 179.
[3] 莫利.电视、受众与文化研究［M］.史安斌，译.北京：新华出版社，2005: 298.

作，他认为"有线图文系统失败的致命错误在于：设计者没有意识到它的使用属性实际来自人际传播""总体来说，人们忽视了人际传播领域的特点——双向、参与、无须预定、无须中介……"[①] 费德勒的反思点明了"本质性互动"的关键，即真正的交互性必定包含人际传播的元素，观众是媒介的使用者，必须双向对等地参与交互过程。由此而论，无论是图文电视还是视频点播服务，虽然都在扩展观众的选择权，但是这种选择是被预设的，而非自主的。

伴随着对电视交互技术的探索，人们对电视互动的认识和研究也进入理论领域。

二、类人际互动：电视互动的本质

批判理论学家马克·波斯特（Mark Poster）曾经这样描述1990年美伊冲突电视直播带给他的感觉："美伊冲突直播的所有新特点中，最令我感兴趣的是，战争现场立刻被传输到美国及世界各地的起居室""对所有重要信息进行全景式传输毫无问题，音像技术所捕捉的内容足以给观众提供'身临其境'的体验……当战争正在实实在在地展开时，数百万人在上下班高峰时间看着电视、听着收音机，犹如一个超级竞技场的观众。这一不可思议的现象令人踌躇深思""在信息方式下，电子媒介交流以令人吃惊的新方式令图像和语言改观，（形成了）任何现实主义文辞都难以匹敌的新的传播情境""当观众被运送到军事行动的现场目睹时，传输载体本身也变成军事行动与新闻故事的一部分了。"[②]

波斯特的阐述表明，在直播作用下，电视作为中介物的功能仿佛消失了，它成为现实行动的一部分，屏幕内外被直播整合到了同一时空中，观众与现场宛若"面对面"，人际互动情境似乎得到复原，"身临其境"成为对电视互动效果的褒奖。然而问题是，尼葛洛庞帝为什么认为"身临其境"的电视互动

---

① 费德勒.媒介形态演变：认识新媒体[M].明安香，译.北京：华夏出版社，2000：118-120，138.
② 波斯特.第二媒介时代[M].范静晔，译.南京：南京大学出版社，2001：226-228.

不是"本质性互动"呢？这或许可以从社会互动及其在电视中的表现来理解。

从社会层面来看，人类互动可以被概括为两大类：一是人际互动；二是社会互动。其中，真实的人际互动应具备以下特点，如互动方式的直接性、互动关系的对等性、互动感知的丰富性、互动状态的随意性等。法国新闻学家贝尔纳·瓦耶纳（Bernard Voyenne）认为，人际互动是人类传播中"最丰富、最良好的形式……人类的其他联络形式都不过是这种形式的替代，且往往是这种形式为扩大其传播范围而采取的手段的延伸"[1]。电视传播正是如此，一方面作为大众传播媒介，电视本身具有社会互动的内涵和功能；另一方面为了吸引观众，电视表达又借助于人际互动。而人际互动的上述特性，实际上在电视中是无法被完全还原的，充其量，电视互动只是类人际互动，或者说是类社交互动。

"类社交互动"这一概念是由唐纳德·霍顿（Donald Horton）和理查德·沃尔（Richard Waddell）在《大众传播与类社交互动》（*Mass communication and para-social interaction*）一文中提出的。早在1956年，他们就开始研究观众与电视"角色"之间的互动关系，提出电视是"类社交互动"。由于社交是人际互动的本质，为保持上下文表述的一致性，本文用"类人际互动"来指代"类社交互动"。霍顿和沃尔认为，"类"某物通常表示在形式上模仿某事物的基本属性，而并非事物本身，因为其缺失了某些关键特征。电视互动，看似使电视角色与观众之间形成了类似"面对面"的亲密关系，实则是对重要现实和本真交互行为的模仿，也是对电视角色和无形观众之间社交对话的模仿。在这样的关系中，包括主持人在内的电视角色虽然无法看到观众，却时刻假设观众正面对屏幕上的"我"，而"我"需要通过模拟现实生活中的交流情态，将"缺席"的观众拉进谈话中，营造交谈的感觉，并且需要假想观众会对"我"作出积极的反馈，从而维系交流，这是电视角色"小心翼翼地营造假象，或模仿亲密感"的重要缘由[2]，因此，电视互动不

---

[1] 瓦耶纳.当代新闻学［M］.丁雪英，连燕堂，译.北京：新华出版社，1986：3.
[2] 韩德尔曼.通往虚拟偶遇之路：霍顿与沃尔的《大众传播与类社交互动》［M］//卡茨.媒介研究：经典文本解读.常江，译.北京：北京大学出版社，2011：142-155.

过是"面对面"社交的功能性替代品。

尽管如此,类人际互动仍然显示了与互动场景全要素的模拟关联。这种模拟不仅包括交流的语气、表情、姿态等,还包括由各种物质符号所构成的环境,因此"类人际互动"呈现必然全面指向人的日常生活,从而形成了电视与电影的不同特征。

三、日常化:电视互动的特质

早期电视曾经被视为"小电影",其内容基本按照电影的模式来生产,可以说,电视创作带着精英思想的投射,挪移的是艺术作品的想象,家庭住宅俨然一个小型电影院。不过,随着电视技术的发展以及从业者对电视独特性认知的深化,电视创作逐渐摆脱了电影艺术化、虚构化的影响,从内容到形式都走向了类人际的日常化。

(一)电视表达日常化。就电视传播而言,这种日常化表现为电视内容涉及日常生活的方方面面,全面呈现了生活常态,与日常生活同步的连续播出机制又使电视内容的扩展具有了无限可能性。在广度上,从家长里短到情感纠葛、从寻医问药到相亲婚恋,现实生活的内容无一不被电视所呈现;在深度上,从一般报道到连续追踪、现场直播,进而到真人秀,电视内容日益与人的真实活动共振、与真实时空同步、与真实人物相连。电视以"发生在身边的故事"向人们传递着"这就是我们的生活"的现实感,反之,人们在现实生活中对电视节目的观感交流,乃至观众在大街上接受电视采访、报名参与电视录制、通过手机短信实时反馈等,都在持续加强电视的日常化和现实感。

电视表达的日常化体现了电影与电视的根本区别。如果说,电影是在相对封闭的黑暗环境里欣赏的艺术,那么电视就是在家庭环境中面向大众的谈话,概言之,电影是里面的人和里面的人在说话;电视是里面的人和我们在说话。[1]

---

[1] 王晓红.电视画面编辑[M].北京:北京广播学院出版社,2001:14.

（二）日常生活电视化。就受众而言，人们每天看电视，从电视中感受"世界的存在"、感受"他人的存在"，从而也感受"自己的存在"。这种长年累月的、经常性重复的行为，使得看电视成为人们日常生活中的一种习惯，正如戴维·莫利（David Morley）所说："电视观众是一种嵌入式的观众，家和壁炉既是电视的产物，也是其存在的前提条件。"[1] 电视突破了电影的场所限制，不仅以"客厅成员"的方式走入每个家庭，而且遍布大街小巷，使人们时时刻刻地置身于电视环境中。电视成为人们的眼睛和耳朵，它把遥远的世界送到我们身边，以现场纪实方式令人产生"带入"感，并且进入我们的日常生活。

日常生活的电视化深刻地改变着人类社会生活乃至思想观念。当代法国思想家居伊·德波（Guy Debord）认为电视造就了一个"充斥着图像的视像社会"，由此形成的视像文化"不是形象的一般积累，而是以形象传播为中介的人们之间的社会关系"[2]；伊雷特·罗戈夫（Irit Rogoff）的总结是"当今世界，除了口传和文本外，还借助视觉来传播。图像传达信息，提供快乐和悲伤，影响风格，决定消费，并且调节权力关系"[3]。不少学者进一步诠释了电视"日常化"的本质，例如，德赛都（Michel De Certeau）指出"电视观众不能在自己的电视屏幕上写下任何东西；他始终是被驱逐在产品之外的，在这个幻象中不扮演任何角色"[4]；隆·莱博（Ron Lembo）认为"当投身电视成为一种活动，影响这种投身的真实生活的脉络并不会完全隐退到背景中去"[5]。

总之，电视的"现实效果"[6]消解了电视作为媒介的存在，促进了屏幕内外的互动，而这种现实感既源于电视"日常化"特性，也离不开一系列深化

---

[1] 莫利.电视、受众与文化研究［M］.史安斌，译.北京：新华出版社，2005：235
[2] 梁虹.德波与激进的景观社会批评［M］//德波.景观社会评论.梁虹，译.桂林：广西师范大学出版社，2007：4.
[3] 罗戈夫.视觉文化研究［M］//罗岗，顾铮.视觉文化读本.桂林：广西师范大学出版社，2003：2.
[4] 德赛都."权宜利用"：使用和战术［M］//罗岗，顾铮.视觉文化读本.广西师范大学出版社，2003.
[5] 莱博.思考电视［M］.葛忠明，译.北京：中华书局，2005：139.
[6] 哈克特，赵月枝.维系民主？西方政治与新闻客观性［M］.沈荟，周雨，译.北京：清华大学出版社，2005：29.

"日常性"的互动策略。

四、电视互动的主导策略

电视日常化需要依赖一定的机制才能得以形成。传播学者杰伊·G.布卢姆勒（Jay G.Blumler）和迈克尔·古列维奇（Michael Gurevitch）在一项关于政治传播与电视互动的研究中发现，政治传播需要掌控大众传媒手中的传播渠道，包括电视机构所提供的"理想的受众信息接受情境"，这是电视的协商机制[1]。这一机制在传受双方构建了一种"拟人际互动"的模式，这也是电视赢得市场和观众的策略，即通过"理想的受众接受情境"，促进传播主体与观众互动，从而令观众从心理到行为都投入节目中。莱博把这一策略称为电视的"诱导逻辑"，认为它既可以以理性化方式显示语言力量，也可以以感性化方式展现影像的微妙感觉[2]。具体而言，我认为，电视互动可概括为以下三种主导策略。

（一）情境呈现。情境呈现是指电视影像和声音（特别是现场声）可以真实再现日常生活场景。尽管从理论上说，摄影机不可能完全真实记录现实或现场，因为镜头永远是有选择的，纪实永远只是现实的渐近线。不过，对于观众而言，电视镜头尤其是直播画面，能够将他们带入与事件同步的现实情境中。与第二次世界大战中默罗的广播现场报道相比，现代战争的电视直播才真正令观众身临其境。用马克·波斯特（Mark Poster）的话说：新闻记者成了参战者，信息传达者就是信息，记者的命运就像战士和市民的命运，每一步行动都是新闻的一部分，观众被送到军事行动现场目击时，传播载体本身也变成军事行动和新闻故事的一部分[3]。在"现实效果"作用下，电视互动的中介性仿佛消失了，"现场""场信息结构""原生态"成为电视独特的表现

---

[1] 布卢姆勒，古列维奇.政治家和新闻界：一篇有关角色关系的论文［M］//奥博伊德-巴特雷，纽博尔.媒介研究的进路.汪凯，刘晓红，译.北京：新华出版社，2004：129-149.
[2] 莱博.思考电视［M］.葛忠明，译.北京：中华书局，2005：123.
[3] 波斯特.第二媒介时代［M］.范静哗，译.南京：南京大学出版社，2001：228-229.

元素,而真人秀节目更是最大限度地扩展了电视互动的现实情境。借由"情境呈现",电视获得了马克波斯特所说的"拟仿效应",即"电视图像越是想让观众相信它对现实的指涉,图像本身就越来越变成现实",这是电视互动修辞的"铁的法则"[①]。

(二)情感激发。情感共鸣是良好互动的内在机制。从古至今,几乎所有的艺术作品都是通过情感塑造来感染人、激励人,同样,人们也更容易对有人情味的报道产生好感。相较于文字,电视的视听语言具有更直接的带入性,也更容易调动人的情绪。从互动机制看,增强电视传播的感染力,其实是在把生产与消费的关系变成人与人之间的关系,把受制于集体的理性的大众传播关系变成具体的感性的人际传播关系。当然,电视报道更需要警惕,避免为追求吸引力而过度渲染、煽情,从而悖离事实,影响社会理性[②]。

(三)情形接近。情形接近,是指电视节目尽可能从节目形态到报道语态上接近现实生活中良好人际互动的情形。比如说,居高临下会令人反感或生畏,而平易近人则让人倍感亲切、隔膜尽消。早期电视报道为了显示权威性,语态生硬,与观众之间有明显的疏离感,而随着电视传播对于观众认同的日益重视,平等对话成为电视沟通的重要方式。从"播"新闻到"说"新闻,一字之差,互动效果却可能大相径庭。民生新闻大受欢迎,是因为衣食住行、家长里短的日常生活成了被关注的对象,观众因此有了更多说话的权利。再以现场报道为例,如果一个记者在现场出镜,仅是露脸式报道,未必具有现场感,一旦这个记者表现了"我在现场的环境中""我看到、我听到、我闻到、我摸到、我尝到",报道呈现了现场环境、现场声音、现场时态,观众与现场之间的互动感就能倍增。家庭化的电视收看方式强化了人际互动情形,便携式家庭摄录设备的普及及其所呈现的家庭生活,进一步深化了电视与观众之间的拟态人际感。

---

① 波斯特.第二媒介时代[M].范静哗,译.南京:南京大学出版社,2001:228-229.
② 美国政治传播学者 W.兰斯·班尼特(W.Lance Bennett)有力地批判了新闻中的四种信息倾向性,即个人化、戏剧化、片段化和权力/无序的倾向性。参见班尼特.新闻:政治的幻象[M].杨晓红,王家全,译.北京:当代中国出版社,2001:47-98.

从电视传播来说，上述互动策略具有重要意义，推动了电视更广泛、更深入地与现实生活交融，同时最大化地吸引了观众，提高了收视率，这在客观上推动着电视台不断创新节目形式，不断激发观众与观众之间、观众与电视之间的互动热情。但是，无论电视如何扩展与观众之间的互动方式，依然改变不了其传播的单向性特点，终究无法完全克服观众的时空疏离感。事实上，要克服这种疏离感，仅凭电视技术是无法实现的。计算机交互设计专家特里·维纳格瑞德（Terry Winograd）教授曾在1996年预言，在未来的50年里，不断提高通信和交互设计空间的重要性将导致计算机行业在研究人的方面，而不是研究机器方面得到扩展①。今天视听新媒体的互动实践印证了这一点。

---

① 维纳格瑞德.交互设计［M］//熊澄宇.新媒体与创新思维.北京：清华大学出版社，2001：391.

视频文本化及其技术功能初探*

在互联网时代，日常生活中大量"瞬间一刻"被摄录成视频上传到网络，人们能随时随地点击之，或是因幽默新颖而愉悦，或是因"第一现场"而顿觉其言之凿凿，或是因创新演绎而叹为观止，总之，包罗万象的海量内容使网络景象仿佛是"感官疆域中的个体狂欢"①。正如曼纽尔·卡斯特（Manuel Castells）所说，电脑和电视学会彼此对话，观众才可能发言，其重大影响方能发挥。②

我们可以清楚地看到，网络视频的信息组织和呈现方式已然不同于电视，这是人类传播史上"第一次体验到没有雄厚资本的个人就能直接接触到广大的视听群体，互联网络把所有人都变成了出版发行人，这是革命性的转变"③。值得进一步追问的是：相对于文字书写而言，视听制作需要专业技术，历来为专业机构所掌控，那么网络视频的影像表达与电视的影像表达有何不同？究竟是何种因素作用其中，使得网络视频得以实现如此大的影响力？

法国学者伯纳德·斯泰格乐（Bernard Steigler）提出，新屏幕正在"走向视频文本化"（toward textualization of images）④。"文本"是一个含义宽泛的词

---

* 文章原载于《新闻爱好者》2013年第3期，收于本书中，略有删改。
① 李永刚.我们的防火墙：网络时代的表达与监管[M].桂林：广西师范大学出版社，2009：1.
② 卡斯特.网络社会的崛起[M].夏铸九，王志弘，译.北京：社会科学文献出版社，2005：323.
③ 布洛克曼.未来英雄：33位网络时代精英语言未来文明的特质[M].汪仲，邱家成，韩世芳，译.海口：海南出版社，1998：108.
④ STIEGLER B.The carnival of the new screen from hegemony to isonomy[M/OL]//VONDERAU P, SNICKARS P.The YouTube reader.Stockholm：Swedish national library press，2009：40-59[2013-01-20].http://www.youtubereader.com/images/youtubereader.pdf. 亦可翻译为"影像"，与"视频"同义。

汇，在文学、阐释学、传播学、符号学、认知学、网络科学等领域被广泛使用。虽然这个词具有多义性，但其语义指向还是有基本共识的，即文本是被受众阐释和作用的独立的对象[①]。

本文认为，视频文本化即将视频剥离为可以被独立阐述的最小化形态。从实践层面看，网络视频文本是可以被每个个体自由读写的开放的对象，相当于视频词汇，人们可以"随用随取"，自由表达。视频文本化这一机制，决定了网络视频在内容生产与传播上的独特性。

一、视频文本化的内涵解析

斯泰格乐对视频文本化的概念本身并没有给出明确定义，只是分析了视频文本化的形成和运用方式。他认为，数字图像处理技术将连续视频信号"剥离"成可辨识、可定位的独立存在的片段，并将这些片段从特定设备中提取出来。互联网的导航和搜索技术的发展，进一步为用户掌握和运用这些可编辑的片段创造了条件。这一过程是自下而上的元数据生产过程，它带来了新的内容生产方式，包括添加标注、创建超链接路径、跟帖注释、音视频文件处理。

从上述描述中可以看出，视频文本化有三个关键词："剥离""提取"和"运用"。从网络技术角度来说，"文本化是一定程度的去结构化"，去结构化可以使用户获得对程序结构更强的控制力。网络视频的去结构化表现为：传播内容被"剥离"成具有独立形态的音视频片段；这些片段作为元数据，可以被用户"提取"和"运用"，即上传、下载、存储、搜索、裁剪、修改、注释、续写、扩展和发送。这些元数据组合可以还原事件，也可以重构事件，还可以在不断续写中扩展事件，具有开放的结构，能被嵌入任何传播形式。

[①] 周庆山在《文献传播学》一书中认为："文本是文献传播的内容和受众阐释的对象，是以标准化的编码形式表达整体意义的符号系统。"也有人认为文本从文学角度说，通常是具有完整、系统含义的一个句子或多个句子的组合。对语言学研究来说，文本指的是可见可感的作品表层结构。

（一）视频文本化的词汇属性

视频文本化的意义不止于剥离、提取和运用，当它演化为独立元素后，便取得了"词汇"属性，进而如同网络文字，呈现为一种话语方式。

以网络交流中表情符号的运用为例，它们先被运用于各种即时性聊天工具，后又越来越多地出现在论坛、微博、微信之中。表情符号的表现形式从最初简单的画笔勾勒逐步转变为动态表达，在引入 Flash 动画之后，又随之出现了被截取的影像片段。这些被截取的影像片段已然脱离其原有的故事情节，具有比原初文本更丰富的意义，与其他表情符号一起，成为直接简明地表达喜怒哀乐的有力"词汇"。一般来说，视觉符号比文字具有更直接的吸引力。虽然好的文字表达不仅可以达意，还可以传情，并且自带特定的语感和气场，正所谓匕首投枪、妙语连珠，但是有时人们依然会感到词语表达的局限和乏力，这与表达者的言说个性、文化背景、受教育程度等因素有关。相形之下，表情符号和视频形象直观且生动，可以直接突破语言障碍，甚至能跨越心理屏障，传递微妙情绪，令人心领神会。在网络中被分享的表情符号和视频图像，取代了文字或口头语言，构成了新的话语环境。

可以说，以文本化为技术前提，网络视频成了新的交流语言，其最小的独立形态是帧画面，即被网友截屏的一帧画面或图像。电视影像的最小单位虽然也是帧画面，但是这两种帧画面在意义表达上完全不同。电视帧画面不具有独立的形态意义，因为电视文本"在其客观形式上，被理解为能够以整合的、有意义的方式来表达社会世界"，是以"有意义的整合等在那里"，[1] 人们无法主动提取重构，只能被动地"等待"观看被"整合"的意义。而网络视频的文本化恰恰消解了这种整合性，被截取的帧画面具有独立表达意义、态度的价值，它折射着网络个体参与意义建构的主体性和主动性，正所谓"在数字网络中，观众活跃在主动的层次上，必须学会如何使用各种功能，而不再只是一个消费者"[2]。

---

[1] 莱博.思考电视［M］.葛忠明，译.北京：中华书局，2005：9.
[2] STIEGLER B.The carnival of the new screen from hegemony to isonomy［M/OL］// VONDERAU P，SNICKARS P.The YouTube reader.Stockholm：Swedish national library press，2009：40-59［2013-01-20］.http：//www.youtubereader.com/images/youtubereader.pdf.

可以说，视频文本化实现了内容生产的个性化，折射出信息技术所塑造的新的生产关系。数字化、碎片化和可搜索化导致了传播内容在生产上具有重要意义的逆转，即自下而上的音视频元数据生产蓬勃发展，自上而下的电视内容生产成了过去[①]。由此而论，数字技术和互联网技术推动视频走向文本化。

（二）视频文本化的生成前提

视频文本化满足了人类对视觉表达自主性的内在追求，而这种内在追求又推动着技术不断向实现个体自主的方向深化。总体来看，视频文本化的实现建立在两个方向的技术进步上。

一是视频获取的自主性。便携式摄像机的普及使公众可以用镜头自主记录所感兴趣的一切；当摄像头被安装到作为文字处理器的电脑上时，视频技术更是轻松实现了即时的远程对话；手机等移动终端上的微型摄像功能对于个体自主创作来说，更具有解放意义，因为人们可以随时随地用视频影像表达自我。施拉姆在研究传播工具使用问题时，曾经提出一个选择或然率公式：可能的报偿/费力的程度＝选择的或然率。其核心观点是：人们选择传播路径时，总是在可能的前提下，尽量选择最方便、最能迅速满足需要的路径。[②]视频言说具有超越文字的直观性和感染力，而微型化摄录技术为人们实现自主的视频言说提供了条件。

二是视频处理的自主性。1954 年美国无线电公司（Radio Corporation of America）首次使用录像机，但是直到 20 世纪 70 年代末，它才从机构走入家庭。录像机所具有的暂停、回放、加速等功能，隐含了个体再创作的可行性。在模拟信号时代，人们只能按时间顺序观看或者截取视频，而数字技术则使视频图像的随机选择、自由截取、随时跳转成为现实，视频检索技术进一步提升了在海量信息中获取视频的指向性，为自主生产的个体提供了"材料"前提。

---

① STIEGLER B.The carnival of the new screen from hegemony to isonomy[M/OL]// VONDERAU P，SNICKARS P.The YouTube reader.Stockholm：Swedish national library press，2009：40-59［2013-01-20］.http：//www.youtubereader.com/images/youtubereader.pdf.

② 施拉姆，波特.传播学概论［M］.陈亮，李启，周立方，译.北京：新华出版社，1984：114.

在音视频压缩技术、对等网络系统、视频制作软件、超文本链接等新技术的迭代发展中，网络用户轻松掌握了日趋"傻瓜"的创作工具，这极大激活了视频用户的参与热情和创造活力。由此也验证了麦克卢汉的观点，即媒介最本质的不是表述，其技术表现的可能性和工具性形态所产生的影响甚至可能比媒介"内容"要大得多[1]。

（三）视频文本化的多方观点

尽管"视频文本化"的相关研究尚不多见，但是不少学者已经注意到这种新的话语机制。

N. 凯瑟琳·海勒斯（N.Katherine Hayles）在关于信息时代"超注意力"研究的文章中指出，当今年轻人习惯于使用视频搜索引擎，并且只是通过视频截图来浏览内容，仿佛文字已不再存在。[2] 在年轻人的阅读经验中，视频图像部分地取代了文字功能，成为影像"词汇"。

美国西北大学教授连恩·斯皮吉尔（Lynn Spigel）认为，电视在转向互联网，也在转向新媒体语言格式。尽管斯皮吉尔教授是从传统电视的视角来讨论问题，但是他已经意识到，视频不再是被动观看的电视节目，而是人们可以主动掌控的随时表达的语言方式。[3]

曼纽尔·卡斯特同样将视频文本化定位于根本性变革的高度。他认为，音视频、文字是新的网络沟通系统的"元语言"，而"元语言"和"超文本"使得人类首次将文字、口语和视听符号整合到一个互动系统之中，这个新的沟通系统正在改变我们的生活[4]，其变革意义堪比公元前 700 年希腊字母的发

---

[1] 莫理逊，麦克卢汉：现代两面神［M］//林文刚.媒介环境学：思想沿革与多维视野.北京：北京大学出版社，2007：136.

[2] HAYLES N K.Hyper and deep attention: the generational divide in cognitive modes ［J］.Profession，2007（1）：187-199.

[3] SPIGEL L.My TV studies...now playing on a YouTube site near you ［J］.Television & new media，2009，10（1）：149-153.

[4] 卡斯特.网络社会的崛起［M］.夏铸九，王志弘，译.北京：社会科学文献出版社，2006：309-310.

明，后者奠定了西方哲学和科学的发展基础。

传播学者罗兰·德·沃尔克（Roland de Wolk）对于网络新闻特征的阐述，隐含着不断走向开放的文本化之意，即"由于那些观看、阅读、利用新闻信息的人参与了传播，新闻报道表面上是一个已经完成的作品，而实际上永远没有完成"[①]。

二、视频文本化的技术功能

马克斯·韦伯（Max Weber）用"人是悬挂在由他自己编织的意义之网中的动物"之喻[②]，说明人的文化属性——借语言、词汇和概念的表达与诠释，给一切事物赋予意义。文本化技术令视听信息在上传下载、分享互动、反复提取以及运用演绎中，通过多样化组合，形成与电视不同的语言系统和形象感知，进而构成关于世界的意义系统。具体说来，视频文本化的技术功能体现在以下三个方面。

（一）内容上可海量存储

2011年初的数据显示，YouTube每天的视频点击量超过20亿次，平均每分钟网民上传视频总长达到48个小时，该数据在2007年为8个小时、2008年为13个小时、2009年为24个小时、2010年为35个小时，仅一家视频网站的内容增量已超过了全球电视资源的总和。那么，网络视频的海量内容何以形成？

首先，传播主体化使得视频内容无所不包。在电视传播中，国家和大型商业机构起着主导作用，电视生产者只是具有专业制作能力的少数人，而在网络视频中，机构生产者之外，每个用户都是生产者，"每个人都是生活的导演"[③]，每个使用者都是奉献者，而每个生产者的微内容，从家中宠物到个人

---

① 沃尔克.网络新闻导论[M].彭兰,译.北京：中国人民大学出版社，2003：46.
② 格尔兹.文化的解释[M].韩莉,译.南京：译林出版社，1999.
③ 土豆网的网站标识语。

情感、从现实境遇到虚拟想象,无所不含,包罗万象。澳大利亚学者曾经对澳大利亚 YouTube 和 NFSA(国家音像资料馆)作为视频的资料库的作用进行研究。研究发现,在关于"人类生活兴趣"方面,如生日、婚姻、死亡等,YouTube 提供了更为丰富的资料,也很好地记录了澳大利亚电视发展的通俗史;在 YouTube 和 NFSA 所收藏的类型相同的资料中,YouTube 更偏重"瞬间一刻"的片段记录,其数据库分类体系更便捷,更便于用户找到资料,而 NFSA 则以比较简单的参考类信息为主,如节目播出时间等[1]。总之,网络视频的微内容呈现了更为广泛和开阔的人类生活,尤其是"瞬间一刻"极大地丰富了人类的视频档案。

其次,海量网络空间使视频内容得以永存。一般而言,电视节目一经播出,节目带或被束之高阁,或销声匿迹。即使电视台节目存储实现了数字化,资源也无法自由流通,更不会反复增加。然而,网络视频不仅可以存储所有机构和个体生产的内容,更重要的是,这些视频数据从四面八方而来,因网络而汇成"影音的海洋",不停息地流动在联通全球的网络中。在流动的过程中,视频数据被网友不断地修改、重构。在这样一个储存、搜索、编辑、再储存的过程中,只要服务器条件许可,理论上来说,视频存储量会无限增长,可以"在空间中完美传输,在时间中无限保存,在任何地方永远保存"[2]。以 2008 年奥运会报道为例,网络视频资源总量大大超过了传统电视媒体的报道量。当时央视网(现为中国网络电视台)提供了 1.6 万小时的赛事报道,也是全球唯一对 3800 小时赛事进行全程转播的媒体,而中央电视台作为全球最大的 2008 年奥运会转播平台,各频道播放总量史无前例地达到了 2300 小时,而这一数量仅是央视网播放量的 1/5。[3]

最后,后过滤机制决定了网络视频创作自由。电视内容生产与播出受到

---

[1] MCKEE A.YouTube versus the national film and sound archive:which is the more useful resource for historians of Australian television?[J].Television new media,2011,12:154.
[2] 波斯特.第二媒介时代[M].范静哗,译.南京大学出版社,2001:120.
[3] 参考笔者对奥运会期间时任央视网总编辑助理、体育频道总监谢圣华的访谈,2011 年 3 月 15 日。

诸多规范限定，实行"过滤后出版"制度，其内容是过滤体系下的产物①。比如，电视新闻报道要考虑信息的真实性、来源的可靠性、报道的生动性、视觉表达的贴切性等，不符合规范的均会被删除。网络视频则不然，它采取"出版后过滤"，尽管其也有必要的过滤把关，但是总体上拥有远胜于电视的创作自由，没有刻意的专业要求，没有大众传播的内容约束，无数网民无时无刻不在上传新的视频，网友也会不断跟帖评论、补充新的信息。因此，相对于少数专业精英主导的内容生产来说，个体智慧聚沙成塔，反而可以汇聚起更丰富、更多元的资讯。

（二）运用上可动态扩展

包括网络视频在内的互联网应用被认为是具有"强大信息扩展价值"的事物②，因为网络用户可以接触到海量信息，并可以自由选择所感兴趣的信源，不断补充、添加新的诠释。相比而言，电视的单向性传播方式决定了其所播出的内容是无法被观众二次创作的，观众最多只能谈论节目，却不能左右节目，更遑论衍生扩展，电视节目一经播出，就完成了使命，即使有重播，也只是重复播出。网络视频观众可以主动选择和点看视频，可以随时中断，随时开始，不受电视播出的时间局限，正所谓"黄金时间就是我的时间"，而电视尽管能呈现万千气象，但是所有的节目内容都是被限定的，观众的观看行为也是被限定的，选择一个节目则必须放弃同一时段的其他节目。

如果说电视节目是完成时态，那么网络视频永远都是"正在进行时"。视频游走于互联网空间，在不同的站点、人群和工具中移动，与网址、文字、即时反馈结合，在此过程中，不断积聚意义，由"点"及"面"，动态扩展，具体表现为"点"状散播和界"面"集成。

"点"状散播：关系链"合作注解"。人们可以随意搜索、截取、拼贴任

---

① 吴筱玫.PageRank下的资讯批判：新"2·28"事件回顾[M]//邱林川，陈韬文.新媒体事件研究.北京：中国人民大学出版社，2011：132.

② POTTS J.Consumer co-creation and situated creativity[J].Industry & innovation,2008,15（5）：459-474.

何一段视频，重新诠释文本，进行再创作；可以用加标签、超链接等方式赋予视频文本新内容；可以对视频内容指指点点，汇聚评议，并把感兴趣的视频分享给朋友。总之，在接受和传播以及再传播的过程中，每个人都有权对视频文本进行补充、修改、点评、衍生和转发，从而最大限度地集聚共识，实行线上线下互动，网络视频因此成为可动态扩展的"合作注解"系统。

以香港"巴士阿叔"视频系列为例。2006年4月，一位香港中年男子在公交车上咆哮"我有压力，你有压力"的场景，被旁观者用手机记录了全程。这段6分钟视频被发布到YouTube后，引起了网络热议，短时间内观看量达390万次，"巴士阿叔"恶搞版或混搭版视频大量涌现。基于对YouTube上132个相关视频的研究，学者朱顺慈发现，网民大量从流行文化文本中挪用素材，将流行音乐、电影片段、海报、电视报道与原有视频交织混编。从艺术创作层面看，这些二度创作的视频大多乏善可陈，质量无法与电视节目相比，但是，网民并不在意质量，而意在通过参与制作，与其他网民进行持续交流，表达态度[1]。不断推出的新视频变成在线讨论的一部分，线上线下的流通打破了网络与现实的分界。这不仅使网络与现实趋于同构，而且借由众人的"合作注解"，交流者的意义空间也趋向同构。

界"面"集成：共时性"多源并置"。对于网络内容的编辑，英文表述有时会用"redaction"（集成）来指代"Edit"（编辑）。"编辑"有删减、取舍之意，而"集成"一词则可以较为准确地反映网页界面上内容集纳的特点[2]。点击任何一个视频频道，都可以看到其界面犹如超市货架，视频专题分类排列，推荐列表、搜索链接、快讯推送、一键转发等服务一应俱全。打开任何一个专题页，人们都可以一目十行地概览，有选择地点击，进而层层深入，视频还可以附加额外信息，如最新发布、最多播放、最多评论、最多收藏、播放时间、视频来源、内容简介、发布时间、播放频次等。传统电视专题的时序

---

[1] 朱顺慈.YouTube与集体行为：网络视频"巴士阿叔"个案研究[M]//邱林川，陈韬文.新媒体事件研究.北京：中国人民大学出版社，2011：19–35.

[2] HARTLY J.Television truths：forms of knowledge in popular culture[M].London：Blackwell publishing，2008：112.

性结构在网络界面上演化为大容量非线性文本系统，多点多源信息共同作用其中，至此，同时性的"源"整合，取代了历时性的"流"传播。"流"是电视文化的重要概念，雷蒙德·威廉姆斯（Raymond Williams）1974在《电视：科技和文化形式》（*Television: technology and cultural form*）一文中阐述了电视"流"机制，之后被众多学者所引用。①

因此，网络视频在意义生产方面更重视编辑效能，诸如，如何吸引点击并增强用户黏性、如何在快速滚动的信息阵中推送重点、如何对碎片化内容进行深加工等新问题对视频编辑提出了新的能力要求。

（三）传播上可随机嵌入

相较于电视的单一传播通道，网络视频具有强大的复合传播能力，这源于视频文本的两大特性。其一是可截取性。网络视频可长可短，任何长度的视频内容都可以以数据方式存在于网络空间中，供用户点播观看，换言之，视频长短可根据需要被任意截取。未来随着技术进步和宽带提速，视频长短将不再是核心问题。短视频之所以受到网民欢迎，是因为它满足了碎片化的消费需求和使用习惯，宛如"视频点心"②。其二是可嵌入性。在网络上，视频文本可以被嵌入文字报道、电子邮件、即时通信、微博、微信等各种传播载体或渠道。这种可嵌入性使视频分享得以无缝整合、无处不在、移动获得，从而加速了视频传播，"病毒视频"也应运而生。

在此，对"病毒视频"略作说明，因为它是网络视频的特殊形式。"病毒视频"是指那些具有吸引力特质、像病毒传染式迅疾扩散的视频。这些视频借助互联网的人际链快速传播，而用户往往在无意识中接受这些视频信息。电子商务先行者拉尔夫·F.威尔逊（Ralph F.Wilson）从营销视角透视了病毒式扩散策略，即：提供有价值的产品或服务；提供无须努力地向他人传递信

---

① 艾伦.重组话语频道［M］.麦永雄，柏敬泽，译.中国社会科学出版社，2000：29.
② ORGAD S.Mobile TV old and new in the construction of an emergent technology［J］. Convergence the international journal of research into new media technologies，2009，10（2）：197-214.

息的方式；信息传递便于从小向大的规模扩散；利用公众积极性和参与行为；利用现有的通信网络；借用他人的资源。① 这些策略也大致适用病毒视频，病毒视频以极低的成本聚拢群体，快速传播，且较容易得到认同。

在嵌入式传播中，微博视频的力量尤其引人注目。视频文本与微博的共构，使二者相得益彰。一方面，微博传播的广泛性、迅捷性，使视频功能得以最大释放；另一方面，视频令微博传播影像化，使之获得了活动空间的属性。"Twitter cooler"这个新名词就生动表达了网络视频的活动属性。该词意为"推特的晴雨表"，也就是说，人们一边看视频节目，一边通过推特这样的社交媒体来交流感受，后者的活跃度反映了视频受欢迎的冷热程度，同时，借助社交媒体，分享者虽身处异地，却宛若同场活动。

总之，基于互联网的分享与共享模式及其提取、合成、储存之技术功能，网络视频不再是他人制造的影像世界，而是通过"走向文本化"，成为人际互动语言。文本化既是网络视频语言独特性的技术基础，又是个体自由运用视频的前提条件，其间隐含着传播主体化带来的权力转移。人们用视频图像和表情符号代替文字，借助人际关系链加以传播，这一过程亦是情感连通的社会过程，散发着平等、互动、个体自主的气息。深刻理解网络视频的文本化机制及其意义，或许可以为我们理解社会新需求、实现有效传播提供新途径。

---

① Planning your internet market strategy.

论网络视频话语的日常化*

网络视频从生产机制上消除了技术壁垒，呈现了不同于电视的语言特点。尤其是个人化视频在表达上摆脱了专业桎梏，无须经过电视节目那般复杂且高度组织化的生产程序，其内容直接取自生活，在语态上有着天然的亲近感和随意性。很多时候人们不会因为网络视频粗糙的画质或碎片化的内容，而否认它的价值，排斥它的吸引力，相反，这些视频往往更容易得到分享和传播，仿佛一夜之间，影像表达从高高在上的专业殿堂走入寻常百姓中，从代言"日常化"生活的工具，变成了人们直接沟通的日常话语本身。

一、视频话语的变迁

波林·罗斯诺（Pauline Marie Rosenau）在《后现代主义与社会科学》（*Post-modernism and the social sciences*）一书中将"话语"定义为"所有被书写、被言说的东西，所有引起对话或交谈的东西"[①]；后现代思想家福柯指出，人类一切知识都是通过话语而获得的，任何脱离了话语的事物都不存在[②]，人与世界的关系是话语关系。从这些论述中，我们可以引申出，在信息传播中，人借助媒介来表达自己，获得知识，人与世界的关系其实是媒介话语关系，而媒介话语势必受到媒介技术变化及其所导引的传播关系变化之影响，表现

---

* 文章原载于《现代传播》2013 年第 2 期，收于本书中，略有删改。
① 罗斯诺. 后现代主义与社会科学 [M]. 张国清，译. 上海：上海译文出版社，1998：2.
② 王治河. 福柯 [M]. 长沙：湖南教育出版社，1999：159.

在视频方面,即为活动影像技术变化带来的话语变迁。

活动影像自诞生以来,因介质不同而经历了从电影到电视进而到数字视频的时代。随着媒介工具和介质的改变,人与世界的话语关系也不断趋向自由。1948年,法国电影家亚历山大·阿斯特吕克(Alexandre Astruc)发表的重要文章《新先锋派的诞生:摄影机是自来水笔》(Naissance d'une nouvelle avant-garde: La camera-stylo)生动地反映了媒介工具与话语表达的关系。第二次世界大战后,电影蓬勃发展,电视兴起,轻型摄像机、同步录音的便携式摄像机相继出现。这些摄像机有着某些人性化特征,"手眼并用,身随意动,几乎成为摄影师身体的一部分"[①]。阿斯特吕克敏锐地捕捉到这种工具性变化对于电影话语的影响:"电影已经逐渐从市集演出节目、类似文明戏的杂剧,变成了一种具有独特语言、可以自由表达思想和感情的工具",摄影机犹如作家手中的自来水笔,可以灵活而巧妙地写作[②]。在阿斯特吕克看来,此前的电影仅仅是观赏性的,而电视的发展必将使"每一户人家都有放映机的一天已经为期不远",因此,电影语言要突破成规,成为"最广泛以及最透明的语言"[③]。由此可见,阿斯特吕克所提出的"摄影机是自来水笔",其实反映了一种希冀摆脱工具性束缚、自由表达的意识,而这在第二次世界大战后新浪潮电影中已经得到实践。不过,直到带有摄像功能的手机普及,阿斯特吕克的"摄影笔"愿望才真正实现,人们才能真正随心所欲地用影像表达。

第二次世界大战后重新起步的还有电视及逐渐形成的电视话语。英国纪录电影运动发起者约翰·格里尔逊(John Grierson)同样敏锐地注意到一种新的电视话语及其带来的变化,他在1953年发表文章指出:"电视本身蕴藏着无穷的潜力,可以做任何事情。电视能将公共事件迅速展现在人们眼前,以生动的画面和声音展示神奇的地方、奇妙的事情和各式各样的人物。"[④]尽管直到

---

① 安德烈.巴赞传[M].张田,张立,译.北京:新星出版社,2012:81.
② 马尔丹.电影语言[M].何振淦,译.北京:中国电影出版社,1980:215-216.
③ 阿斯特吕克,刘云舟.摄影机——自来水笔,新先锋派的诞生[J].世界电影,1987(6):22-26.
④ 哈迪.格里尔逊与英国纪录电影运动[M]//单万里.纪录电影文献.北京:中国广播电视出版社,2001:51.

60年代电视直播的出现才意味着电视彻底摆脱了"小电影"语态，所谓"电影是历史的阐述，电视是现实的直播"①，但是，格里尔逊显然已从影像媒介技术的变化中，预见了电视话语趋向现实性和日常化的潜力。

换言之，无论是话语表达内容的日常化，还是话语表达形式的日常化，电视都已胜于电影。不过，电视终究是类人际互动，并没有真正实现影像话语的表达自由，即让每一个人都成为影像话语的表达者。那么，这种类人际化（日常化）的影像话语又是如何演变成人们的日常话语的？

20世纪70年代，雷蒙德·威廉斯（Raymond Williams）将电视独特的话语特征描述为"电视流"。他认为，电视建构了一种不断流进家庭日常生活的影像话语"流"。这条形象和声音的"河流"不是一系列孤立的文本集合，其中没有任何一部分是与其他部分完全分隔的②。正如我们所体验到的，电视影像是源源不断地流淌的，即使在节目和节目之间，影像也始终存在，唯有如此，电视才能表达意义。在这一时期，家用录像机的出现、电视有线频道的剧增，这都孕育着影像话语的变化。"频道冲浪"这一当时出现的新名词隐含着影像被观众截"流"的可能性。在"频道冲浪"中，观众利用遥控器在一系列的频道中快速地从一个频道跳转到另一个频道，在多个频道中转换，撷取片段，以快速浏览的方式，形成对多个节目的共时性理解，突破了以往影像语言在理解上的历时性制约。面对"遥控器作为观众与一系列有增无减的可共时选择的电视节目之间的中介"③，罗伯特·C.艾伦等学者意识到，话语频道正在被"重组"。

同时，罗伯特·C.艾伦（Robert C. Allen）强调，尽管电视经历了某些形式上的变化，但是它仍然相对保持着一种生命力和确定性，即无论其观众是

---

① URICCHIO W.The future of a medium once known as television［M/OL］// VONDERAU P，SNICKARS P.The YouTube reader.Stockholm：Swedish national library press，2009：24-39［2012-12-03］.http：//www.youtubereader.com/images/youtubereader.pdf.
② 艾伦.重组话语频道［M］.麦永雄，柏敬泽，译.北京：中国社会科学出版社，2000：29，8，中文序.
③ 艾伦.重组话语频道［M］.麦永雄，柏敬泽，译.北京：中国社会科学出版社，2000：29，8，中文序.

谁且无论他在什么地方观看，电视都在以其特殊方式使我们成为受众①。现在看来，这一阐述是深刻的，因为从传播关系看，"频道冲浪"的确只是电视话语"形式"上而非本质上的变化，观众依然没有摆脱被动的"受众"地位，因为那支"摄影笔"依然掌控在少数专业精英的手中。电影电视的话语体系就像代议制，少数专业人士"代言"了所有人，有选择地言说人们的生活、情感和日常故事。

互联网的出现改变了传播关系，也改变了人与世界的影像话语关系，"社会到了新的临界点，科技使更多人能够发出自己的声音"②，影像也由此成为每个人表达自己的话语方式。这一判断形成的理由至少有以下几点：

第一，传播主体化使每个个体都获得了媒介表达权和传播权，影像言说者不再只是机构及其代言人，人人皆可以用影像发言。

第二，作为话语主体的我们，与信息源之间形成了共构关系。因为以往所有的影像信息都是经由机构选择后传播的，而现在"我们"和信息源之间不再有中介，影像表达仿佛可以渗透到社会的每个细胞，涵盖了社会生活的方方面面。

第三，手机视频功能极大助力了人们的影像表达。视频拍摄犹如"脱口而出"般便利，"看到"即可"说出"，视频影像由此成为人们日常表达的"词汇"。

第四，视频文本化使视频话语可以被自由截取、重构。这无疑使话语表达在内涵上更为深入、更为丰富也更为完整。

英国学者丹尼斯·K.姆贝（Dennis K.Mumby）在《组织中的传播和权力：话语、意识形态和统治》（*Communication and power in organizations*）一书中，转引了学者迪兹关于话语关系的论述指出："在所有的社会构成形式中，语言具有一种特别的地位。其他一切社会构成形式都可以被转化为语

---

① 艾伦.重组话语频道[M].麦永雄，柏敬泽，译.北京：中国社会科学出版社，2000：29，8，中文序.
② 扎克伯格公开信：今天，社会来到了又一临界点[EB/OL].（2012-02-03）[2012-12-30］. https://tech.sina.com.cn/i/2012-02-03/07356680295.shtml.

言……说话和书写不仅是个别意义的表达手段,它们把每一种知觉连接起来组成一个更大的意义系统。一个组织中的概念特征体现在口语和书面语的体系中,因此说话和书写就是认知的过程。"①

这段论述以说话和书写为对象,把其对象扩展为视频也应是成立的。如果我们把互联网或者网络视频系统视为一个组织,其话语的核心概念特征也会体现其中。2012年中国网民网络视频应用研究报告显示,网络视频用户间分享行为活跃,85.4%的用户曾将自己喜欢的视频节目推荐或分享给好友,视频分享和转帖成为网友间重要的互动方式,也是情感交流、智慧碰撞以及信息增殖的方式。可见,"分享"已成为互联网话语的核心概念。

在由分享视频、微博、论坛等社交网络构成的传播语境中,人们可以随时随地将视频嵌入电子邮件、微博等发送给朋友。在这个过程中,网络视频作为话语方式,正如迪兹所说,不仅是个别意义的表达手段,也成为维系交流的"过程",获得了和口语同样的功能地位,视频在历史上第一次成为人际对话的语言。

二、日常话语特性

曼纽尔·卡斯特(Manuel Castells)在其代表性论著《网络社会的崛起》(*The rise of network society*)中曾经提到,互联网作为新媒介,它的语言独特性在于使电子文本具有即时、互动、非正式、结构散漫的"口语性"②。不过,卡斯特并没有对此做进一步论证。今天的网络实践已然证明,网络视频作为网民用来交谈的方式,其图像以及表情符号的确成了"通用的表达语汇"③,经常被用于替代文字表达。网络视频因此具有了日常话语的性质。

---

① 姆贝.组织中的传播和权力:话语、意识形态和统治[M].陈德民,译.北京:中国社会科学出版社,2000:21.
② 卡斯特.网络社会的崛起[M].夏铸九,王志弘,译.北京:社会科学文献出版社,2006:341.
③ SPIGEL L.Now playing on a YouTube site near you[J].Television new media,2009,10:103.

日常话语通常具有以下基本特征：1. 不用加工修饰，自然而然，无须刻意讲求语法规范。2. 你言我语，随时互动，话轮转换。3. 生动活泼，充满创造气息。4. 多支离片段，前因后果未必周全，却无碍交流，诸如"你吃了吗"这样的问候，似乎并不符合逻辑，却透着亲近随和，用户借由它彼此相通。以此为对照，我们可以发现网络视频与日常话语在特性上高度相似。

第一，网络视频表达直白，不事雕琢。大部分网络视频制作成本很低，手机"随手拍"白描记录，无制作周期，无专业约束，可以第一时间上网传播。无论是严格保密的萨达姆之绞刑，还是排山倒海的印尼海啸；无论是到此一游的胜景留影，还是家庭生活的温馨时刻，都无须添加任何描述，就可以说明事缘何处人在何方，并且顷刻流传。一般来说，专业机构制作要求节目品质，无论前期采制还是后期编辑，都注重准确性、清晰度和吸引力等，相形之下，网络视频像"独白"，大多直接表达自己的态度，上传者大多希望获得反馈，视频重在交流，信息传递退居次位。

虽然个人化的网络视频作品也不乏创意，不过毕竟大多凭一己之力，技术上远不及影视作品精致，这些视频之所以大受欢迎，还是胜在贴近性和创意性。以带动中国播客热的《一个馒头引发的血案》为例，作品素材取自电影《无极》和中央电视台《中国法治报道》，最终下载量远超《无极》本身。在 20 分钟的时间里，巧妙的对白拼贴，滑稽的视频插接，使得这部被冠以"恶搞"之名的短片受到追捧，重要的不是制作水准，而是它的创意和话语方式，仿佛朋友间的轻松调侃。一位网友评价：要理解陈导这部充满了隐喻的作品《无极》，观众必须熟悉德国诗剧《浮士德》、希腊悲剧《俄狄浦斯王》、莎士比亚悲剧以及美国动画片，而要看懂《一个馒头引发的血案》，需要的仅是简单的生活经验和一点幽默感。

第二，网络视频表达有集体协作性。这种集体协作性体现为网友之间分享转发、二度创作，仿佛咖啡馆里的自由漫谈，你应我答，语轮转换，无须前因后果，不断衍生更丰富的内容，只不过用于沟通的话语由有声语言变成了视频、沟通动作变成了评论和转发。这一过程很像语言学家查尔斯·古德温（Charles Goodwin）在人际交谈研究中的发现：谈话的中断及随即恢复，使得说话者总试图努力保持听众的关注，不断插入点评。①

由此，独立的个体通过相互评论、转发和续写创作而建立广泛的社会联系，这就使内容生产的集体协作成为可能。《泽·弗兰克秀》(*the show with Ze Frank*) 就是这样一档网络视频节目，它每期只有3到5分钟，由弗兰克主持。这档节目的特色在于其鼓励参与的开放结构，例如，网友上传一首自编自唱的歌，来自世界各地的网友完成配乐，或者，在某话题下网友上传上千幅图片、视频或小故事，这些内容又被重新选择和编辑播出，网络分享精神使视频创作具有电视所无法企及的协作特色。

吉哈德和萨福认为数字内容生产的特点表现在5个方面：1.选择，被搜索能力、信息聚合以及过滤机制所制约的目标内容选择；2.对话，与在线参与、社交需求以及不同社群规范有关。3.重组，各类平台上的内容重新分配与评价；4.创造，内容生产与整合的实践；5.合作，代表着内容生产上的集体协作与智慧②。这种合作使得网络内容的生产与消费能快速地从个体行为转向群体行动。其实，大众自媒体的意义就在于众人协作式的互动，如同不断延续的对话。

第三，网络视频内容覆盖日常生活。网络视频内容可以涵盖生活的每一个角落，家长里短，街头巷议，仿佛生活中最隐蔽之处也会有视频。在此不做道德评判，仅从话语内容而言，网络视频提供了最全面、最真实的社会"微"记录。

曾获奥斯卡金像奖最佳导演奖提名的电影导演雷德利·斯科特（Ridley Scott）和凯文·麦克唐纳（Kevin Macdonald），与YouTube合作，携全球网民共同掌镜，以"爱"和"恐惧"为题，集体创作了80,000多段、总长度4500小时的微视频，集中演绎了2010年07月24日这一天世界各地各阶层的各种生活。

这一实践很好地诠释了网络视频对于日常生活表达的丰富性和全面性。

---

① GOODWIN C.Conversational Organization：Interaction Between Speakers and Hearers [M]. New York：Academic press, 1981: xii, 195.
② GERHARDS M, SCHAFER M S.Is the internet a better public sphere? comparing old and new media in the USA and Germany [J].New media & society, 2010, 12 (1): 143.

网民拍摄的视频在还原生活真实方面也具有专业摄制所不具备的优势。著名新闻摄影师约翰·卡普兰（Jonn kaplan）曾经以早上6点出现在被摄对象的卧室里来打比方，强调拍摄要记录"生活中真实的那一面"。最大限度还原真实无疑是新闻纪录工作者的追求。不过，面对陌生人的镜头时，人们多少都有些防范，相反，当视频以自拍或者不引人注目的随手拍方式记录时，所呈现的就是毫无掩饰的生活。

第四，网络视频表达随机随意。对于现在的年轻人来说，互联网是他们生活环境的一部分，网络语言是他们的日常用语，碎片化、多媒体化、文本化是他们的话语方式，随意随性是他们的表达特点。总之，即使隔着千山万水，他们都可以用视频、图像、表情符号、文字来对话。网民习惯用个性化签名表达自己，如QQ、飞信、微信、微博的昵称时常被"今天又是一个好天气""减肥没有那么容易"等表达愿望心情的句子所取代，当这些签名被随时更换时，日常对话仿佛可以穿越时空，无处不在。网络视频也是如此，随手一拍，发送分享，视频可能就是一种心迹，一声招呼。

苏珊·桑塔格（Susan Sontag）指出，网络时代的新变量就在于人们热衷记录并传播自己的行为，它已胜于过去的留影自存[1]。以往每个人拍摄是为了留存"历史"，而现在人们拍摄是为了表达自我，在社会交往中得到关注，在持续交流中保持与社会的联系。由此可见，自拍分享也是"日常话语"。

相形之下，电视则更像是"书面话语"。电视表达需要借助大型专业设备，遵循视听语法规范，讲求准确、严谨、完整，和书面语一样，受限于语篇衔接规律，讲求起承转合。尽管电视语言比电影语言更贴近生活，但是有专业要求的限制。以新闻报道为例，专业性是确立其媒介权威的前提。无论是例证选择还是报道清晰度，不允许虚假错误，多层把关在最大程度上保证了信息价值。如果说，网民在事件现场的随手拍，可以只出于自己的兴趣或需求，不用考虑事件意义、情状，那么，记者的现场报道绝非个人行为，他必然要对内容价值做专业判断，两者差别在于前者代表私人，是个人话语；后者代言公众，是公共话语。

---

[1] SONTAG S.Regarding the Torture of others[N].The New York Times Magazine,2004-05-23(27).

从严谨性和权威性来说，书面话语胜于日常话语，电视胜于网络视频，就好比史家的笔下春秋要胜于民间的口耳相传。从创作过程看，电视是整合后的传播，而网络视频是传播中的整合，因为电视表达需要经过前期采录、后期编辑、录音合成甚至动画设计、整体包装等诸多工作配合，才能在电视台播出；而网民自制的视频大多是先直接上传视频，然后在传播中再被不断转帖、重构。

"既然生活本身未经剪辑，它的记录又何须剪辑呢？这是网络传播的法则。"① 苏珊·桑塔格的这一观点揭示了网络时代影像与生活同构的特性，它无处不在，又毫不修饰。

三、情境高于信息

2006年10月9日，YouTube网站的两个创始人赫尔利和陈士骏通过视频发布YouTube被谷歌以16.5亿美元收购的正式官方声明。在手持摄像机拍摄的这段视频中，镜头在不断摇动，仿佛是新手所为，发表讲话的两位公司创始人，在闲聊般地表示要继续为用户"开发最创新的服务"时，突然迸发笑声，因为他俩提到了有趣的广告语——这完全不同于以往严肃的官方声明。《纽约时报》评论说，以半开玩笑的方式发表声明，幽默地表达了YouTube对业余视频爱好者的不成熟作品的支持。这句评论或许可以换成另一句话：业余视频"重在参与"。

《春天里》这首歌之前已有专业制作的高水准MTV，但是它在中国互联网上红极一时，却起因于两位农民工歌手组合旭日阳刚的网络视频。视频画面内，宿舍简陋、满桌残酒、歌者醉意朦胧、赤膊嘶吼，这段手机视频粗糙直白，毫无技巧可言，却直抵人心，网络点击量过千万，跟帖发言数十万，这在电视时代是难以想象的，歌词所隐喻的大时代小人物之命运故事在电视中也屡见不鲜。值得追问的是：为什么是这样如家庭录像般简单的手机视频，而不是同一首歌的MTV，产生了这样惊人的互动反馈，得以快速传播？这样

---

① SONTAG S.Regarding the Torture of others[N].The New York Times Magazine, 2004-05-23(27).

的视频有什么特质？

美国学者帕特丽夏·G.兰格（Patricia G.Lange）认为，这些貌似缺乏内容价值却令人喜爱的视频，有着维系情感联系的功能，她用"亲近性视频"（videos of affinity）一词来描述这些视频①。有大陆研究者认为，公民视频新闻的元素构成和搭配方式尚处于发展和呈现的初级阶段，而其新鲜之处在于大众最真实的自我表达并获得了自身阶层的肯定②。香港学者的研究也发现，网民上传视频更在意的是与其他网民的持续交流，能及时响应比精美的视频更重要③。

丹尼斯·K.姆贝（Dennis K.Mumby）关于传播中共同体验的论述为我们进一步理解"亲近性视频"的意义提供了启示。他认为："传播——作为社会构成的一种形式——促成意义的形成，而后者随着时间变化习惯以后就提供了共同体验的基础，这一共同体验给了组织成员的组织行为形成了一个情境，因此传播并不简单是信息的载体，它是组织形成概念借以获得交感意义的过程。"④

按照姆贝的论述，传播并不只是作为信息的载体，它也为社会成员创造互动的情境，即除了传播的内容之外，还有情绪与场景的交融，而这种情境的形成以社会成员的共同体验为基础。由此而论，对于人们来说，那些"貌似缺乏内容价值"的视频，不在于它表达了什么内容，而在于它为人们营造了具有通感意义的传播情境。在这个意义上，在网络视频表达中，情境高于信息。

把网络视频这一表达特点与电视表达相比较，可以获得更直观真切的理解。

电视传播强调信息表达的有效性，而这一诉求与电视传播的单向性相关。如前文所述，电视是规范的、有"内容价值"的"书面话语"，话语主导者掌

---

① LANG P G.Videos of affinity on YouTube［M/OL］// VONDERAU P，SNICKARS P.The YouTube reader.Stockholm：Swedish national library press，2009：70-88［2012-12-04］.http：//www.youtubereader.com/images/youtubereader.pdf.

② 王建磊.公民视频新闻传播及影响研究［D］.上海：上海大学，2011.

③ 朱顺慈.YouTube与集体行为：网络视频"巴士阿叔"个案研究［M］//邱林川，陈韬文.新媒体事件研究.北京：中国人民大学出版社，2011：34.

④ 姆贝.组织中的传播和权力：话语、意识形态和统治［M］.陈德民，陶庆，薛梅，等译.北京：中国社会科学出版社，2000：21.

控信息源，通过信息源的规范与选择，传递信息，表达意义，所以所有表达关注的都是信息，所有情境的营造都是为了信息传播更有效。

互联网时代传播关系的变化带来了社会共同经验的变化。传播的自主性和人际化促进了人们表达自我、维系情感的需求，也创造了沟通交流的生活化情境。它所激发的不是对某个话语主题的评价，它参与由人们的日常话语、情绪、氛围所构成的网络环境之中。

个体参与的情境营造实际上是对长期以来占主流地位的精英话语的解构。这一功能在中国社会转型、出现贫富分化的背景下更有其特殊性，旭日阳刚视频在网络上走红也反映了这一点。美国媒体注意到在中国出现的这种草根视频的力量并评论说："越来越多的中国人用相机拍摄他们周围的世界并在第一时间与他人分享这些视频，这表明中国观察自己的方式和世界观察中国的方式已经发生巨大变化。"①

当然，这些非机构生产的视频也不乏佳作。和其他流行文化一样，美学形式始终是交往活动的重要因素。在网络空间中，有创意的或者高品质的视频同样容易获得认同，而这些作品大多来自"拍客"。"拍客"大多有一定的专业素养，又根植于民间，游走在业余和专业的两个话语系统之间，建构起了一种更有力的视听文化的参与行动。不过，究其被广泛转发的核心因素仍在于交往互动。

事实上，一切传统媒体在内容上具有的属性，网络视频都拥有并且可以涵盖得更广泛，而且它可以指向一个具有集体性质的情感连通的社会过程。在这种情形下，网络视频传播的目的更多在于唤起共通感受，维持"不断发展的社会关系的交互时刻"②③，从这个意义上说，创造交流对话的情境比信息更重要。

---

① FARRAR L.Online video stars changing the face of China's media［EB/OL］.（2010-02-12）［2012-12-04］.https：//edition.cnn.com/2010/TECH/02/10/china.video.online/index.html.

② FARRAR L.Online video stars changing the face of China's media［EB/OL］.（2010-02-12）［2012-12-04］.https：//edition.cnn.com/2010/TECH/02/10/china.video.online/index.html.

③ LANG P G.Videos of affinity on YouTube［M/OL］// VONDERAU P，SNICKARS P.The YouTube reader.Stockholm：Swedish national library press，2009：70-88［2012-12-04］.http：//www.youtubereader.com/images/youtubereader.pdf.

论影像政治修辞的历史演进及其内涵扩展*

政治修辞的目的在于通过表达获得政治认同,其内涵和外延是在政治实践的动态发展中不断趋向丰富的多样性。在前大众传播时代,修辞方法主要表现为语言修辞;在大众传播时代,修辞方法从语言修辞向影像修辞扩展,并由此指向了修辞情境;在后大众传播时代即互联网时代,由于传播关系的变化,修辞情境发生了变化,活动本身成为修辞,同时,手机"在线"进一步促进了影像修辞向活动修辞转向。活动即修辞,这种变化是当下政治传播中值得关注和研究的课题。

不过,正如"深刻解释学"方法所指出,对复杂的研究对象进行解释性分析,首先要有历史分析的视角。因为"有意义的对象和表达方式的生产与传播是发生在历史上具体的、社会规定背景中的过程"[1],只有这样,我们才能理解特定人类活动在特定历史文化背景下的内在意义,从而对研究对象与众不同的特征做出恰当的评判。简言之,我们只有了解研究对象的历史,才能逻辑地把握它的本质。

一、政治修辞的早期历史:从逻辑性到直观性

修辞学始于有雄辩之风的古希腊。古希腊的雄辩家善用有力的逻辑论战和

---

* 文章原载于《现代传播》2015年第8期,收于本书中,略有删改。
[1] 奥博伊德-巴雷特,纽博尔德.媒介研究的进路[M].汪凯,刘晓红,译.北京:新华出版社,2004:72-74.

巧妙的说服技巧，打动公众、激发行动。亚里士多德（Aristotle）将这种说服技巧定义为"修辞"，即"一种能在任何问题上找出可能的说服方式的功能"①。

修辞学的兴盛与希腊城邦公共生活关联密切。城邦时代古希腊的政治生活与社会生活一体，民主程序初成，城邦事务通过讨论和激辩来解决。当时的政治家大多是雄辩家，比如，伯利克里、德莫斯特尼斯等。他们经常面对面地向民众发表演说，展开辩论。希腊的政治家为了争取民众的信任和信服，让演说更有说服力，更能打动人心，修辞术逐渐形成。显然，"修辞"自出现起，就已经服务于政治活动，甚至可以说，希腊修辞术源于政治需要，体现为政治修辞。

早期政治修辞主要表现在言说方面。西方著名学者埃里克·哈弗洛克教授（Eric Havelock）在研究希腊政治的开明气质时发现，格言警句是对政治思想或道德内容的最好修辞，因为它们朗朗上口，简洁易懂，容易得到广泛认同，并且能够被牢记心间，口口相传②。

这一时期，修辞术是"显学"。亚里士多德写出了第一部修辞学论著《修辞学》。其中，他专门研究了话语修辞的各种机制及其在公共语境下的说服作用，由此奠定了西方修辞学理论的基本体系。

在中世纪，修辞主要表现在经验哲学的文字里。它以严格的逻辑来论证上帝本体论，这在一定程度上推进了表达的严谨性，是近代科学产生的思维条件。随着近代科学主义的兴起，工具理性统治了人们的思维，人们开始质疑"修辞"是"以词害意"，是煽动情感、误导判断之术③。于是，修辞研究在很长时间内局限于语言修辞，停留于论证逻辑，较少关注受众的接受效果及修辞行为。

借助传播技术的力量，大众传播渗透社会生活的方方面面，无处不受其影响。日益广泛的传播引起人们对传播修辞的关注，而这种关注指向了传播效果层面。

---

① 亚里士多德.修辞学［M］.罗念生，译.生活·读书·新知三联书店，1994：24.
② 转引自林文刚.媒介环境学：思想沿革与多维视野［M］.何道宽，译.北京：北京大学出版社，2007：263.
③ 转引自成伯清.社会学的修辞［J］.社会学研究，2002，17（5）：46-61.

传播史研究表明，城市人口增长、社会教育普及、政治参与扩大以及印刷术的出现降低了平面媒体的传播成本，这些是报纸成为大众媒介的前提条件。表现在政治活动领域，报纸的出现意味着直接的面对面的政治传播有了中介，各种力量开始借助报纸来扩大影响，因而报纸成为政治修辞活动的主要工具。报纸带来了传播规模化，宣传活动也更为醒目。到了19世纪末20世纪初，电影、广播先后出现，传播媒介增多，并且被越来越多地应用于政治宣传领域。

在第一次世界大战中，战争双方都借助报纸、广告、新闻电影、宣传册等传播媒介，运用大量修辞技巧，进行心理战，威力巨大。第一次世界大战后，一批学者开始从各自领域研究第一次世界大战中的宣传并且出版了许多研究成果。美国政治学家哈罗德·拉斯韦尔（Harold Lasswell）的《世界大战中的宣传技巧》一书是其中的代表作。拉斯韦尔对战时宣传进行了细致研究，他特别关注宣传技巧及其有效的运作机制："宣传者是在某个具体环境中社会化的，该环境的具体特征将限定宣传者潜在的观点、想象和行为。而宣传者试图影响的受众，是那些在相似环境中社会化的人。"①

美国前总统富兰克林·罗斯福（Franklin Roosevelt）的"炉边谈话"是广播时代最成功的政治修辞。20世纪30年代，全球性经济危机爆发，美国经济几近崩溃。为了求得美国民众对政府的支持，罗斯福利用刚刚兴起的广播媒介，在白宫壁炉边，采用"谈话"而非"讲话"的形式，进行全国动员。借助无线电波，罗斯福真挚的声音顷刻之间进入了千家万户，其影响广度远胜于古希腊政治家们的广场论辩和口口相传。"炉边"成了巨大象征。听广播的美国公众并不知道罗斯福总统是否在火炉边。其实，他是否真的坐在火炉边并不重要，重要的是"炉边"两字所带来的亲切感和感召力。在充斥着恐慌、不安、动荡的大萧条时刻，"炉边谈话"就像冬夜里温暖的炉火，驱散了寒冷，带来了光明，也为罗斯福赢得了民心。今天，人们可能不知道"炉边谈话"的内容，却能够记住"炉边"二字。"炉边"作为一种符号，进入修辞领域，"炉边谈话"成了政治学和传播学的经典。

---

① 拉斯韦尔.世界大战中的宣传技巧[M].张洁，田青，译.北京：中国人民大学出版社，2003：5.

在电视时代，政治修辞的内涵被进一步扩展。"当代政治离不开电视，离开电视的政治是难以想象的"①，这句话强调了政治、公众和电视之间的密切关联。进一步说，政治合法性、社会共识或者利益冲突的公开表达，想要产生最大影响力，都离不开电视。

电视独特的媒介逻辑也深刻地影响了西方现代政治，其修辞方式受到布勒姆勒（Blumler）所说的电视"现代公开性"的影响②，即电视影像的直观性和形象性。早在20世纪40年代，电视刚出现时，英美等国已经注意到新兴影像对未来政治修辞的影响。《纽约时报》的评论文章认为，"特写镜头不会使演讲者显得很遥远"③，这意味着在群众集会上被忽视的一个手势或表情，在电视屏幕上将十分显眼，政治人物的外在形象会更为重要。

综上所述，在古希腊时代和中世纪，人们比较强调修辞的逻辑性；在大众传播时代，报纸、广播、电视相继出现，修辞方式增多，各种符号、形象、场景、道具乃至活动都被纳入修辞范围，除了逻辑性外，人们开始关注修辞的直观性。

二、政治修辞的视频运用：从直观性到多元性

关于电视与政治修辞关系的早期研究文章中，普遍的观点是：传统浮夸的讲究戏剧性的演讲将让位于更随意的且能更好适应电视接近性特点的方式。美国前总统杜威对他的幕僚们说："在广播时代，你们是对群众说话，而在电视时代，你们是和群众对话。"④到了这个时期，政治演讲越来越凸显简洁、随

---

① YERIC J L.Mass media and the politics of change[M].Cambridge：Wadsworth publishing，2001：7.
② MAZZOLENI G.Political communication and television between old and new Influence[M]// OLFSFELD G，MAAREK P.Political communication in a new era：a cross-national perspective. London：Routledge，2003：32-40.
③ BAIRD D A.An emerging emphasis on image：early press coverage of politics and television[J]. American journalism，2003，20（4）：13-31.
④ BAIRD D A.An emerging emphasis on image：early press coverage of politics and television[J]. American journalism，2003，20（4）：13-31.

意而亲切的风格,美满家庭也成了政治演讲时重要的背景符号和修辞策略。

随着电视越来越深入地影响社会政治生活,电视与政治关系的研究也受到重视,有学者称之为媒介范式或电视媒介逻辑。众多修辞学研究分支,诸如总统修辞、战争修辞、选举修辞、媒介修辞等都关涉电视影像逻辑。此时,除了直观性以外,电视影像修辞在政治传播中被赋予了更多内容,是政治活动的重要组成部分。

美国政治传播学者把电视报道范式的影响因素概括为以下几方面,即观众容易获得的接近性、反映事件广度和清晰度的图像质量、内容的视听元素的丰富性和戏剧性、报道所具备的普遍兴趣以及组合报道的技巧等[1]。这种概括反映了美国政治活动对"隐藏在影像背后的技巧和技术"的强调。另外,电视报道会有意凸显人物个性、精心设计视觉形象、选择性提供同期声片段、重视人物出现的形象化场景以及简洁回答复杂问题,以适合电视播出。这也是政治活动的影像修辞要义[2]。甚至,里根前新闻发言人拉里斯皮克,在新闻发布会前,会准备一到两个适合电视的新闻故事[3]。还有学者在分析美国新左派学生政治运动时指出:"新左派的行动得到报道是因为他们符合媒介范式,特别是视觉上的有利机会,如游行、标语、夸张的表达等。事实上,这种视觉机会是获得全国性关注的主要因素。"[4]可以说,无论是政治人物还是媒体记者,抑或社会团体,都已经意识到"视觉力量比对话和抽象的意义更重要……行为越具有视觉效果,报道就能得到越多的关注和报道时间"[5]。不可否认的是,为迎合电视戏剧化、娱乐化的范式需要,严肃的政治活动被过度"娱乐",修辞符号被滥用,这种现象遭到严厉诟病。不过,这不是本文研究

---

[1] 阿什德.传播生态学:控制的文化范式[M].邵志择,译.北京:华夏出版社,2003:56.
[2] PURVIS H.Media, politics and government[M].Fort Worth:Harcourt College Publishers, 2001:67.
[3] WOLFSFELD G, MAAREK P. Political communication in a new era: a cross-national perspective[M].London:Routledge, 2003.
[4] 阿什德.传播生态学:控制的文化范式[M].邵志择,译.北京:华夏出版社,2003:57-64.
[5] 阿什德.传播生态学:控制的文化范式[M].邵志择,译.北京:华夏出版社,2003:57-64.

的重点，在此不复赘述，举这些事例是为说明美国对影像政治修辞的细致研究和广泛运用。

事实上，在政治活动中，人们不仅关注修辞符号、道具的使用，还关注场景、情境对人们的心理影响。正如英国学者布莱恩·麦克奈尔所说"政治修辞在公共场合与私下里存在着潜在不同"，他认为人际政治传播也关乎修辞①，可见，政治修辞已显现其活动性质。从古希腊、中世纪到广播电视时代，政治修辞从重视逻辑性拓展到直观性运用，从语言的单一性向感觉的多维性转化，现在更拓展到情境、心理、活动等层面。

有学者把电视修辞称为"一种体制结构"②，因为电视传播是一种权力不对等的传播，掌握传播权的一方，通过选择让观众看什么对只能被动观看的观众实施软性控制。这一过程不是通过强迫的外在形式来完成，而是利用电视修辞，诸如，故事选择、解读引导、镜头设计等来达成。

在新媒体时代，政治修辞的涵盖面更为广泛，扩展到无所不包的社会空间。由于传播关系的变化，每个网民都成了自媒体，传播权力也发生了转移，"这导致政治话语和政治基础的转变"③，互联网及网络视频的修辞也相应地发生了变化。

2004年5月，苏珊·桑塔格（Susan Sontag）在《时代》杂志撰文："影像不会消失，这是我们生存的数字世界的本质。一张照片、一幅画面抵得上千言万语。即使政治领导人选择不去看它们，还会出现成千上万的快照和视频，不可阻挡。"④

桑塔格的这段话表明，在网络时代，视频仍然是传播的重要方式之一，并且更具本质意义。视频影像成为我们的生活内容，虚拟网络空间开始具有

---

① 麦克奈尔.政治传播学引论［M］.殷祺，译.北京：新华出版社，2005：4-5.
② 媒介知识分子手中的文字和图像［EB/OL］.（2008-04-24）［2015-05-26］.https：//www.aisixiang.com/data/18477.html.
③ WASKO J, ERICKSON M.The political economy of YouTube［M/OL］// VONDERAU P, SNICKARS P.The YouTube reader.Stockholm：Swedish national library press，2009：372-386［2015-05-26］.http：//www.youtubereader.com/images/youtubereader.pdf.
④ SONTAG S.Regarding the torture of others［J］.New york times magazine，2004（27）：24.

现实空间的特性，人们在网络空间中交往、聚会、讨论，网络进而成为商业、文化乃至政治活动的平台。

美国政治学家 W. 兰斯·班尼特（W.Lance Bennett）认为，数字时代向传统信息方式提出了挑战，人们更容易摆脱新闻媒体报道，而转向他们真正关注的事情和信息来源，政治家越来越难以控制信息议程，也越来越难以把它的信息传递给人民①，政治信息传播战略技术由此兴起并趋向复杂。

以政治信息传播战略技术为视角，有政治传播学者将西方半个世纪的政治传播划分为三个时期：第一个时期是在电视出现之前，传媒体现了强烈的政党意识形态；第二时期是通过大众传媒尤其是电视来传递政治信息，政治活动对传媒专业人才的需求增加，因为这些传播人才谙熟媒体逻辑，善于利用媒体达到传播目的；第三时期是目前正在形成中的"富"媒体时代（media abundance），因为政治新闻的生产机制充满了不确定性②，所以政治传播的专业主义显得更为重要。

无论班尼特所说的政治传播战略技术，还是布勒姆勒提出的政治传播专业主义，都直接关联政治修辞，也导向同一个目标，即在日益复杂的媒介环境中，如何使政治信息、政治活动能够说服公众，为公众所接受。

上述观点还表明，思想家们已经将目光投向网络时代的政治修辞，但是，他们并没有对这一问题进行诠释。面对一个新的传播时代，我们不得不去思考这一问题，如何从修辞的角度理解互联网的变化，我们首先需要回到现代修辞理论研究，从中探寻修辞的逻辑进程。

三、现代修辞认同论：从情感到情境

20世纪60年代，各种媒介已经深入家庭，传播范围大大扩展，修辞学研究走向繁荣，以肯尼迪·博克（Kennedy Burke）为标志的现代修辞理论形

---

① 班尼特.新闻：政治的幻象[M].杨晓红，王家全，译.北京：当代中国出版社，2005：8.
② WOLFSFELD G, MAAREK P.Political communication in a new era: a cross-national perspective [M].London: Routledge, 2003: 2.

成。此后，修辞研究吸取了后现代立场和方法，对修辞话语中的认知性、意识形态、权力运作过程等进行了研究，这些不同分支理论从不同角度揭示了修辞的性质或功能。

（一）从修辞目标看，从单向劝服转向了互动认同

亚里士多德的修辞说服论是以行动为目标，以语言为手段，注重直接的目标效果和行动，只要对方接受，并不关心其内心是否真正愿意。现代修辞学则强调心理认同，认为修辞活动的本质和标志都是"认同"，要求受众的心理和行动均符合修辞者的期望。

为什么修辞要强调心理认同？肯尼斯·博克（Kenneth Burke）解释说："在符号活动中，人类自觉或不自觉地处于一种寻求认同的情景中。"[①] 因此，修辞的重要任务就是发现"潜藏着的认同材料"。如果修辞者能够抓住获得认同的情境，也就抓住了产生共同思想和感情的基点，从而使双方行动真正达到和谐一致。D.C.布莱恩特（D.C.Bryant）认为，修辞的作用在于向人传达意思，又能够让人传递意思[②]，的确，任何修辞主体都在传达意思，但是能否让接受者主动再向他人传递意思，则需要以认同为前提，否则，只有一厢情愿的"传达"，难以赢得接受者主动配合式的"传递"。

（二）从修辞内涵看，从文本言说扩展到人的活动

现代修辞学将修辞定义为"人使用词语形成态度或导致他人采取行动"[③]，由此而论，修辞不再只是文本，一切以象征为依托的话语和行为都是修辞。这一定义扩展了修辞的内涵和外延，把人类的一切活动及其成果都纳入了修辞的范围，因为活动及成果已经具有了符号的性质，用肯尼斯·博克的话来

---

① 博克.当代西方修辞学：演讲与话语批评[M].常昌富，顾宝桐，译.北京：中国社会科学出版社，1998.
② 媒介知识分子手中的文字和图像[EB/OL].（2008-04-24）[2015-05-26].https://www.aisixiang.com/data/18477.html.
③ 鞠玉梅.肯尼斯·伯克新修辞与理论述评：关于修辞的定义[J].外国语文，2005（1）：72.

说，"哪里有说服，哪里就有修辞，哪里有'意义'，哪里就有说服"①，说服的目标就是对意义的认同，修辞能力决定了修辞的成效。

"媒介即信息"，麦克卢汉的这一命题本就隐含了工具符号的意义属性。他认为，一种新技术的使用往往意味着"一种全新的环境被创造出来了"。以往人们只把媒介视为单纯的工具，认为它仅为承载和传播信息而存在，而麦克卢汉在使用"媒介"这一概念时，将人类的一切工具都视为媒介，作为人体的延伸，每一种新工具的使用，都为人类活动引入了新的尺度，它们改变了人们的视觉、听觉和触觉，进而改变了人们的时空感觉，也改变了人们的语言、文化环境及其生活环境。在这里，重要的不是媒介承载的内容，而是媒介本身。

学者周宪、许钧在解读麦克卢汉媒介观时，特别指出了人类社会工具符号化现象："人是符号和文化的动物，文化总是体现为各种各样的符号，举凡人类的器具用品、行为方式甚至思想观念，皆为文化之符号或文本，文化的创造在某种程度上说就是符号的创造，从符号的角度看，它的基本功能在于表征。符号之所以被创造出来，就是为了向人们传达某种意义。"② 文化体现为符号，人类的一切工具，如器具用品、行为方式以及思想观念等，皆是符号，也皆为修辞。

事实上，一旦社会的主导传播媒介变化，符号系统就会发生根本变化，媒介发展也会不断地丰富修辞内涵。当印刷传媒在社会活动中占主导地位时，人们重视的是书面语言符号及其修辞的运用，而当电视成为大众传播的主导形态时，图文声像影的视觉元素就被纳入了修辞领域。因此，在传播活动中，修辞要产生良好效果，必须理解并且符合传播媒介的工具特性，即前文所说的媒介逻辑。正是在这个意义上，修辞学要成为对社会分析有用的工具，必须关注媒体对人们交流行为的影响，政治修辞同样如此。

西方学者在20世纪60年代末就已注意到情境在政治修辞中的重要影响，

---

① 成伯清.社会学的修辞[J].社会学研究，2002，17（5）：46-61.
② 麦克卢汉.理解媒介：论人体延伸[M].何道宽，译.北京：商务印书馆，2000：中文版序言.

其中代表人物为美国修辞学者劳埃德·比彻尔（Lloyd Bitzer）。他认为"政治信息产生于具体的历史情境，是对历史情境的必要反应"。①

袁影、蒋严两位学者在《论"修辞情境"的基本要素及核心成分——兼评比彻尔等"修辞情境"观》②一文中，对修辞情境论做了详细介绍和修正。

1968年，比彻尔在西方最重要的修辞学杂志《哲学与修辞学》（Philosophy and Rhetoric）创刊号上发表论文《修辞情境》（Rhetorical Situation），首次提出了"修辞情境"这一重要概念，它包括三个核心要素，即缺失（exigency）、受众（audience）和一系列限制（constrains）。

袁影、蒋严认为，"一系列限制"是无所不包的要素集合，内涵模糊，于是在比彻尔定义的基础上，提出了"修辞情境五要素"，即缺失、受众、修辞者、场景和时机。除了将"一系列限制"做了更明确的细分外，他们还对"缺失"的几个方面进行了概括，包括情礼、信息、理念和行动等。

"五要素"丰富了原修辞情境论的内容，使之更为合理清晰。袁影、蒋严两位学者的观点对我们把握修辞情境论而言富有启示，概括来说，主要有三方面：1.修辞者与修辞对象（受众）构成了一对主客体关系，修辞者应有角色意识，包括自我社会角色、受众角色以及双方角色的关系认知，还应根据修辞对象所处的具体状态，选择合适的表达内容和形式。2.修辞者如能识别情境中所"缺失"的部分，比如信念、行动、信息等，就可以采取相应有效的策略。3.修辞要考虑场景和时机，其中包括事件状况、时间、场所、所处情境阶段等。

关于修辞情境论的研究一般都是基于一般意义展开的，尚未有学者对互联网的修辞情境进行研究。事实上，互联网改变了传播的主客体关系，也改变了人们的生活和活动空间，进而导引了整个修辞环境的变化。在此情形下，修辞学研究不能只局限于某个方面、某个领域，而要指向涵盖所有方面的活动情境。这正是未来政治修辞研究所要着力探讨的问题。

---

① 李元书.政治体系中的信息沟通：政治传播学的分析视角[M].郑州：河南人民出版社，2005：89.
② 袁影，蒋严.论"修辞情境"的基本要素及核心成分[J].修辞学习，2009（4）：1-8.

论互联网时代政府传播的修辞变化及其偏失*

修辞是政治活动领域中的重要内容，其目的在于通过表达获得认同。作为政治活动的主体，政府依据其目标，运用修辞，去影响公众，引导认同，这一点，无论是大众传媒时代还是互联网时代，都是不变的。政治修辞作为政治传播的手段，应用于政治传播的全过程②，体现为对信息资讯的隐性控制。媒介批判学者赫伯特·席勒（Hebert Schiller）曾经指出："在一个复杂社会中，资讯流通乃一种无与伦比的权力资源，幻想这种权力的控制会销声匿迹，则是不现实的。"③

互联网的兴起改变了传播关系，使网民拥有了信息生产和传播的权利，曾经的传受关系变成了主体与主体之间的关系。人人都是传播者，尤其是借助手机和移动互联网，理论上每个人都可以随时随地发布信息，甚至是视频信息，正所谓"有图有真相"，这使得资讯流通的媒介环境更为复杂。在此情形下，政府作为传播主体和修辞主体，反而成为"被传播""被修辞"的对象。因此，今天的政府信息传播，所要思考的重点不再只是单向传播的策略问题，而应是在"被传播"情境下如何传播的问题，只有认清这种变化，才有可能纠正认知偏失，进行策略调适，从而导向"寻求共识的社会心理状态"④。

---

* 文章原载于《新闻爱好者》2013年第10期，收于本书中，略有删改。
② 李元书.政治体系中的信息沟通：政治传播学的分析视角[M].郑州：河南人民出版社，2005.
③ 席勒.思想管理者[M].王怡红，译.台北：台湾远流出版事业股份公司，1996：1.
④ 吴介民，李丁赞.传递共通感受：林合小区公共修辞领域模式的分析[J].台湾社会学，2005（9）：119.

一、修辞的变化：活动即修辞

互联网时代，政府固然还是传播主体，但同时是"被传播"对象，政府的整个活动都被置于受众的传播视野中，原先由政府主导的修辞方向乃至内容相应地发生了转移。概括而言，活动成为修辞从以下两方面可见一斑：

其一，政府所有的政务活动乃至个体行为，都变成了传统受众即公众的传播内容。以往媒体更多报道的是政务活动结果，而现在在场网民的在线介入，使得政务活动过程中的每一个细节都成为传播内容，这无疑打破了政府的独家报道权和解释权，也为公众提供了更丰富的解读视角和事件内幕，更重要的是，政府的言行和活动成为网民观察、选择和传播的对象。

其二，政府借助各种媒体所进行的宣传活动，即传媒的传播活动，也成了公众的报道内容。中国特有的传媒体制决定了中国媒体"不是外在于国家的权力系统，而是其中的构成部分，执行政治的指令"[1]，因此，报道传媒活动其实也是在反映政府行为。

当政府活动从过程细节到态度方式，从进展结果到个体表现，被纳入传播后，其中的每一个环节都有可能被渲染、被关注，成为符号，指涉行为。也就是说，政府活动的工具和结果都可能被符号化。例如，贫困地区的豪华办公楼、公务员的天价烟等，被网民用手机记录和捕捉后，以图像方式直接冲击更广泛的网民，而这些符号会跃出具体的人和物，直接指涉政府形象。从这一角度来说，政府的全部活动都变成了修辞，活动即修辞。

当一切活动被符号化，政府便不得不面对"修辞"与"被修辞"的复杂情境。一方面政府是基于其"政治合法性"[2]的政治传播活动的修辞主体，以受众为修辞对象；另一方面是被受众反向施加修辞活动的对象。由于受众

---

[1] 成名的想象：社会转型过程中新闻从业者的专业主义话语建构[EB/OL].（2012-10-23）[2013-04-15].https://www.doc88.com/p-918958078013.html.
[2] 政治"合法性"，指正当性或正统性，指政府基于被民众认可原则来实施统治的正统性或正当性。转引自燕继荣.政治学十五讲[M].北京：北京大学出版社，2004：143-144.

（网民）和政府（部门）并非完全利益相同甚至可能是诉求相反的两个主体，受众会从自身目标出发进行修辞活动。比如，各种版本戏谑高铁体"信不信由你，反正我信了"，铁道部广受质疑，新闻发布失效。

从理论上说，媒体有满足受众需求的责任。所谓满足，自不待多言，但是，媒体的社会责任是服务于公共利益和公众利益的，它基于人们对更好的人类社会的向往。但是，在互联网时代，公民新闻、个体视频，提供了新闻的另一种方式、另一种选择。从信息传播的技术层面来说，正是因为受众借用DV、手机参与信息分享、新闻制作，才使得传统意义上的新闻呈现着不同的形态。在技术层面，公众未受到任何专业训练和约束，凭着兴趣本能和社会意识经验，选择、制作、上传他们觉得有意义、有趣味、有价值的内容，吸引一部分群体关注，这就构成了自媒体传播，这种自媒体传播是"经由数字科技强化、与全球知识体系相连"，也许能在最大程度上反映参与传播的普通群体的兴趣、爱好，因而是"一种开始理解普通大众如何提供与分享他们本身的事实、他们本身的新闻途径。"[①] 因此，在传统媒体与新媒体的互动中，新媒体反哺传统媒体，影响传统媒体的表达。

有研究者将互联网修辞情境的复杂性描述为：修辞主体去中心化；修辞行为互动化；修辞内容多元化；修辞意象群体极化[②]。在这样复杂的情境中，政府的修辞成效极易遭遇受众修辞的多方冲击。

在更为具体的修辞技术层面，"带入"问题也变得同样复杂。政府试图通过信息垄断和情境营造把受众"带入"其所设定的意义框架；而网络受众则以开放的话语姿态把更多受众"带入"更多元的意见市场。

在大众传播时代，政府"带入"的基本传播逻辑是：政府更多地考虑把自己想传递的内容传播给受众，从而促进认同，拉扎斯菲尔德和默顿称之为"群体诱导法"[③]，这也是政府利用媒介实施的隐性控制。总体来说，利用媒介

---

① 王建磊.公民视频新闻传播及影响研究[D].上海：上海大学，2011.
② 朱啸天.新媒体环境下突发公共事件中的政府信息发布修辞学研究[D].上海：华东师范大学，2012：26-29.
③ 卡拉-穆尔扎.论意识操纵[M].徐昌翰，译.北京：社会科学文献出版社，2004.

的隐性控制主要通过两种途径来实现：一是政治系统强力控制大众传媒，通过垄断或封锁不利于政治稳定或良好形象塑造的信息，或者有选择、讲时机地发布经过筛选的信息，制造统一的舆论。沃尔特·李普曼（Walter Lippmann）在《公众舆论》一书中明确指出"通过精心安排能够制造同意"①；语言学家 A.N. 乔姆斯基（A.N.Chomsky）则进一步说明，政府和媒体通过"精心培养民众心中'必要的幻想'和情绪上十分有效的过分简单化"进行有效的思想控制，因为"简洁"让人们没有时间思考，无法使用充分的论据②。二是作用于情感，竭力设置认同情境，诸如，寻找与受众的一致性、讲述个人故事、还原日常生活等。这种情境设置在电视时代达到了顶峰，电视的"可靠性幻觉"让人们认为屏幕上出现的就是现实③。政治修辞者通过调动观众心理感知和生理感觉，借助符号性元素，如热烈的气氛、快乐的人群、神圣的纪念碑、肃穆的仪式乃至竞选现场相亲相爱的家人，令观众感同身受。但是，大众传媒的技术条件和传播，无论如何营造"身临其境"，一切情境的展开只能在媒介空间中进行，观众只是其中的旁观者。

进入互联网时代，我们可以看到国内媒体在视角和风格方面有了明显的变化，它们越来越多地注意和采用日常化的叙事方式，不仅增设了生活频道，而且将日常化叙事方式融入一些社会传真和新闻传播。但是，我们已处于一个与大众传播不同的时代，观众不再只是旁观者，而是传播的主体。即使主流媒体努力改变传播视角与风格，政府依然无法仅依靠单方面的触及感官、诉诸心理、激发情绪等方式来促进或维系社会认同。如果把政府对信息的控制视为一种权力，借用塞缪尔·P. 亨廷顿（Samuel P.Huntington）的话来说："只有处在黑暗中，权力才能保持强大；一旦暴露在阳光下，权力便将开始蒸发。"④网络上涌动着比现实中更为活跃、更为敏感的民意，而且互联网时代修辞情境已超越媒介空间，与现实生活相融合，建构起线上线下的全情境修辞，

---

① 李普曼.公众舆论［M］.阎克文，江红，译.上海：上海世纪出版集团，2006：181.
② 乔姆斯基，巴萨米安.宣传与公共意识［M］.信强，译.上海：上海译文出版社，2006：13.
③ 卡拉－穆尔扎.论意识操纵［M］.徐昌翰，译.北京：社会科学文献出版社，2004：362.
④ 乔姆斯基，巴萨米安.宣传与公共意识［M］.信强，译.上海：上海译文出版社，2006：13.

政务部门的言论有可能时刻被传播乃至被修辞。

以2011年"7·23"甬温线特大动车事故处理为例,铁道部虽然抢险救援和恢复生产同步,但是事故发生初期,信息发布迟缓、不透明、不公开,招致社会不满,负面情绪扩散。相反,网络几乎同步跟进事故处理的每时每刻,紧紧盯着铁道部及其代言人的一言一行,掩埋车头、停止救援等失当行为均在第一时间被网友披露,新闻发言人出言不慎,被网民冠以"雷击论""奇迹论""高铁体",指涉负面意义。

我国政府和主流媒体已清醒地意识到,"不同于以往,在一个人人都有麦克风的时代,今天的回应面临着信息爆炸的挑战""'回应'正由选答题变为必答题,'互动'也成为衡量执政能力的重要标尺"。① 在公共危机事件中,隐瞒、回避、选择性应对已然不合时宜。

随之而来的疑问是:近年来历经重大突发事件的考验和反思,无论是政府还是媒体,在是否"回应"又应如何"回应"的问题上,已有不少经验和教训,然而,每当遇到具体个案,似乎又进进退退,犹豫盘旋。问题出在哪里?

从修辞学角度来探讨,修辞是基于环境的功能性互动,所有环境都会给个体行动施加限制因素。② 当客体成为传播主体时,政府无法改变政治客体的传播行为,但是可以努力通过合理修辞来"回应"客体的阐释。当然,合理的修辞、有效的回应,其前提是厘清偏失。

二、政府修辞的偏失:新媒体旧逻辑

以往的长期实践显示,政府部门作为政治活动的主导方,一直有很明确的修辞意识,且不论具体技巧运用得如何,利用主流媒体做好宣传工作历来是意识形态领域工作的重中之重。随着互联网的发展,我国政府信息越来越公开透明,新闻发布会、发言人制度、网络舆情监测、网络问政、政务微博

---

① 陈琨.激发中国前行的最大力量[N].人民日报,2012-11-03(5).
② 李元书.政治体系中的信息沟通:政治传播学的分析视角[M].郑州:河南人民出版社,2005:92.

等，在政务活动中纷纷亮相。与此同时，国家领导人以身示范，与网友互动，塑造亲民形象；各地方政府部门也越来越熟悉借助互联网扩大影响力的基本方法。

以政务微博为例，截至 2012 年 9 月 30 日，通过新浪微博认证的各领域政府机构和官员微博已达 50,947 家，其中，厅局级以上官员微博有 331 个（含省部级以上官员微博 30 个），全面覆盖全国 34 个省级行政区，相比之下，2010 年 10 月全国政务微博总数仅为 552 个。政务微博的机构"标配"化、发展集群化已成明显趋势。[1] 微博成为各级政府宣传甚至危机应对的重要平台，这表明政务机关的服务意识正在改变，期冀通过微博来展示亲民作风和服务姿态。但也有不少政务微博流于形式，成为"网络留言板""自我展示台"。"自动回复"使政务微博被蒙上了机会主义应对的嫌疑，也丧失了公众的信任，类似情形并不鲜见。

一般而言，遭遇重大危机、群体事件或重大突发事件，网络内外能够强力汇聚舆论，政府上下也能高度重视，迅速纠偏。重大事件的推动的确可以是强心剂，不过，浸润日常工作的思维习惯，才是肌体活力得以维系的根本。观察现实案例，目前我们在政治修辞上大致有以下三种明显偏失。

（一）有修辞意识，无网络意识

时至今日，政务部门已经很少有人不知道互联网为何物、其威力有多大，但是，知道互联网的存在和真正建立互联网意识是两码事，二者并不是等同的。政府在开展政务活动时，由忽视网络、忽视网民所引发的大大小小的事件表明，在树立网络意识上，我们尚有许多盲区。

首先，把网络应用当作政府"与时俱进"的形象点缀，视同单向传播的宣传载体。前者有空壳政府微博，后者有"会理三杰"悬浮照为代表。2011 年

---

[1] 2012 年第三季度新浪政务微博报告［EB/OL］.（2012-11-10）［2013-04-16］.https://wenku.baidu.com/view/67a90501eff9aef8941e06a0.html?_wkts_=1713922910597&bdQuery=2012%E5%B9%B4%E7%AC%AC%E4%B8%89%E5%AD%A3%E5%BA%A6%E6%96%B0%E6%B5%AA%E6%94%BF%E5%8A%A1%E5%BE%AE%E5%8D%9A%E6%8A%A5%E5%91%8A.

四川会理县政府网页上登出三位县领导的视察工作照，负责宣传的同志考虑到"光线不好，想处理得漂亮些"，于是，通过简单的PS技术，三位县领导被"悬浮"在光线好的公路上。① 结果被网民发现后，"悬浮一代"、悬浮侏罗纪版、悬浮世界各地版等纷纷出台，在群体狂欢中，会理县政府对照片的处理被质疑为"作秀"，政府诚信受损。习惯于单向宣传模式，很多政府部门及其工作人员，甚至是大众传媒，潜意识中把所有媒体都当作了单向宣传的媒介和主体。

其次，意识到网络的海量信息和海量网民，却忽视了互联网更重要的传播特质，即低成本、去中心化、快速散播、汇聚群体智慧等，随着互联网的深化和扩展，这些特质决定了实际应用的深度和广度。一项对"7·23"事故危机修辞运用的研究发现：铁道部忽略了官方微博的作用，在第一时间未能赢得社会公众的信任，没有调动科学力量补充解释，失去了利用专业智慧的无限信息空间。②

（二）有网络意识，无网络空间意识

中国的网络空间既是获取信息的空间，也是民意涌动的空间。在这个空间中，至少活跃着130万个论坛、50万个独立域名论坛网站、2.95亿个博客空间、近2.5亿名微博用户。当然，网络也是"充斥各种各样矛盾的不协调影像"的公共空间，③ 是各种势力匿名角逐的现实政治的博弈空间。

随着互联网的发育、成熟，网络空间具有了新的特质：它不再是傲然独立的虚拟世界，网络空间和现实空间之间的边界正在消失，它们相互重叠、交织、互动，随时发生转换，现实活动会被即时传递到网络，而网络活动又汇聚起巨大能量，反作用于现实。

本文在此强调网络空间意识，旨在说明网络与现实共构了我们的生活，也共构了修辞情境。所有人都无法逃避与它的关联，即使你不触"网"，你也可能

---

① 会理县政府迅速作出反应，开通微博，坦诚解释，最终坏事变好事，该事件成为地方政府危机修辞的成功案例。
② 朱啸天.新媒体环境下突发公共事件中的政府信息发布修辞学研究［D］.上海：华东师范大学，2012：26—29.
③ DAYAN D.Sharing and showing: television as monstration［J］.The annals of the American academy of political and social science，2009，625（1）：19—31.

被"网"罗其中。现实空间的任何微活动（不特殊的日常行为）、微细节（不经意的习惯动作）、微表情（下意识的瞬间表情），都可能在当事人尚未察觉的情形下，被无所不在的摄像镜头"瞄准"，被发送到网络上，见微知著，终致哗然。

被网友戏称为"表哥"的陕西省安监局原局长，因为一个场合不对的微笑，被网民接力般地搜索出腐败证据，终致国家纪检部门查处。这位安监局原局长其实很有网络意识，他在第一时间与网民微博互动，解释名表来源，其主动的沟通姿态赢得了部分网民的谅解，然而，当海量存储的网络空间与现实生活相互交织时，生活中曾经被捕捉、被记录的真实细节成为网络中永存的证据。据媒体报道，通过比对各种公开工作照，网友发现这位局长先后佩戴多块名表，名表价格远远超出其应有的工资水准。由此可见，网络将活动空间的公共性质体现得更为明显。

网络空间显示了对现实行为超强的检索、汇聚、整合和解读能力，它与现实的融通也在倒逼社会行为的警醒自律，一根天价烟、一块豪华表，从日常生活移入网络，从网络撕开现实掩盖的真相。在此，并不是说，政府公务人员要为了应对新媒体而有意"修辞"，相反，有清醒的网络空间意识，恰恰能提醒人们网络的社会监督意义，从而促进社会生活中的行为自律。没有真实的自律，任何"修辞"都是徒然。

（三）有网络意识，无网络符号意识

有学者将网络政治说服的常用策略分为四种，即信息政治、象征政治、杠杆政治和责任政治，其中，象征政治策略是指网络活动者善于利用某些象征性事件或会议，对特定事实细节加以渲染，以引起公众对问题的关注。当网络事件与每个人的利益相关时，网络群议能够快速激发共鸣，凝聚象征、扩散象征。

无所不在的影像记录以及网络视频文本化，更是纵向深化和横向扩展了网络事件的象征性、符号化。影像是有力的象征符号，当它们与特定的社会情绪、思潮相呼应，便可产生极强的"带入"作用。

如今，活跃便捷的手机"随手拍"把政府所有活动变成了图像、变成了

符号，直接冲击着网民，同时，原先并不引人注目的细节也因网民的众议而被放大凸显，被赋予隐喻色彩。例如，工作人员冒雨筑起"伞廊"为领导遮雨。打伞照出自媒体报道，本意是表彰服务意识，但是在网民的热转中，该图片释放的是"权力傲慢"之意。此时，宣传照不再被视为一则报道，而是一种符号。符号的意义已经溢出符号的原初内容，指向政府权力。有网民评论："这看似小事，却折射出其'官本位'观念的根深蒂固，权力下的摆谱。"还有更多类似的符号，比如，领导居中的会议照、众人簇拥的领导视察照……这些已然成为新闻报道所配发的标准图片，几乎所有公务活动中都能看到类似身影。尽管每一幅图像都是具体工作、具体个人、具体情景、具体事务的写照，但是当它们以空洞无物的方式出现时，这种对权力优越感下意识的强调，不仅与党和政府一贯倡导的亲民作风背道而驰，而且当这些图片被网传、被引用、被转发时，态度已在其中。

李普曼强调符号象征意义在建构社会共识中的作用，他指出："这一象征本身不具有任何特定之物，但它几乎可以同所有事物联系在一起，成为共同情感的共同纽带……谁抓住了这些能够将目前的公共情感包容起来的象征，谁就控制了设定公共政策的大多数机会。"鲍德里亚也认为，大众消费符号的实质之一是寻求社会认同。互联网作为一个开放参与的结构，无疑为催生集体认同提供了最佳平台，同时，数字技术赋予了符号消费以新的能量。

三种修辞偏失的共同之处在于新媒体环境下沿用旧逻辑。大众传媒时代自上而下的宣传在经年累月中内化为很多人头脑中简单而强大的思维逻辑，又外化于自然且固化的工作惯性。

当今的问题是互联网的整个传播形态与结构发生了变化，议程设置权分流，互联网的开放、自由、匿名塑造了越来越强的公民意识，这几乎颠覆了大众传播模式。如果依然沿用旧的思维套路，不仅不能解决问题，反而不利于疏导情绪，并且会使问题迅速在网络上传播并延伸到现实空间。

以上所述折射了新媒体时代政府政务活动时刻面对"被传播""被修辞"的局面。如何在传播中应对"被传播"，促进社会的良性沟通，成为政府活动必须重视的问题。

新型视听传播的技术逻辑与发展路向[*]

视听传播业的变革影响至深。它不仅带来了广播电视、IPTV、视频网站、自媒体视频等多种形态并存的大视频格局,而且根本性地改变了人类的观看经验:人们不再是固定的、有距离的、被动的,而是随时、随地、随机地主动"观看";边看、边议、边用成为视听活动的重要组成,而在这一过程中,原本封闭的视听叙事变成了在开放协作中动态扩展的实践过程。在此情形下,视听传播具有了全新的功能属性,它所构建的不再只是一个观看空间,还是一个维系交流的活动场域,一种表达自我的话语方式。

问题的关键不在于发生了什么,而在于它们是如何发生的,各种现象之间有何内在关联。笔者认为,只有理解上述变化何以为"新",又如何可能;明白了"何以如此存在",才能看到它未来如何生长,也才能更好地认识当下的变化,寻找发展的路径,甚至预测未来的方向。

一、何以为"新":视听传播形态的演进逻辑

当网络视频作为视听新形态出现时,人们对此有着各种各样的模糊表述,如"视频数据库""我的电视""新的屏幕""电视的补充媒介"等。这种情形宛若电影、电视诞生之初,电影被称为"新剧院""可放映的歌舞剧",而电视

---

[*] 文章原载于《新闻与写作》2018 年第 5 期,《新华文摘》网络版 2018 年第 22 期转载,收于本书中,略有删改。

则被称为"小电影""有图像的广播"。虽然新事物总是与旧事物有着千丝万缕的联系,人们也习惯于用现存的文化样态来描述正在出现的变化,但是,今天来看,无论是在理论层面还是实践层面,这些表述都是有很大欠缺的。网络视频绝不是电视的"补充媒介",更不是电视在互联网上的平移,两者是完全不同的媒介形态。美国学者马克·波斯特(Mark Poster)以传播关系为坐标,将建立在互联网技术基础上的网络视听传播定义为"大众传播的第二媒介时代",是"一种集制作者、销售者、消费者于一体的系统",而该系统"是对交往传播关系的全新构型中,其中,制作者、销售者和消费者这三个概念之间的界限不再泾渭分明"。① 这种交往传播关系的全新构型,隐含着传播关系的根本变革,即传播主体化,这是我们认识新型视听传播何以为"新"的前提。

如果我们进一步从人类视听传播的发展逻辑来考察,或许可以更清楚地理解新型视听传播的内在机制及其方向。纵观媒介发展,我们可以发现,每一个新技术的使用,都在人与世界之间构建起新的关系,它折射了人类传播在两个层面上的追求:一是不断追求身体感觉丰富性的还原;二是不断追求交往互动的深化。

1. 在人体感觉的还原层面。从大众传播到互联网传播,人的社会属性和自然属性双重展开。从早期面对面的互动,到结绳记事,到文字印刷,到摄影术的诞生,到电影、广播、电视的相继出现,每一种媒介的出现既是对旧媒介局限的克服,又是对人体感知丰富性的还原。具体来说,摄影克服了语言文字的制约,还原了直观微妙的视觉感知,但受限于"瞬间"记录;电影克服了摄影的静态,还原了交往活动的丰富感,但受制于虚构叙事和空间约束;广播还原了现场感以及人际传播的亲近感,但受限于只"听"不看;电视还原了现场情境,进入人的日常生活领域,但受限于单向传播;只有网络视频,尤其是网络直播,真正还原了"面对面"的即时互动及感知的丰富性。

2. 在传与受的互动发展层面。技术发展导向传播关系上的双重变化:一是主客体关系发生变化;二是互动方式发生变化。尽管电视在努力追求互动,

---

① 波斯特.第二媒介时代[M].范静哗,译.南京:南京大学出版社,2001:3,49.

但是它不能从根本上改变主客二分的单向传播本质。只有在互联网时代，传播主体化和个体自主才成为可能，视频生产与传播的权力不再掌握在少数专业人士的手中，人人得以参与，人人可以传播，每个人都可以是"一个没有执照的电视台"。① 由是观之，作为网络视频的早期应用，视频点播是传统媒介方式的延续。其后，以分享视频为标志，以大众参与为核心，视听传播才得以为"新"，兼具了人际互动和大众传播的特点。其更为突出而鲜明的特点是，它的人际传播就是大众传播，其大众传播的属性内蕴于它的每一次人际传播中，人类的交往形式和交往关系多样化地立体展开。

所有传媒技术和感觉的变化，其意义已不仅在技术和感觉本身。它必然引发人们时空感的变化，而这意味着人的活动与关系同时发生改变，此后一切新的传播技术也必然沿着这一路径展开：在技术上，进一步延伸人的感觉，如触觉、嗅觉，全息技术、虚拟现实技术、增强现实技术等的运用已经验证了这一点；在空间上，进一步扩展并深化人的交往活动，从现实空间到虚拟空间，再到一切移动定位，进而到人的意识、人的想象、人的情感。正如麦克卢汉在1964年所预言的那样："人的生存似乎要把意识延伸为一种环境。由于电脑的问世，意识的延伸已经开始。"②

今天，智能媒体、可穿戴设备、机器学习、大数据分析与精准推送，以及未来的高度智能化的场景匹配、情感匹配，这些技术的进步与应用，无不体现了对人类感知的极致还原，对传播互动的极致扩展。由此可以预见，未来技术的发展、未来视听传播的演进，必然沿着如何更好地促进人的体验、更好地满足人的需求、更好地拓展人的互动这一路径展开。这对于视听传播实践也具有方向意义。

二、何以可能：新型视听传播的结构机制

当我们讨论新型视听传播或者视听新媒体时，社交化、工具化、场景化

---

① 尼葛洛庞帝.数字化生存[M].胡泳，范海燕，译.海口：海南出版社，1997：205.
② 麦克卢汉.理解媒介：论人的延伸[M].何道宽，译.北京：商务印书馆，2003.

等诸多前所未有的新功能，不可避免地进入我们的观察视野，而这些功能得以实现，离不开"视频文本化"这一全新的结构机制。

笔者在《视频文本化及其技术功能初探》一文中曾提出，视频文本化是网络视频区别于电视的结构机制。在互联网传播中，视频可以被剥离成最小的独立形态，具有"词汇"属性，人们可以随用随取，自由表达，这意味着网络视频文本可以无门槛地被每个个体自由读写，形成与电视"流"完全不同的结构机制。"流"是电视传播的重要概念，它意味着电视是通过不间断的视频影像"流"来表情达意，即使在节目和节目的过渡中，影像"流"也始终存在，并且通过时间流程来解构信息，呈现为一种线性结构。对于要表达完整意义的节目来说，视频文本的编辑权在专业人士手中，观众无法也不可能任意截取电视"流"，使之独立成意，而网络视频则完全不同，"文本化"的结构机制，决定了网络视频在内容生产与传播上的独特性，使人们能够主动参与视频意义的建构，并且"活跃在主动的层次上，学会如何使用各种功能，而不再只是一个消费者"。

因此，在实践中洞察并激活文本化机制及其技术潜力，以及它与社会关系之间的各种连接，直接影响到传播效能。概括来看，视频文本化至少在以下几个方面带来叙事变化及价值。

1. 可截取并且独立成意。网络视频可被任意截取，短可单帧，长则无限，并且被截取的内容无论长短，皆可获得独立形态及其意义。这一技术功能直接带来了三种新的叙事价值：

（1）"片段引用"的价值推送。截取片段是一种突出意义的修辞策略，其间隐含着价值点的放大与推送。通过网友转发和推荐，脱离上下文完整语境的独立片段反而有了引人注目的意味，帮助人们迅速抓住核心，关注重点。在公共事件中，"片段引用"尤显重要。

（2）"截屏成意"的细节强调。在视频文本化机制的作用下，原本转瞬即逝甚至可能并无明确意义的细节画面，成为具有独立意义的话语符号，可以被反复研读，从而强化意义。例如，一个热转小视频：在北京国贸附近，林立高楼中，雾霾由远至近、由浅至浓，扑面而来。仅一个延时镜头，就极其深刻地呈现了"雾霾之殇",令人过目不忘。

（3）"多屏并置"的意义想象。不同截屏的关联并置,可以不著一字,却能道尽千言万语。类似的例子屡见不鲜。

可截取的技术功能不仅可以满足碎片化阅读的需求,更可以创造新的叙事价值。在海量信息中截取价值信息,放大传播价值点,让内容跃出且"被看见",成为对视频发布者新的能力要求。

2. 可嵌入并且无缝连接。网络视频可以与一切介质相嵌传播,如嵌入文字报道、电子邮件、即时通讯、微博、微信,H5（HyperText Markup Language 5）等,呈现无缝连接、无处不在、移动获得等特点。毫无疑问,可嵌入技术既丰富了表达形态,也有利于加快传播。但是,仅仅停留于此,是缺乏想象力和表现力的。

2017年11月万圣节当天,在百度百科搜索"万圣节"一词,率先弹出搜索框的,不是文字,而是各种带有鲜明万圣节符号的动图、符号；在谷歌上搜索"万圣节",跳出的也不是文字,而是万圣节的短视频。这些创意固然为了阅读之趣,颇有应景之意,但也不乏启示价值:可嵌入不仅是一种技术手段,也具有特殊的叙事意义,如隐秘性、转场感等。在网络叙事中,如何发掘新的叙事手段,增强用户参与的社交动力,亟待探索。

3. 可重构并且创造意义。随着相关应用软件的普及,每个人都可以无技术门槛地对视频文本进行补充、修改、转发,或者添加标签、标题,从而重构意义。这种可重构的技术功能对于叙事的影响是多元的。

一方面,它极易被戏谑、恶搞,导致对真实性的任意篡改,而在"眼见为实"思维定式下,被重构的视频更具有了蒙蔽性。

另一方面,这是一个社会协作的过程,网民的点评、回帖、改编、仿拟、续写等行为,如同接力赛,共同扩展和丰富了原本意义。文字点评与视频刺激共振,在动态积聚中,观点和意义可以趋向多元且深入,形态表达趋向丰富。例如,奥运选手傅园慧在奥运会上意外走红,即展现了此效应。

又如，我们在对病毒视频传播机制的前期研究中发现[①]：初始病毒视频必须具有结构简单、完成度低的"简单重复单元"才能够触发后续的病毒式演化过程。不具备简单重复单元的热门网络视频，会因为文本完成度高而处于"饱和"状态，网友因缺乏自主创作空间而止步于观看和分享。

总之，"视频文本化"既是网络影像语言独特性之结构基础，又是个体自由运用影像之前提。它作为一种结构机制，一种技术功能，其间隐含着个体自主。人们由此得以用视频图像来代替文字，借助人际关系链传播，拓展了新的叙事空间。这一过程也是情感连通的社会过程，因此，如何充分发掘新的技术功能，激活用户生产及其转发的动力，从而"黏性连接"用户，需要更深入的思考和探索。

三、如何生长：新型视听传播的发展路向

未来视听传播格局将会发生什么变化，又将如何发展？回答这一问题有多重视角。就具体格局判断而言，其发展会受到互联网技术赋能、资本博弈、政策规则等因素的影响。例如，我国三大互联网巨头在2015年和2016年初先后完成了对视频网站的收购或扩张，从而确立了BAT（百度公司、阿里巴巴集团、腾讯公司三大巨头首字母缩写）三足鼎立的行业格局。同样在资本推动下，自制剧、网络大电影、网络直播、短视频，成为一波又一波的风口。

本文试图回归到普遍意义上来考察新型视频传播应该的发展方向。结合前文讨论，要判断未来方向，有两个基本的逻辑前提：一是追求交往活动的扩大化和追求交往沟通中身体感觉的丰富性，这也是人的发展与社会发展的两种内在需求。传播作为人类活动与交往的基础，人的这两种需求必然伴随技术上的支撑和齐头并进；二是新型视听传播对电视传播的各种突破背后蕴含的是传统的传播关系、互动模式被打破，互动是新型视听传播的本质特征，兼具大众传播和人际传播的双重特性。这两个前提决定了在实践发展中必须

---

① 袁月明.模因论视域下病毒视频的跨文化传播机制研究[D].北京：中国传媒大学，2015.

着力考虑以下问题。

（一）如何更好地参与

新型视听传播之"新"表现在突破大众媒介的约束，构成人人得以参与其中的新平台，它以个体赋权为内在动力，形成了新的价值诉求。换言之，公众参与内容生产成为传播常态。

在大众传播时代，信息大多来自媒体、政府或者专家人士，人们被动地接受信息；而在网络时代，人们有了方便快捷制作信息和发布信息的渠道，越来越愿意呈现自我，发布各种自己的数据，如"抖音"的流行。在这一行为中，人们把原本对象化的内容变成了自己的生活，而传播行为或者活动本身又成为内容生态的一部分，成为可以使用的一部分，这极大地改变了原来的传播形态和传播内涵。这种参与、分享、使用的模式对于我们的生活方式和观念需求来说，是一个深刻的变化，对我们的视听传播提出了一个深刻的命题，即：如何在一个完全开放的活动空间来呈现内容，使用内容？让更多的人参与其中，共构内容生产，让用户成为新的生产力，激活用户参与的动力包括参与社交的动力。

首先要从用户的需求思考，将内容与人的日常生活及其需求相连接。例如，在中央电视台大型专题片《辉煌中国》的新媒体传播中，扫摩拜单车二维码，出现特定标识语，成为带动年轻人参与的重要方式。摩拜单车是年轻人日常生活中接触较多的产品之一，以此为媒介，便激活了共享单车所具有的连通年轻人与他们生活及行动需求的信息接口，从而获得了广泛的传播力和影响力。

其次，要考虑解决好多屏内外的社会协作。例如，2017年元旦，"映客直播"携手光明网，用直播见证了2017年的第一缕阳光，共有30个省市近7000名主播参与，单场粉丝数超100万。从宝岛台湾到新疆塔城，在网友直播的镜头中，500万名观众共同目睹了2017年曙光洒遍祖国大地的时刻。在这里，依靠多屏内外的社会协作，直播创造了数以百万人的共享共通的内容情境。事实上，媒体已经意识到公众参与生产的巨大力量，也积极利用公众来提升内容生产能力。比如,梨视频建立了全球最大的拍客群体,快递员、出租车司机等都成为其"随手拍"的重要视频来源;又如,越来越多的媒体尝试采用众筹新闻的模式。多屏内外的社会协作是内容发展的重要方向,因此,我们需要考虑的是未来如何更好地发挥各自所长,建立起专业力量和社会力量的协同机制。

(二)如何更深地"带入"(互动)

互动是新型视听传播不同于电视传播的本质特征及根本优势所在。从技术发展的逻辑来看,未来的技术发展一定能更逼真、更便捷地还原现实的人际交互情境,即更好地呈现人们面对面体验的丰富性、带入感,促进人的深切体验和深度参与。

(1)交互叙事的推进。技术的不断演进创造了大量传播和消费信息的方法,也改变了用户的喜好和期待,人们越来越希望对于自己消费信息的方式方法有更多的控制,[1] 从中得到更为丰富的感官体验。[2] 早期网络直播的讨论区、摇一摇、点赞、弹幕、打赏,乃至游戏化新闻作品的出现,都是通过人的行为介入与内容之间发生了直接的关联。未来除了 VR 等可以营造强烈沉浸感的技术发展外,交互视频的叙事艺术也将变得越来越重要。因此,如何更好地创造"在场感"和"主角感",增强用户与内容之间的连接和对话,将成为提升交互叙事的重要出发点。

(2)互动情境的拓展。传播并不只是作为信息的载体,它也为社会成员创造互动的情境,而这种情境的形成以成员的共同体验为基础。在社交传播中,如何维系交流的情境有时胜于信息。比如,网络直播就创造了沟通交流的生活化情境,它的魅力并不仅在于获得有价值的内容,也在于参与彼此陪伴、面对面交流的情境。根据京东提供的数据,2017 年下半年商品短视频进

---

[1] New York Times.New York Times 2016 annual report [R].New York:the New York Times company,2016:28.
[2] 王晓红.论网络视频传播的"本质性互动"及意义 [J].中国网络视频年度案例研究,2015:29-40.

入高速增长，截至 2017 年 12 月，京东商品短视频数量较同年 4 月增长近 216 倍，而 2018 年 4 月，商品短视频数量较 2017 年 4 月增长 522 倍。这一数据的激增至少在一定程度上说明了营造互动情境的需求。但是，必须指出的是，新型视听的互动叙事拓展，并不表现为外在互动情境的营造上，更表现为内在的、促进人的交流情境。能否把握人与人之间的关系和情感信息，决定了用户与产品或平台之间的黏性。如果缺少对这类成分的重视与把握，那么在社会关系的建构与维系上，就会显得乏力，从而影响到互联网时代的媒体价值。

（3）多元逻辑的把握。更好的互动叙事，不应只停留在人与内容之间的人际互动上，更深层的互动，应该是人际互动与大众互动的共构。如果我们能对不同平台、不同介质、不同群体、不同关系之间的不同特性和不同逻辑有相应的把握，就能更大范围地激发互动，产生更强的"带入"感。例如，《中国有嘻哈》曾经在一天内使得 38 个节目话题轮番登上微博热搜话题榜，这种与用户之间的深入交互，正是基于交错时空的信息不均衡以及不同的用户入口所形成的不同用户体验，基于新媒体技术的非线性特质和强交互的方式，更基于主创者对于网络互动以及形成话题策略的深刻把握。因此，要获得最大的话题效果和分发效果，就需要深入理解多元平台的传播逻辑及不同的用户特性，从而在分发博弈中争取到利益最大化。

如何更好地服务是未来视听传播的题中应有之义。今天的内容传播不再是单一屏幕的播出，内容被作为一种信息流、生活流甚至是商品流，放置于多渠道传播的环境中，来考虑内容生产、消费、平台、环境之间如何形成有机的互动关联，从而相互依托来成就内容的最大价值。换句话说，今天的视听内容已经超越基本的信息需求，而与人们的消费行为、情感活动、社会关系、爱好属性等相连接。这使得"用视频"的场景服务变得越来越重要，定位用户需求、情感、体验的精准服务也变得越来越重要，而除了人的经验判断外，技术的进步为内容、情感、市场等生活中一切"微"需求的满足和发展提供了可能性。但是，无论技术如何演变，甚至在智能媒体时代机器写作的普及，有一点应该是根本性的：未来视听传播的发展目标也必定是借助技术的力量，更好地服务于人的需求。

短视频助力深度融合的关键机制*

在媒体深度融合的进程中,短视频作为近年来最活跃的移动应用之一,几乎是所有机构全媒体发展的标配。其重要性从国家媒体行动中可见一斑:2019年9月19日,"人民日报+"短视频聚合平台正式上线;11月20日,中央广播电视总台"央视频"5G新媒体平台正式上线。这两大新媒体平台皆以"自主可控""具有强大影响力"为目标,又皆以短视频为主,标志着"媒体融合迈出了关键性步伐"①。

上述行动是国家对短视频急剧增长的影响力及其发展前景的重大战略布局。从2016年到2019年,我国短视频用户规模从1.53亿增长到6.5亿,平均每年增长近1.7亿;"抖音"短视频平台的日活跃用户量在2018年初为3000万,到2020年初已突破4亿②,短视频成为新的流量生产力。进入5G时代,视频加载速度更快,视频应用更为普及,也更为丰富。有观点认为,视频化生存、表达与转型是"全媒体表达和融合生态质变的关键"③。

从融合出版的视角来看,新技术推动了出版业的生态重构,其内容形态是融文字、图片、音频、视频及线上线下服务等多形式、多要素、多介质融

---

* 文章原载于《现代出版》2020年第1期,收于本书中,略有删改。

① 中央广播电视总台"央视频"5G新媒体平台正式上线[EB/OL].(2019-11-20)[2020-02-22].http://news.cctv.com/2019/11/20/ARTIJLwQRjm4Bv3VbbMaBsDv191120.shtml.

② 字节跳动.2019年抖音数据报告[R/OL].(2020-01-06)[2020-02-22].http://www.199it.com/archives/993771.html.

③ 参见钱蔚2019年5月29日在成都"第七届中国网络视听大会"上的演讲"创新可感未来可期做'5G+4K+AI'全媒体应用的实践者"。

通的资源聚合体。视频之于融合出版的应用及意义将远胜以往。

媒体融合是一项复杂的系统工程，其最终任务是解决主流舆论传播力、引导力、影响力和公信力问题。媒体融合初级阶段的实践表明，把短视频或者包括直播在内的视频化应用作为传播渠道的延伸和表达形态的补充，对于媒体机构拓展影响力，是有局部作用和短时效果的，但是很多情况下，尤其是对于出版行业来说，短视频应用增加了生产负担，并没有带来生产力的转化，更遑论"质变"飞跃。

随之而来的问题是：在媒体融合向纵深推进阶段，如何理解以短视频为主的视频化发展对当下融合生态"质变"的关键作用？仅从时间长短、形态简丰、渠道多寡等形式层面来认识视频化、理解短视频在理论上是狭隘的；在实践中，也已被证明收效甚微，或行之不远。正如有学者指出，视频将成为5G时代社会表达的核心语言，"面对如此繁杂的一种话语方式和表达逻辑的改变，无论是主流价值观的传播，还是在社会沟通中达成共识，都有很多问题要解决"[①]。

短视频作为社会视频化表征，我们只有深入其内里，把握其机制和规律，才能较为清楚地理解当下出现的新形态、新现象所隐含的意义，也才能更好地理解视频之于融合生态质变的关键作用及其可能的价值创造。

一、全新的结构机制：视频文本化及其价值

当人们谈及短视频之于媒体融合的意义时，常用"全媒体表达"一词来描述其特点及优势，认为它体现了"从静态到动态，从可读到可视，从一维到多维的升级融合"[②]。这只是"全媒体表达"的一个层面，即"表达元素的全媒体化"，视频语言集图文声像影音于一体，汇聚了所有媒介的表达元素，创造了直观生动的吸引力，因此，相对于文字而言，在社交平台上，以短视频、

[①] 参见喻国明在2019年6月25日北京"中国社科院新媒体研讨会"上的发言"两高两低的革命性技术，中长视频将成最主要表达方式"。
[②] 参见丁伟在2019年11月19日深圳"2019智慧媒体年会"上的发言"用智慧赋能传播"。

移动直播为代表的视频形态更具吸引力，能更有效地增强用户黏性。"全媒体表达"的另一个层面是"表达介质的全媒体化"，短视频等可以嵌入一切媒介中融合表达，如电子邮件、H5、文字等，这是不同于传统影视的叙事方式，其内在作用机制，可以被称为"视频文本化"①。

所谓视频文本化，是指视频在互联网环境中可以剥离成最小独立形态"帧画面"，且"帧画面"可以被用户阐释和作用，就像是"词汇"，人们可以随取随用，自由表达。②电视影像的叙事机制则完全不同，虽然"帧画面"也是电视影像的最小单位，1帧等于1/24秒的画面，但是它不能独立表意，是电视"流"的元构成。

电视"流"是英国文化学者雷蒙·威廉斯（Raymond Williams）于1974年提出的。他认为，电视是"由各种行为、活动、表述、表演汇成的影像流"，其本质特征是"一个连续的流程"。③也就是说，电视叙事形态是一个线性连续的有机体，节目与节目（包括广告）相互交错组接，形成了源源不断的播出流。电视"流"反映了影像生产的文化霸权，因为生产和传播的权力掌握在专业人士手中，观众是无法参与其中的。

视频文本化打破了电视"流"的结构，创造了新的叙事方式。视频可以被用户任意裁剪，短可单帧，长则无限，且无论长短，皆可表意；可以被任意嵌入且无缝连接到任何场景、任何介质中；可以被几乎无技术障碍地修改、标注、评论、转发，形成新的非线性的意义流。在这样的机制作用下，那些非逻辑方式、场景性表现、关联性因素等也越来越多进入人们的沟通系统。比如，在巴黎圣母院的大火中，除了大量电视报道，民众聚集街头低声吟唱祈福的短视频、老电影《爱在落日余晖下》的小片段、巴黎圣母院内景VR视频等，瞬间在微信朋友圈走红，不断关联出各种话题。

视频文本化为人们用视频自由表达提供了技术条件，隐含着影像生产和

---

① 王晓红.视频文本化及其技术功能初探［J］.新闻爱好者，2013（3）：7—12.
② 王晓红.视频文本化及其技术功能初探［J］.新闻爱好者，2013（3）：7—12.
③ 威廉斯.电视：科技与文化形式［M］.冯建三，译.台北：远流事业股份有限公司，1996：86.

传播的权力转移，短视频也成为人与人之间、人与社会之间新的连接方式。我们能否在实践中洞察并激活短视频的这种结构机制或者说连接机制，能否把握其所蕴含的新的叙事价值，会直接影响到社会沟通、意义传达的成效。

比如，截取某一画面、上传局部段落、关联多个场景，这些都具有突出特定含义、强化情绪的叙事功能，可以凸显"意义瞬间"，又超越"瞬间意义"。因为在网络传播中，脱离了完整语境的视频片段反而更引人注目，原本转瞬即逝的细节画面可以被反复揣摩出新意。但这样的机制作用也是双刃剑，尤其是在公共事件中异常活跃的很多视频貌似"眼见为实"，实则真伪难辨，容易点燃社会情绪。

比如，动图（GIF格式）叙事，动图堪称"迷你视频"，通常不超过5秒，既可赋予"瞬间"内容以强大吸引力，又能承载静止画面或长视频所无法表达的含义、情绪。人们习惯以娱乐方式使用动图，却低估了其所潜在的叙事价值。2019年春节，京东集团以"红的寄托"为主题，推出一组动图，通过动静反差、色彩反差，"中国红"所蕴含的文化意义跃出动图场景，直抵人心。

总之，短视频不仅可以满足碎片化、移动化、社交化的阅读需求，其可截取、可嵌入、可重构的文本化机制，也深刻作用于社会表达，创造出新的叙事价值。

对于融合出版来说，出版载体从纸质媒介向多终端扩展，全媒体出版成为常态，这对出版人提出了新的能力要求。是否善于使用视频来拓展传播力；是否善于配置各类表达方式来开掘转发力，这些都取决于我们对视频叙事机制是否能理解与把握。

二、全新的功能机制：视频口语化属性

2020年1月19日下午，习近平总书记在云南和顺古镇考察时，偶遇几十名游客，突然一名游客大声询问："彭妈妈呢？"总书记回答："没来""过年了，都在家里忙着呢"。游客呼应道："我们爱你们！"当天，这段15秒的

视频被迅速热转，网友评论"总书记这样拉家常太赞了"。两天后，该视频网络总转发量已达到 24 亿，其影响力远超同期电视台播出的同题报道。这段视频无论在抢拍反应、竖幅构图、声音拾取还是传播影响力、感染力上，都堪称新媒体时政报道的经典，也是中央广播电视总台融合传播的一次成功实践。创作者事后总结说，"高质量圆满完成新闻联播大屏拍摄是守正，全手段开发适合新媒体传播的拍摄形态是创新"。那么，什么是适合新媒体传播的视频形态呢？是由长变短的拆条？是由横变竖的构图？事实上，这条短视频之所以深受喜爱并且形成强劲的网友自转发，关键在于"拉家常"的内容和语态。

在当今的视频传播中，主流媒体时常会困惑于这样的情形：为什么有时候在同一内容上，精良的专业制作反而不如粗糙的自媒体视频更具有传播力？这是因为在社交媒体的传播中，视频传播的语境及其语态已经发生了变化，人们可以随时、随地、随机地拍视频、看视频、用视频。当视频表达消除了技术障碍，可以"脱口而出"时，视频就获得了人际交流的口语属性。

短视频在语态上有着天然的亲近感和随意性，因为它可以不经过如电视节目那般复杂且高度组织化的生产程序，其内容可以直接取自生活，呈现即时、互动、非正式、结构散漫的"口语性"。[1] 如果说电视语言是规范专业的，讲究起承转合，强调完整、严谨，强调内容价值，就像是视频的"书面语言"，那么短视频则像是视频的"自然会话"，不事雕琢，你问我答，话轮转换。

有学者认为，传播并不简单是信息的载体，它是组织形成概念借以获得交感意义的过程。[2] 同样，那些貌似缺乏内容价值的视频之所以受到喜爱，不在于它表达了什么内容，而在于它有着维系情感联系的功能。当视频化表达成为社会重要的语言形态的时候，这种功能将进一步得到凸显。

在这样的视角下看视频日志（vlog）的流行、政务号入驻抖音，就不难

---

[1] 卡斯特.网络社会的崛起［M］.夏铸九，王志弘，译.北京：社会科学文献出版社，2006：341，309–310.

[2] 姆贝.组织中的传播和权力：话语、意识形态和统治［M］.陈德民，陶庆，薛梅，译.北京：中国社会科学出版社，2000：21.

理解轻量、简短、便利只是条件或形式，重要的是要建立一种朋友般的亲切、随和、平等、令人信赖的对话关系，像对待朋友一样说话，建立明确的对象感。以有着 500 万名粉丝的抖音创作者"@大漠警示"为例，他是一位法医，喜欢以视频日志方式记录警察的工作。在一次打击诈骗专项行动中，他以视频日志形式发布了一条 2 分 25 秒的短视频，这条视频的全网总播放量超过 3 亿，而他最初制作这条视频的目的只是要"做给在逃罪犯"看，结果仅 40 小时就有 82 名在逃人员在看了视频后自动投案。警察的题材固然具有吸引力，但是能够在海量视频中跃出，深受众多粉丝追捧，是因为其令人信赖的语态，"用最接地气的方式讲人话，用最直接的方式讲实话，用最简单的方式讲硬话，用最欢乐的方式讲感动"[①]。

实践证明，在很多情况下，短视频的感染力、转发力不在于信息价值，而在于情感共鸣，或者维持交流。如果我们无视这种新的表达语态及其社会逻辑，对这类成分的重视与把握不足，那么势必无法把控这类新的文化形态及传播成效。

纵观媒体融合实践，不少传统媒体以短视频+直播为抓手，试图通过培养"媒体网红"来重构传统媒体的产业模式，也就是说，依托自身的专业优势，打通媒体资讯+线上店铺、线下服务，同时依托主持人的影响力和号召力，采取电商平台+直播等多种模式，孵化"媒体网红"，以此实现流量变现等产业收益。这种内容生产方式和运营思维模式的重构，需要内部机制调整到位，需要平台化思维，需要媒体组织魄力。然而，仅有这些并不必然能将主持人转化为"正能量网红"，它还需要媒体人与传播对象之间建立起朋友般的对话关系，实现关系认同及情感共振。

当然，这并不是说短视频就应该是低质量的，事实上，有创意的或者高品质的视频同样容易赢得喜爱。习近平总书记在和顺古镇的短视频，其实也是中央电视台时政报道团队在新媒体平台上的一次秣马厉兵的检验。报道团队事先研究了大量横竖幅短视频，专门增加了用微单相机拍摄竖幅视频的摄像记者，并且在运镜、构图上追求贴近网友收视心理，视频表达上追求原汁

---

① 李漠.用短视频讲述新时代警察故事[C].上海：抖音创作者大会，2019.

原味，由此来看，这条视频是形式和内容的统一。

传播的自主性和人际化促进了人们表达自我、维系情感的需求，也创造了沟通交流的情境需求。以此来理解短视频的价值及功能，出版机构或许可以获得理解新的社会需求和实现有效传播的新途径、新语态。

三、全新的交流机制：重返"面对面"的互动情境

2020年春节，知识分享平台得到App推出了一档网络节目"十日谈"。其创意来自600多年前薄伽丘创作的短篇小说集《十日谈》。得到App连续10天、每天下午3小时邀请3位讲师开设讲座直播，免费向社会开放。每天超过2万人次、最高有4万人同时在线参加讲座，累计358万次观看。尽管这是以知识分享为主的传播，重要的是老师的讲解，但是视频增加了溢出价值，尽管镜头时常晃动，但是这丝毫不影响它的吸引力，因为对于观众来说，以往只是从得到App"听课"，现在仿佛可以进入"熟悉的陌生人"家中，与之对谈。在此，视频以"可见"的形式实现了大众传播和人际传播的共同作用，创造了新的生活化的共处情境和互动场域，借用布尔迪厄的话，这是"一种被赋予特殊引力的合理构型"，可以吸引对象与个体充分融入。

人类媒介技术的发展不断扩展且深化了人与人之间的连接。从最初的面对面人际交流，到借助媒介技术不断拓展交往与互动，传播形态逐步还原了人体的各种感觉，从声音、画面到活动影像进而到现场情境，最终借由互联网，尤其是网络视频，让人远程重返"面对面"交流情境。用传播学者布鲁斯·格龙贝克的话来说，通过远程的和多种信息的中介，人们重新回到了参与式经验，重新掌握了视觉形象的经验。①

短视频创建的"面对面"的互动场景，对于融合传播而言有着特殊的价值。

首先，短视频以可见的方式把抽象物，如知识变成了一种可感、可触的

---

① 格龙贝克.口语—文字定理与媒介环境学［M］//林文刚.媒介环境学：思想沿革与多维视野.北京：北京大学出版社，2007：277-279.

空间形态。在这样的形态中，网络与现实被连通，知识的生产者、讲述者、传播者、接收者与视频所展开的场信息环境，共同构成统一的知识体。讲述者本身成了知识的一部分，使得知识具有了人格化和场景化的魅力。这样的知识不再是平面的、抽象的、艰涩的，而是立体的、直观的、生动的，也是丰富的、现实的，更是可得的、易得的。当精深的专业知识与短视频的口语属性、人们的日常经验相连接，知识的分享与学习就成为具有平等意义的交流过程。我们可以看到，为了在短时间内把原本专业的知识准确、有效地传递出去，视频创作者会用尽可能简单直白的语言把知识讲得深入浅出，以提高知识的趣味性。知识还会因可见的"人"而具有温度，在传播过程中，知识的呈现与传播主体的个性紧密联系，使知识具有人格化特征，也让学习知识的过程就好像一场友好的对话。依托社交平台，知识的生产者和接收者你应我答，学习的过程也因此变得轻松愉悦。

其次，短视频所展开的"交流情境"不再只是一个人的观看行为，而是多人、多场景、多任务参与其中、开放协作的实践过程。因此，内容生产方与用户之间、用户和用户之间的互动联动，成为创造价值的关键节点。例如，风靡全球的"开箱视频"、抖音上动辄数万点击量的"拆盲盒"，都是以看似最简单的记录方式，呈现人们从包装盒中取出玩具的各种富有创意的"拆箱场景"。值得思考的是，这类看似简单的开箱视频甚至影响玩具企业改变了其包装策略。其原因就在于，短视频超越了"信息"意义，创造了共享拆箱情境的场景，在这样的场景中，视频功能已经"超越了观看"，因为视听内容与人的消费行为、使用情境（包括情感活动）形成深度连接，不仅重塑了消费，甚至成了消费本身。

新技术在不断深化人与世界的交往情境，大数据、人工智能、虚拟现实、5G、智能硬件等新技术，正在创造出更多视频化生存的新场景。2019年2月，日本内政部推出短视频《连接5G以后的世界》，以男主人公回乡参加父母金婚庆典为结构线，清晰展示了无人驾驶技术、视网膜投影技术、无人超市自动扫描付款技术、随机切换频道的实时翻译等技术对人类生活的影响，特别是影片最后，通过全息投影，远方的女儿和庆典团队被拉到父母面前，实现

了穿越空间的面对面实时沟通。正如曼纽尔·卡斯特所预想的:"当视频影像与每个终端互联互通,人的感官也将被场景全方位调动,人们会身处于一个更加精准、更强互动、视觉效果逼真的全感官环境中。"① 新技术已经把人们带入这样万物皆屏的世界,包括出版在内的传媒业的原有边界将进一步消解,短视频也会演化为新的形态。

除了以技术革新为支撑,媒体深度融合的问题依然是如何理解、把握、深度契合视频消费者的使用场景及其情感期待,这决定着传播的成效和融合的实效。

四、全新的创新机制:开放的价值共创

从技术上延展并且创新人们的活动空间,是短视频对于社会及社会创新的最大价值和最重要意义。短视频打通了现实空间和网络空间,在广度上汇聚了所有人的活动,包括既往我们从来无法得知的他人的活动;在深度上,它以"可见"的特质更为细腻、生动地展现了所有活动的细节和个性。因此,短视频在呈现人的活动方式、服务生活需求,表达社会观念的深度、广度与速度上,远胜以往。英国社会学家安东尼·吉登斯(Anthony Giddens)的观点是,当社会习惯以某种方式交流时,它势必内化为人们的观念结构,进入社会再实践的领域,以集体无意识的方式形成新的社会活动,表现为日常化、惯例化。②

短视频也是如此。以分享为标志,短视频天然带有社交属性,可以说,分享视频的出现是新旧视听传播的分水岭。能否抓住新媒体"社交化"的本质,将公众参与纳入内容生产和再生产,决定了用户黏性。今天人们已经越来越习惯用自拍的方式呈现自己、表达自己,以随时、随机、随地、可见、

---

① 卡斯特.网络社会的崛起[M].夏铸九,王志弘,译.北京:社会科学文献出版社,2006:341,309-310.
② 吉登斯.社会理论的核心问题[M].郭忠华,徐法寅,译.上海:上海译文出版社,2015:135.

可感、可用的方式来参与，在参与中分享，在分享中学习，在学习中创新，极大地改变了原来的传播形态和自我发展的方式。这种参与、分享、使用的模式深刻影响着社会观念和生活需求，其核心要义是开放的竞争。这对主流媒体提出了深刻命题，即如何在一个完全开放的环境下建设内容；如何激活用户参与的动力，让用户成为新的生产力。

"央视频"和"人民日报+"的推出体现了这种观念上的进步。以央视频为例，与"央视影音""央视新闻"等App不同，"央视频"不止于央视既有资源，而是构建"账号森林"体系，通过汇聚优质自媒体账号及各类社会账号，广泛连接社会资源，壮大主流声音，呈现着史无前例的开放格局和生态追求。所谓生态追求，就是在平台中形成一个多样性程度很高、彼此分工合作的生态体系，各种平台要素之间充分联动，以相互依托来成就内容的价值链，实现价值共创。

对于融合出版而言，协同创意、协同编辑、协同发布正在成为潮流。其中同样隐含着新的价值共创观念，即通过引导公众参与价值共创以提升用户体验价值和黏合度。在此情形下，出版社的定位也发生了变化：从内容生产者转向价值创造的组织者、引导者；从掌握自有资源转向充分利用网络开放性和互动性，汇聚资源，通过多方协同共同创造价值。

如今，知识付费时代来临，日益丰富的线上内容变现形式加剧了对纸书的冲击，移动互联网技术已渗透出版发行的各个环节。如果出版业仍立足于纸质出版的经验阶段，将难以适应未来社会对于内容的消费需求。短视频对于融合出版的作用可能是局部的、微观的，但是，透视并把握短视频的内在机制，有助于我们更深刻地理解5G时代视频化表达的内容生态，提升与融合发展相适配的专业技能。从此意义上看，短视频打通了传统媒体人迈向融合时代的快速通道。

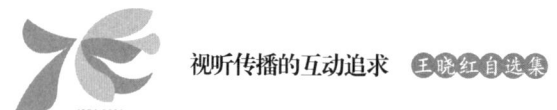

网络视频：超越"观看"的新形态*

视频化是近年来媒体融合发展的热词。短短一两年间，"全民直播元年""短视频元年""VR视频元年""无人机元年""全景视频爆发元年"等各种标签接踵而至，每一种标签都隐含着不断演进的技术驱动，并由此转化了一轮又一轮新的生产力，不断创造出与传统媒体完全不同的新视听形态：彻底打破了人们有距离地、被动地观"影"经验，边看、边议、边用成为"看"视频的新方式。由此，网络视频所建构的不再只是一个观看空间，而是一个由各方共构的活动场域，原先封闭的视频内容生产变成了动态扩展、开放协作的实践过程，视频传播逻辑被根本改变。正如马克·波斯特（Mark Poster）所说的："是对交往传播关系的全新构型，其中制作者、销售者和消费者这三个概念之间的界限将不再泾渭分明。"如何认识这一变化决定了我们如何认识网络时代媒介和传播的变革。

一、网络直播：重塑全新交流情境

视频直播曾经是广电媒体的独门绝技，其专业门槛之高、协同作战之繁、现场把关之难，使得直播行动往往与重大主题、重大事件、重大活动相关联，学界呼吁多年的"直播常态化"难以得到普及，而如今，全民直播蔚为大观，触及社会生活的各个细节和角落。截至2017年底，我国有网络直播用户4.22

---

* 文章原载于《青年记者》2018年第7期，收于本书中，略有删改。

亿，占网民总数的 57%，即每两个网民中，就有至少一人是网络直播用户，而提供互联网直播平台服务的企业超过 500 家。以快手平台为例，其高级副总裁余海波说，快手 2011 年成立，如今每天有超过 1 亿的用户在快手上花费超过 1 个小时直播和分享他们的生活。映客、花椒、一直播、腾讯直播等头部直播平台各具特色，还有更多大大小小的直播平台与电商、旅游、体育等各行各业进行着跨界合作。直播仿佛是人们手中灵巧的工具，人们可以随时、随地、随机、随意地看直播、拍直播甚至用直播，传统的电视直播理念、方法乃至存在方式被完全颠覆。

  网络直播的出现源于技术进步，又超越了技术本身。网络直播之"新"在于人人参与直播的个体自主性，技术进步为个体参与提供了条件。网络直播是以个体赋权为内在动力和运作逻辑，有着与电视直播不同的传播特性和价值诉求。在大众传播时代，电视直播似乎还原了立体丰富的现场情境，也还原了"与事件同步"的共时体验，但是无法改变单向传播的实质，观众终究是被动的信息接受者，信息也终究是被选择过的信息，而建立在互联网技术逻辑基础上的网络直播，还原了双向对等、即时反馈、全面直接的人际互动情境，"使得人类第一次真正实现了全面互动"。①

  在网络直播中人们不仅可以共时共感，更可以共同协作，通过面对面的聊天、补充、修改、转发、打赏等方式，共同参与内容的生产与再生产过程，在时间上实现了即时互动、在空间上得到极大拓展。例如，2017 年元旦，映客发起"见证 2017 年第一缕阳光"直播活动。在这场直播中，来自 30 个省市近 7000 名主播、100 万名粉丝参与了单场互动，至少有 500 万名观众共同目睹了 2017 年曙光洒遍祖国大地的时刻。

  网络直播重塑了人类的交流情境，它从社会传播和人际传播的两个层面，将人类交往互动推进到全方位、立体化、多样性展开的地步。从技术发展逻辑来看，未来网络直播必定从物理、生理、心理等多重层面，更逼真地还原人际互动情境，加深"面对面"感知的丰富性；更便捷地满足人们的使用需

---

① 王晓红. 网络直播的本质是互动［N］. 中国新闻出版广电报，2016-11-17（7）.

求，促进跨时空连接的多样性。

二、短视频：超越"观看"的生活形态

短视频被认为是当前内容创业的"风口"。如果仅以时间长短而论，短视频样态早已存在，如电视广告、宣传片等，然而迅速走红的网络短视频有着不同于电视短片的传播形态和价值诉求。

网络短视频源于分享视频。2005年2月，在PayPal公司工作的查德·赫尔利、贾德·卡林姆和华裔青年陈士骏设想把一段搞笑的晚餐会录像发送给朋友，但是视频文件太大，无法借电子邮件发送，于是他们设计了一个简单易行的视频共享方案，由此创办了YouTube.com（原意为"你的电视机"）。他们上传的第一个视频时长只有19秒，但是，谁也没想到由此开创了划时代的视频分享模式。任何普通人都可以几乎无技术障碍地上传、评注、转发、下载各类视频。YouTube的诞生可谓视听新媒体出现的标志，因为此前视频制作与传播的主体是专业人士，而从YouTube开始，大众自行制作和参与传播的时代到来了，YouTube最早的标识语"播出你自己"是这一时代的最好诠释。

在我国短视频发展之初，以《一个馒头引发的血案》为代表，其生产特点是"偶尔为之"的记录或创意。2016年，"Papi酱"依靠不定期推出的吐槽短视频走红网络，被称为"2016年第一网红"，在短短10个月内，其微博粉丝量由200万剧增到2100万。此后，资本的进入极大提升了短视频的生产能力，短视频由单打独斗发展为团队运作，呈现规模化、系列化、专业化、矩阵化的发展景象，一些自媒体变成了正规军。例如，"一条"，由《外滩画报》原主编徐沪生创办，每日向用户推送定位于"生活、潮流和文艺"的短视频，2016年7月获得1亿元B轮+融资；"二更"，由传统媒体人丁丰和李明共同创办，以定位于"发现身边不一样的美"的短视频起步，与自媒体大号"深夜食堂"双平台合并后，发展成一个可观的短视频矩阵，2017年1月顺利完成B轮1.5亿元融资；"功夫财经"，由电视人王牧笛创办，主打犀利、独到的泛财经视频评论，2016年5月获得融资，成立不到半年，估值超2亿元；"梨

视频"由澎湃新闻前 CEO 邱兵创办，定位于资讯类短视频，追求"通过短视频载体揭示社会现象中的核心命题"……短视频由泛娱乐化的内容逐渐下沉转向各个垂直领域。

短视频的风行也与其表达特性相关。相对于图文来说，短视频的阅读成本低，内容直观丰富，适合碎片化的消费场景。随着视频技术不断"傻瓜化"，短视频生产几乎无须任何技术门槛，与社交功能相结合后，更成为人们的日常口语，可以随拍随用，随意表达。①

如今，短视频已经超越了简单的"观看"层次，发展成一种社会形态。短视频可以被自由嵌入不同介质和平台，与人的消费行为、情感活动、社会关系、爱好属性等相连接，在多平台、多渠道、多终端以多样化的方式存在。比如，短视频进入电商平台，由此与人的消费行为相连接，从而从信息流发展成商品流甚至生活流。这使得"用视频"的活动场景变得越来越重要，短视频也获得了全新的功能属性，如使用功能、社交功能。随着移动互联网和社交媒体的深度扩展，多场景共构、多任务处理成为短视频消费的新常态。

三、VR 视频：创造沉浸式的体验形态

对用户而言，VR 带来了观看体验上强烈的沉浸感，颠覆了以往的观看经验，VR 视频由此被认为是媒体变革的下一个拐点，受到市场和资本的青睐。目前，我国 VR 视频播出渠道主要有三类：第一，爱奇艺、优酷、乐视等视频行业巨头开发了自己的独立 VR App，并主动适配各大 VR 硬件平台；第二，硬件厂商自带的网络平台也是 VR 视频播出的重要渠道，如 3D 播播、暴风魔镜等；第三，之前专门从事 VR 相关事业的网站，如热播、UtoVR 等。2016 年 12 月 30 日，王菲"幻乐一场"上海演唱会举行，为了给不在现场的人们提供"身临其境"的观看体验，演唱会引入 VR 直播体验渠道，首次尝试了 VR 内容付费观看的模式。此次演唱会 VR 直播收取 30 元的"门票"，付费观众达到 8.8 万人。从王菲演唱会到一线卫视的跨年晚会，VR 视频和网络直

---

① 王晓红. 视频文本化及其技术功能初探 [J]. 新闻爱好者，2013（3）：7-12.

播相结合，VR 直播成为行业的亮点。

VR 的技术特性对内容进行了拓展与延伸。VR 技术对于内容生产而言，联通了线上与线下、真实与虚拟，模拟了面对面的情境，赋予了用户立体化的沉浸体验。换言之，VR 技术突破了二维空间，将内容延伸到多维世界，丰富了人对于内容的感知和体验。由此而论，虚拟现实绝不仅是一个改变游戏或者娱乐行业的技术，更是一个改变人类生活的技术。

四、结语

每一种视频新技术"赋能于人"，都在不断扩展人与世界的关系，改变人对世界的感知，从技术层面开启人们的思维进程。正如曼纽尔·卡斯特所指出的："在当前的技术范式里，技术贯穿生活与心灵核心的程度，更胜以往。但是，技术在有意识的社会行动领域里的实际发展，以及人类释放出来的技术力量和人类本身互动的复杂矩阵需要探索。"[①] 网络直播、社交短视频、VR 视频的相继出现，显示了这种技术的力量及其所呈现的复杂互动矩阵"在有意识的社会行动领域里的实际发展"。视听新形态不仅超越了"观看"，获得了由大众传播和人际传播甚至社会传播共构而来的新功能，而且从社会空间、交往行为、语言呈现等多方面向原有的媒体规范提出了挑战，为我们理解媒介、传播和人类关系提供了新的视野和思维逻辑。

传媒教育者能否在理论研究上历史地、逻辑地把握互联网，能否结合现实变局全面地、发展地认识新生态，换句话说，持有怎样的媒介观，决定了新闻传播教育能否突破传统格局又能否引导未来的实践；决定了培养什么人又如何培养的问题。正如黄旦指出的："重新理解媒介和传播，将成为新闻传播教学和研究的关键之所在。"[②]

[①] 卡斯特.网络社会的崛起[M].夏铸九，王志弘，译.北京：社会科学文献出版社，2006：70.卡斯特还阐述了当前"技术范式"包括五个典型特征：1.技术范式指是处理信息的技术；2.新技术效果无处不在；3.以网络化逻辑为前提；4.具有重新构造的能力；5.特定的技术逐渐聚合为高度整合的系统，第64—66页。

[②] 黄旦.整体转型：关于当前中国新闻传播学科建设的一点想法[J].新闻大学，2014（6）：1-8.

可及性：一个观察媒体融合的理论视角*

2023年是媒体融合作为国家战略整体推进的第十年。从2014年中央全面深化改革领导小组审议通过《关于推动传统媒体与新兴媒体融合发展的指导意见》，到2023年两会"扎实推进媒体深度融合"首次被写入政府工作报告，十年间，以建设全媒体传播体系为路径；以传统媒体与新兴媒体优势互补、一体发展为方法；以塑造主流舆论新格局为目标，媒体融合进程不断推进，融合实践持续深化，融合形态迭代升级。

媒体融合始于传统主流媒体传播渠道的中断与失灵。当传统渠道不适应互联网、移动互联网传播语境并日渐式微时，基于对媒介既有渠道、内容、资源等要素的重新整合来实现主流价值传播影响力的提升，成为主流媒体的重要任务。就媒体融合的具体实践而言，从多渠道构建的初步融合跃升至要素融通的深度融合，需要解决传播范围的广与窄、抵达效率的快与慢、内容接受的深与浅、技术运用的优与劣、价值影响的远与近等一系列问题，归根结底，是要解决媒体内容及价值能否高效、有效"可及"公众的问题。只有高效、有效地"可及"，主流媒体的传播力、引导力、影响力、公信力才能得以提升。那么，如何理解"可及性"？又如何实现"可及"？

一、可及性理论：一个聚焦公共服务成效的分析框架

可及性（accessibility）作为学术概念，最初被用于指涉公民个体对于医

---

* 文章与郭海威合作，原载于《新闻与写作》2023年第11期，收于本书中，略有删改。

疗卫生服务的可获得性，以及服务获得的公平性，其内涵聚焦针对服务的使用行为。①之后，在学界对可及性概念的探讨与争鸣中，服务使用与服务供给作为可及性的两个关键要素被共同提及，并将对可及性的理解逐渐落脚于服务供给与服务需求的适配度上②，拓展和延伸了可及性的概念内涵，"可及性"因此成为公共服务领域中的重要理论概念。从词源意义来看，可及性具有可获得性、可抵达性、可理解性等意义，主要强调服务供给的易得性、便利性，以及与服务需求之间的适配性。纵观可及性理论的学术探讨，主要聚焦在两个层面。

一是聚焦可及性关涉要素，即各类公共服务在可及性目标实现及可及性水平提升过程中所涉及的影响因素。阿代·L.A.（Aday L.A.）和安德森·R.（Andersen R.）在医疗卫生服务使用的研究中，将环境、年龄、收入、卫生行为、医疗保险状况、健康信念等纳入卫生服务使用行为模型，并探讨了各因素对卫生服务使用的具体影响；③而在埃德·沃德（EdWards Ward）和柏林·M.（Berlin M.）看来，地理距离、文化习俗、心理状况、宗教信仰、语言习惯等也都关涉医疗卫生服务的可及性程度；④E. 多斯塞勒（E.Doorslaer）进而考察了个体健康情况及收入对医疗卫生服务可及性的感知影响；⑤此外，K. 汉森（K.Hanson）从主体因素着手，考察了个体、家庭、医疗卫生服务机

---

① ANDERSEN R M.Behavioral model of families' use of health services［M］.Chicago: University of Chicago Press, 1968: 125.
② PENCHANSKY R, THOMAS J W.The concept of access: definition and relationship to consumer satisfaction［J］.Medical care, 1981, 19（2）: 127-140.
③ ADAY L A, Andersen R M.A framework for the study of access to medical care［J］.Health services research, 1974, 9（3）: 208-220.
④ EDWARDS W, Berlin M.Questionnaires and data collection methods for the household survey and the survey of American Indians and Alaska Natives［M］.Washington D.C.: Department of health and human services, public health service, 1989.
⑤ VAN DOORSLAER E, WAGSTAFF A, BLEICHRODT H, et al.Income-related inequalities in health: some international comparisons［J］.Journal of health economics, 1997, 16（1）: 93-112.

构以及政府政策等要素对卫生服务可及性的影响机制。① 随着可及性概念引入我国，日益成为衡量和评价我国公共卫生领域服务水平效率与效能的重要标准。② 学者们系统研讨了区域经济水平、个体年龄、经济收入、学历、医保水平、自身观念等对医疗卫生服务可及性的影响。刘秋艳将相关影响因素归纳为经济、物质、地理、服务、文化及行政等六类，并具体阐释了相关因素对可及性达成与否及实现程度的影响机制。③ 卡特里娜·托马斯夫斯基（Katarina Tomasevski）关注教育可及性，指出区域经济发展水平、教育水平、对教育重视程度、性别、语言习惯、教育费用等均为教育可及性的重要影响因素。④ 在此基础上，文化设施、文化需求、文化内容、文化形式等要素，均受到学者的关注，并被纳入有关公共文化服务可及性的研究体系。围绕可及性关涉要素的相关研究，为公共服务可及性的实现及评价提供了较为系统性的指标体系，在延展可及性概念内涵的同时，使可及性理论在衡量公共服务水平和促进服务水平提升方面越发占据重要地位。

二是聚焦可及性评价维度。该方面研究着重探讨可及性的分析框架与评价维度，可以将其视为对可及性关涉要素的归类分析，相关研究旨在从系统论视角阐释和评价公共服务供给与需求的适配度，即公共服务可及性的实现程度。潘昌斯基·R.（Penchansky R.）和托马斯J.W.（Thomas J.W.）从可得性、可及性、便利性、可负担性与可接受性五个维度探讨了医疗卫生服务供需之间的匹配程度，并提出服务供给需要坚持需求满足导向，以切实提升医

---

① HANSON K, RANSON M K, Oliveiracruz V, et al.Expanding access to priority health interventions: a framework for understanding the constraints to scaling-up [J].Journal of international development, 2010, 15（1）: 1–14.

② 冯献，李瑾，崔凯.移动互联视域下乡村公共文化服务可及性框架与评价——以10个数字乡村试点县为例 [J].图书馆，2022（10）: 84-90.

③ 刘秋艳.新型农村合作医疗对卫生服务可及性影响研究——福建省五个县新农合实施现状分析 [D].福州：福建医科大学，2009.

④ Preliminary report of the Special Rapporteur on the Right to Education, Katarina Tomasevski, submitted in accordance with Commission on Human Rights resolution 1998/33 [EB/OL].（1999-01-13）[2024-03-20].https: //digitallibrary.un.org/record/1487535?v=pdf.

疗卫生服务水平。① 卡特里娜·托马斯夫斯基（Katarina Tomasevski）提出了教育资源及服务可及性评价的4A框架，认为教育可及性应从可获得性、可接近性、可接受性和可适应性四个维度进行综合考量。② 彼得斯D.H.（Peters D.H.）等人认为可及性包括地理可及性、可得性，经济可及性和可接受性，从可及性关涉要素的外生性与内生性建构了可及性的测量与评价框架，并着重提出和强调了质量可及性对于医疗卫生服务可及性水平的重要作用。③ G.马丁（G.Martin）则从经济、社会、文化、组织四个维度建构了医疗卫生服务的可及性测量框架，同时指出医疗卫生服务可及性实现与否及程度的关键要素在于个体的经济能力。④ 黄亚青等人在探讨中国农村医疗卫生服务可及性时，提出从可获得性、可接近性、可适应性、可承受性等方面考察和评价医疗卫生服务供需两方的适配度。⑤ 冯献等人在讨论中国乡村公共文化服务可及性评价体系时，提出从可达性、可接受性、可获得性、可适应性、可利用性五个维度进行考察评价。⑥ 针对可及性评价维度的构成虽有不同提法，且涉及资源可及、时空可及、渠道可及、思想可及等方面，但本质上是在供需适配理论视野下探讨服务供给与公众需求的适配度。可及性评价维度相关研究持续完善和补充了公共服务可及性理论体系，从不同视角和层次解剖了公共服务可及性的关键点与着力点，但须意识到，可及性各具体维度及分支并非独立或割裂的概念，而是相互嵌入、彼此支撑、协同共构的概念体系，共同作用和

---

① PENCHANSKY R, THOMAS J W.The concept of access: definition and relationship to consumer satisfaction [J].Medical care, 1981, 19 (2): 127-140.
② TOMASEVSKI K.Manual on rights-based education: global human rights requirements made simple [M].Unesco Bangkok Asia & Pacific regional bureau for education, 2004: 1-60.
③ PETERS D H, GARG A, BLOOM G, et al.Poverty and access to health care in developing countries [J].Annals of the New York academy of sciences, 2008, 1136 (1): 161-171.
④ MARTIN G.Modernizing concepts of access and equity [J].Health economics policy & law, 2009, 4 (2): 223-230.
⑤ 黄亚新, 王长青.从失配到适配: 农村医疗卫生服务可及性的逻辑转换 [J].学海,2022(5): 90-97.
⑥ 冯献, 李瑾, 崔凯.移动互联视域下乡村公共文化服务可及性框架与评价——以10个数字乡村试点县为例 [J].图书馆, 2022 (10): 84-90.

促成了公共服务可及性，由此也为可及性的相关研究提供了关联性、互构性的思路提示。

概而论之，"可及性"的实现是一项系统性工程，关乎理论与实践、内在与外在、局部与整体、时间与空间，相关研究既是对公共服务体系建设的学术思考，也为增强公共服务均衡性和可及性提供了理论支撑。

党的二十大报告明确指出"健全基本公共服务体系，提高公共服务水平，增强均衡性和可及性"，聚焦党的宣传思想文化领域，我国媒体融合进程及其武装全党、教育人民的价值导向正是在此目标框架之内，旨在基于媒体深度融合发展，进一步推动主流价值传播及主流舆论引导提质增效扩容。具体而言，即在渠道可及、技术可及、内容可及、资源可及的基础上实现价值可及。以可及性理论作为观察和分析框架，来系统考察中国媒体融合生态，或将为媒体深度融合发展带来新的思路启发。将媒体融合议题置于可及性理论视野之下，可以发现，近年来中国媒体融合发展进程及所取得的成效，无疑映射和体现着媒体领域不断向高质量"可及"推进的发展指向，中国媒体融合生态建构也是公共服务可及性提升的生动例证和现实表征。

其一，着力优化渠道建设，提升媒体服务可接入性。媒体传播渠道及矩阵的建构完善有益于延展传播效果及其业务声望，从传统媒体时代的联播网络，到媒体转型策略中的新媒体渠道多向分发，矩阵思维带来的观念革新清晰可见。媒体融合进程中，主流媒体基于自有渠道建设及其与数字平台的矩阵联合，探索媒体生产者与内容消费者的深度连接，以期实现主流价值创新生产与广泛的渠道可及，有效提升媒体服务的多渠道可接入。

其二，强化技术支撑嵌入，提升多元场景可触达性。面对用户内容消费行为不断变化，虚拟关联现实、用户关联场景的需求驱动媒体融合从"多端整合"转向"多端互嵌"，以新技术应用为支撑，以优质内容服务为核心，扩展媒体服务在时空形态上的分布，实现"内容—端口—场景"的可及性，并着力于在更广范围的数字文化生态形成对话互动，提升媒体服务在多元场景的可触达性。

其三，打造优质内容生态，提升主流价值可理解性。在媒体融合进程中，日渐完善的矩阵布局和跨场景传播对内容生产形成逆向激励，不仅激发个性化创意涌现，同时开掘了媒体创意资源研发的潜能，各类内容生产者逐渐形成共创、共融关系，形成休戚与共的优质内容生态圈层，提升了优质内容与主流价值的可接受性、可理解性，使主流价值更加深入人心。

其四，推动资源统筹整合，提升服务资源可利用性。新型主流媒体及各类数字平台不断尝试基于自身内容、技术、用户、场景等资源优势，挖掘和转换媒体综合服务的增量价值，同时探索连接跨领域、跨层级、跨区域、跨圈层的社交圈，以不断实现服务资源的多向互动、全域可及，进而提升各类服务资源的可挖掘、可利用性。

可见，媒体在渠道、技术、内容及资源方面的建设优化，既是媒体融合整体进程的生动写照，也是可及性理论在媒体领域的具体映射，表征并延伸了高质量信息服务"可及性"建设与提升的理论内涵。

二、可及之困：媒体深度融合发展面临的现实问题

聚焦全媒体传播体系建设，媒体深度融合需要解决的问题是实现任何人在任何时间、任何地点与任何人做任何事的实践场景的搭建，这一过程不是对资讯内容的简单连接、分享或整合，而是对资讯内容以外的全域化传播要素进行连接融合，因此较媒体融合初期阶段的任务更为困难和复杂。媒体深度融合旨在进一步发挥和强化媒体对经济社会发展的连接、支撑与激活作用，从而实现渠道、技术、内容、资源的全域可及，不断延展媒体综合服务供给和服务消费边界，并从媒介演进视角对社会全领域、全行业进行整合重构，推动人类社会进入深度媒介化时代。但着眼于媒体融合发展的现实图景，当前媒体深度融合在融合思维、方法、路径等方面仍面临诸多困局，与实现媒体可及性的目标还有较大距离。

（一）跟风布局渠道网络，造成对既有传播能力的分解与稀释

在媒体的传统传播实践中，虽然具有较为固定和系统的渠道网络，但信

息形式与呈现形态较为单一，所调动的人体感官受到一定限制。在媒体深度融合过程中，全媒体技术赋能使传播渠道网络得到了进一步延展。互联网、移动互联网的快速发展为传播渠道的网络体系建设提供了有力支撑，人工智能、大数据、云计算、虚拟现实等技术也不断延展传播的时空边界，为用户带来了全新的内容消费体验，媒体内容生产与传播呈现了多维化趋势，从同屏、跨屏到融屏，立体丰富的渠道网络持续激发更广泛的人体感官体验，助力提升媒体传播力与影响力。随着元宇宙在媒体融合进程中的应用日渐深入，数字身份的立体建构也有助于媒体打破信息交流的次元壁，在虚拟与现实交织、具身与离身同频的新传播情境中，用户对媒体信息的感知、交互与认同能力将得到进一步强化，进而也驱动媒体的价值传递从扁平走向立体、从宏大叙事走向轻量传播，潜移默化中完成对自身传播能力的建构与提升。然而，置身于当前中国媒体融合实践可以发现，在渠道载体愈发丰富的情境下，跟风建设大而全的渠道网络成为一些媒体在融合过程中的通病，"胡子眉毛一把抓"的渠道布局并非必然促进传播效能提升，反而容易因为"广撒网"而造成媒体传播资源的分散化，分解和稀释媒体既有的传播力、引导力、影响力、公信力。

在媒体深度融合过程中，基于传播渠道网的健全完善，媒体内容生产与传播方式不断发生变革，在一定程度上促成了媒体内容的全过程分发、全场景触达，但受限于特定渠道的刻板形式，以及算法推荐的封闭性等因素影响，使得媒体即使在广域渠道网络情境下，仍然面临着传播模式固态化、传播范围圈层化等问题，进而深陷窄化传播困境难以脱身，媒体本身也成为"渠道囚徒""算法困兽"。[1] 当无序扩张的渠道网络成为媒体融合发展的累赘和无效附庸，媒体信息传播或将面临区隔化、低效化甚至极端化等问题，既对媒体自身精力及能力造成分散消解，亦会给用户带来选择困难，使得本就稀缺匮乏的注意力资源因媒体自身渠道多样性的竞争而被进一步分解，使得媒体内容尤其是主流价值传播面临被稀释或浅化的风险，媒体融合传播效能不升反

---

[1] 丁瑜.算法赋能下主流价值传播的困境与对策[J].传媒，2023（6）：81-82.

降。另外，我们需要意识到，不同渠道、平台的特质不同，具体来说，不同平台可及性的着力点与目标也存在差异，如腾讯视频号基于微信平台，依托微信生态拥有了"强关系"基础上的"强社交"属性，其在参与和支撑媒体融合过程中，即尝试采取与其他视频平台不同的差异化策略，充分利用熟人社交分享及算法推荐两重内容分发机制，打造良性内容生态，推动主流媒体优质内容的传播与可及。① 从当前部分媒体的融合实践来看，对于渠道或平台特质理解不深，容易导致内容传播或服务供给难以适应所搭载平台的属性，造成生硬嵌入、低效传播的困境，致使传播渠道难以充分发挥效用。

（二）过度强调创新应用，导致工具理性与价值理性失衡

技术应用的迭代与创新打破了传播要素间原有的格局关系，是推动并实现媒体深度融合、主流价值高效传播、主流舆论新格局构建的强大内生动力。② 例如，面向媒体智能化转型，基于对用户行为数据的深度挖掘与关联分析，人们会不断收到来自其他兴趣圈层或群体的内容，进而得到更加丰富多彩的离身体验。借助技术创新应用，新传播格局为用户打造更为多元的内容景观，并赋予其差异化和多样性的参照样本，不同内容消费圈层之间的界限日趋消融和模糊，在相互融合渗透中突破边界限制，既开阔了用户视野，也有助于在人际、群际传播交互过程中消除和化解社会负面情绪与冲突。但立足全媒体传播体系建设的总体目标，一些媒体在推进融合发展进程中，容易出现技术主导的方向偏差，过度注重或强调引入新技术，弱化作为主流价值内容生产与传播主体的人的重要性，加之受到创意人才短缺、技术基础薄弱、技术维护成本高昂等因素影响，难以充分挖掘和释放新技术应用对融合发展的支撑潜力，造成对新技术引而不用、用而不精的局面。从当下各级媒体融合实践来看，制定技术发展规划、扩充创新应用范围、追逐布局技术前沿已

---

① 彭兰.视频号的激活与突破：强社交平台的视频化之路[J].新闻与写作，2023（3）：63-72.
② 宋建武，李蕾，王佳航.媒体深度融合背景下专业内容生产的创新趋向——基于2018—2021年中国新闻奖媒体融合类获奖作品的分析[J].新闻与写作，2021（12）：85-91.

经成为常规动作，其中也不乏例行完成融合任务、面子工程等问题，"摆出花架子"缺乏真本领，与以技术创新支撑深度融合、拉近与用户距离的初衷相背离。

随着媒体融合发展趋向深入，提质增效扩容日益成为媒体融合的关键词和重要发展目标，这也在一定程度上导致了唯技术论的技术乐观主义等倾向日渐凸显，人与技术在媒体融合发展以及主流价值传播过程中的权力分配出现失衡现象。用户隐私数据泄露、算法黑箱、大数据杀熟、流量导向等都是过度推崇技术应用、放大工具理性所带来的负面问题，工具理性与价值理性的权重配置失衡或将使媒体舆论引导、思想引领、文化传承、服务人民等功能趋弱。重形式而弱本质之风盛行，不但会使媒体融合陷入本末倒置的窘境，也将使媒体与其可及性目标渐行渐远，并不断面临新的技术焦虑。着眼于当前媒体融合实践可以发现，主流媒体在与商业平台的竞争中难以取胜，一方面在于自身技术力量的不足，未能实现技术应用常态化，技术未能很好服务于内容；另一方面则在于对技术支撑存在理解偏差，将融合发展所面临的障碍归因于技术配置。因此，对于媒体融合的"技术可及"，不能只停留于运用了多少新技术层面，更要关注对新技术的理解程度、利用效率，换言之，以技术创新应用为抓手和切入点，要让技术服务于内容，也要统筹好技术运用的"度"与"效"。

（三）媒体本位倾向难除，内容供给与需求仍面临适配性障碍

全媒体传播视野下，表层感官体验与深层观念变化共同作用促成个体认知强化或转变，进而满足用户个性化、差异化的内容消费需求。例如，以短视频、直播等为代表的视听内容整体呈现着鲜活性、写实性与轻量化的特征，其基于对人与物、虚与实、动与静等重要视听要素的有机配置，为用户内容消费营造了自主开放的媒介环境，同时为用户对信息内容的内涵理解和态度转变奠定了基础。[①] 从内容供给视角来看，媒体深度融合应致力于解决传统

---

① 李学孟，胡明月.移动短视频新闻的情感转向——以抖音号"央视新闻"为例［J］.中国广播电视学刊，2022（6）：121-124.

媒体时代信息传播的宏大叙事、概念抽象、刻板表达等问题，将置身于高语境的主流价值"降维"至低语境的交流情境中，以场景化、生动化的表达满足不同个体、群体的信息接收、内容消费等需求，以软传播传递好主流价值，扩大主流价值影响力版图。

然而，立足新传播格局，在媒体融合进程中，媒体本位倾向依旧突出。例如，在大数据应用成为常态的情形下，媒体对于用户群体及群体需求的感知与发掘依然相对欠缺，这导致内容供给与内容需求之间长期存在适配性障碍，优质内容难以精准"可及"用户，用户需求难以有效反馈媒体，媒体的"自说自话""无差别传播"制约了媒体内容可及性目标的有效达成。从当前来看，媒体融合存在深度不足、效果不佳的问题，原因之一就是媒体将用户视为原子化的、无差别的、均衡的信息接收者，忽视了在公域与私域叠加作用下用户需求的差异化、多样性，造成媒体内容与用户需求的不对称、不匹配，进而难以使媒体内容在传播过程中实现价值落地与衍生反馈。另外，部分媒体在内容打造上尝试覆盖整合不同传播形态，如对长视频、短视频、直播"一把抓"，意图收尽形态红利，但多而不专，难以形成持久的核心竞争力，优质内容昙花一现、转瞬即逝，难以对用户产生可持续的吸引力。

媒体深度融合背景下，要实现内容供给与内容需求的适配，需要媒体在传播过程中统筹整合内容文本、内容形式、内容场景、地理位置、用户兴趣、用户讨论等各类信息要素，突破时空维度，形成线上与线下互嵌、媒体与用户互动的融合传播格局。2023年1月1日，央视新闻联合微信视频号共同发起"全球日出·追光2023"项目，通过长达十四个半小时的直播呈现了全球50多个城市地标的日出，带来空中、海上等多个独特视角下的日出景象，用户在欣赏日出的同时，可以与直播主持人或视频号创作者即时互动，微信朋友圈和直播公屏上的"共同守望"衍生了媒体跨领域、跨维度、跨形态的合作新模式。

（四）角色转向定位模糊，难以实现资源盘活及潜在价值挖掘

面向全媒体传播体系建设，媒体在融合发展过程中，应着力实现自身角

色转向，由新闻宣传者、舆论引导者的角色，向新传播格局构建及健康发展的参与者、协调者、运维者和平衡者的角色转变，并在国家治理体系和治理能力现代化视野下开展媒体深度融合实践。[①]从深层次来看，依托新技术、新形态、新业态，媒体深度融合应锚定促成技术资源、渠道资源、内容资源、服务资源、用户资源等全域资源的系统整合与均衡配置，同时结合新形势下主流舆论格局构建、主流价值传播与引领需求，逐渐推进对全媒体传播体系建设所需要素的统筹规划、按需增减、协同配置，塑造主流舆论新格局、扩大主流价值影响力版图等国家战略部署，有效保障用户、内容、服务与场景的适配性，进而充分盘活各类资源要素，在协同共构视野下促进价值释放与创新涌现。但从各层级、各区域媒体融合实践来看，部分媒体在融合转型过程中对自身发展定位模糊，对融合方向摇摆不定，对融合重点把握不准，由此导致对资源要素的集合度、盘活度、利用度不高，进而导致围绕特定议题的内容共创、价值衍生表现乏力，如对用户生产内容的重视不足、发掘不深，导致媒体生产内容与用户生产内容未能实现有效连接和交互，个性内容的价值潜力难以激发释放。

在媒体深度融合进程中，其资源可及性目标的实现与促成，在于通过整合渠道、内容、创意、服务、主体等资源要素，使媒体与政府、用户等形成有效的互构关系，继而围绕特定议题、基于资源统筹，促成解决方案、接续传播与价值共创。对于角色转向的定位模糊与把握不准，一定程度上造成媒体在融合转型过程中仍拘泥于舆论引导的单一目标，难以实现对新发展格局、数字中国、乡村振兴、社会治理等主流话题的有机融入和深度参与，进而导致在对社会发展热点议题的感知上存在一定滞后性，亦未能基于个体、群体或社会发展需求进行相关资源的整合利用，媒体作为国家治理体系和治理能力现代化的重要推动者、实施者的身份难以充分彰显。与此同时，在融合传播趋势下，来自机制层面的发展壁垒也对媒体的资源可及性目标形成阻碍，如在数据挖掘与使用方面，不同主流媒体、政务服务平台等公共服务主体间

---

① 栾轶玫. 重大主题报道：媒介化治理的传播实践［J］. 编辑之友，2022（3）：5-11.

的数据库没有打通，数据壁垒、信息孤岛广泛存在，数据库的区隔化导致媒体对相关数据资源的深层价值难以进行挖掘利用，针对特定议题难以从全局层面进行整体把握和解决思路拓新，数据要素的潜在价值难以发挥。

三、共创可及：推进媒体深度融合发展的实施策略

基于新的社交生态、内容生态和技术生态，媒体融合不断向纵深推进。面向未来，全媒体传播体系下的生态场景将进一步强化渠道、技术、内容和资源的可及性，因此，应着重从以下维度发力，以融合传播塑造主流舆论新格局、助力构建新发展格局、推进高质量发展，全面强化和提升媒体综合服务的可及性。

（一）强化资源协同配置，夯实融合传播可接近性

立足新发展阶段，以新媒体矩阵为重要载体和工具，强化理念创新引领，加快推进资源协同配置，找寻促进媒体深度融合发展的内在机理与实现路径，对于构建融合传播新局面，具有重要意义。

一是着力扩大主流价值传播的广度与深度。传统渠道的贯通、终端平台的融通是推动主流价值占领传播制高点的重要着力点和切入点，在推进媒体深度融合发展过程中，各类新媒体传播能够有效扩大信息传播的地域覆盖、人群覆盖与内容覆盖，助力实现主流价值的内容可及。[①] 依托新的渠道矩阵，媒体的融合传播应始终坚持将内容真实性、安全性置于首位，将主流价值的可及性建立在内容的可信赖基础之上。要将各类新型数字平台嵌入媒体深度融合进程，基于平台易得性、易用性等特征，使主流舆论得以在网络公共空间以及朋友圈等私人社交渠道以图文、视频、直播等多种形态广泛传播，进一步夯实主流价值融合传播的渠道基础，使主流价值深刻融入人们的日常生活。新型主流媒体应在充分集聚传播渠道、资本、技术、人才等要素的基础

---

① 王晓红，倪天昌.论媒体深度融合背景下主流价值传播的守正与创新［J］.电视研究，2021（12）：10-13.

上，强化资源要素的高效协同，运用好各类资源要素的优势，形成融合发展合力扩大主流价值影响力的版图，从而更好地连接民心、凝聚共识。

二是着力创新主流价值的叙事模式。新传播格局下，随着多元主体更多介入和参与主流价值融合传播，媒体内容叙事应准确把握并适应场景化、深交互、跨媒介的发展趋向，加快向舆论场供给更具传播力、引导力、影响力、公信力的内容产品，为用户带来个性化、对象化的可及性体验，提升用户内容消费的在场感、参与感、沉浸感，进一步缩短媒介场景与用户的真实距离。媒体要不断强化信息传播的双向交互特性，充分发挥媒体融合传播的泛在性与可参与性，基于对用户消费、交互等行为数据的挖掘分析，更好地理解、把握和适应内容消费新偏好，同时重视用户反馈，创新主流价值的叙事表达，提升主流价值传播与引领效能，助力实现价值可及。

（二）紧跟技术创新趋势，提升内容产品可接受性

当前，与5G技术相伴的新媒介技术日益成熟，人工智能、大数据、云计算、区块链、物联网、VR（virtual reality）/AR（augmented reality）/MR（mixed reality）、可穿戴设备等技术也为媒体深度融合发展带来了新的动力与机遇。[1]因此，要推进媒体深度融合，应紧盯技术创新与发展趋势，探索厘清和强化新技术应用对内容生产、传播与消费的赋能机制，进一步创新拓展各类传播场景，提升媒体内容产品的可接受性。

第一，应加快探索内容产品智能化定制。媒体基于传播矩阵的数据积累与技术体系支撑，着力对接内容生产与用户需求，及时准确抓取用户关注的热点、焦点议题，建立个性化标签，以更好地把握和匹配用户需求，有效筛选和配置内容创作与传播要素。

第二，应着力探索创新内容形态，提升生产效率。媒体应充分利用技术体系支撑，积极开展智能创作、剪辑、编排、修复等工作，从而加速内容输出，强化优质内容供给。提升可视化水平，应以新媒体平台为支点，推动用

---

[1] 龙小农，陈林茜.媒体融合的本质与驱动范式的选择［J］.现代出版，2021（4）：39-47.

户内容消费模式向虚实结合转变，充分用好虚拟数字人等新兴传播形态，不断强化媒体内容输出过程中的技术含量以契合新传播生态中的用户内容消费偏好。

第三，应加快探索跨行业深层次合作。围绕个体应用，新型主流媒体在融合发展进程中应进一步发挥自身比较优势，充分利用5G、人工智能、大数据等技术，强化跨机构、跨领域、跨媒介的融通合作，在文旅、教育、娱乐、公共服务等方面同其他主体建立协同，探索云旅行、云课堂、云政务等多种新型融合业态；应围绕行业发展，进一步探索与政务服务、教育、医疗等行业的深层次合作，推动媒体行业与其他行业的跨域融合，不断尝试在智慧政务、智慧教育、智能医疗、车联网、智能家居、环境监测等领域的深度应用。

基于技术创新衍生的内容产品，既是对用户新型消费需求及行业转型升级的合理回应，也是推进媒体融合传播可及性的突出表征，以技术创新提升媒体内容产品的可接受性，有助于深化主流价值认同。

（三）增加优质内容供给，增强主流价值可理解性

建设健康优质的内容生态，需要以高质量内容供给引领用户内容消费偏好，形成积极向上、良性循环的内容供需生态，助力主流价值传播与引领。在媒体深度融合过程中，应进一步深化内容生产供给侧结构性改革，推进优质内容的接地性传播，使主流价值传播简单明了、通俗易懂、清晰可辨。

一方面，要借力新媒体平台，推动跨场景的内容消费与内容生产。新媒体平台能够有效承载和创造诸多跨时空的媒体消费场景，媒体在深度融合发展过程中要继续用好这类重要工具、中介和抓手，以直播、短视频等为重要呈现形态，借助平台赋予的全新数字形态，打造跨场景、跨时空的内容生产与消费新模式，形成具有广泛覆盖度和影响力的内容品牌矩阵体系，进一步提升网络空间中的优质内容密度，将主流价值贯穿渗透其中，实现具身体验与离身感知的无缝衔接，让主流价值能更好地被理解和认同。

另一方面，要发挥好新媒体平台的促交融特质，强化媒体内容生产中的共情要素。聚焦用户的内容消费需求，新型主流媒体在进行内容生产与传播

时应基于新媒体平台的社交互动属性，探索实现"品牌化共情"，不断拉近传播者与用户的距离，在情绪共鸣与共振中实现对主流价值的理解、认同与内化。基于新媒体平台的共情与交互特征，主流媒体能够有效助力社会主义核心价值观的传播与引领，传承中华优秀传统文化，满足人民群众日益增长的精神文化需求；在用户反馈上，新媒体平台直播和视频评论区的情绪表达，亦可作为内容优化的重要参考。强化社交分享的新媒体平台为用户带来了更为公平和个性的表达机会，用户既可以通过点赞、转发、评论媒体内容表达观点，也可以分享自己制作的内容，以影像记录生活，彰显个性、表达态度。聚焦媒体深度融合，应进一步借力新媒体平台，建成立足社交关系与消费偏好的主流价值传播网络，实现内容供需关系的新转变，增强主流价值的可理解性。

（四）深化融合经营探索，增进数字资源的高适配性

新型主流媒体应以当前较为成熟的内容生态为根基，注重深入推进垂类传播与垂直消费，进一步激发数字产业生态活力，为构建融合发展新格局提供新机遇，助力数字经济健康的可持续发展。

一是打造并利用好垂类传播与消费场景。以新媒体平台为工具，媒体内容的生产与分享打通了人际传播与大众传播，面向公众发布的内容应立足人际关系实现精准推送，形成线下社交属性更强的垂直社群。大数据、人工智能、物联网等技术与媒体服务的深度融合，不断拓宽媒体内容等数字服务的应用范围和使用场景，在此过程中，技术对于用户需求的洞察与捕捉将助力激发媒体产业发展的内生动力。垂类传播背后的价值增值，已然成为数字消费发展升级的新风口。

二是着力推进主流价值传播效能转化及长尾内容的价值变现。基于大数据挖掘与分析的融合传播能够更好地满足和匹配用户个性化消费需求，媒体因此可以更有效地开展商业变现，进一步促进以往冷门小众的尾部内容在市场中展现更强劲的变现能力。此外，协同联动新媒体平台的激励政策、流量扶持，媒体融合经营模式将得到进一步延展，进而不断扩大数字消费的发展

空间。围绕媒体与社会融合所实现的商业变现，因技术要素的嵌入更趋丰富多元，变现边界不断拓展，有效推动了全媒体经营体系的构建，创新了经营模式，构筑了媒体产业生态发展新图景，也增强了数字经济的发展韧性。

（五）立足文化发展高度，增强多元表达的联动性

当前，各类新媒体平台已成为我国网络信息生态的重要组成部分，也因此同时承担着主流意识形态培育、主流价值传播的时代重任。在媒体深度融合背景下，新媒体平台应继续发力主流舆论引导，助力文化自信的创新表达，引领新时代文化强国建设的新浪潮。

新媒体平台既要继续扮演好"内容集散中心"的角色，也要做好与政府及社会的沟通连接，与媒体机构、政府部门、社会组织等一道探索技术与内容有机融合的解决方案，建立健全优质内容共创共享机制，更好地履行社会责任。同时，新媒体平台要充分发挥载体支撑作用，积极响应文化强国建设，不断汇聚和输出优质内容、发出主流声音，为营造积极向上的舆论氛围与社会氛围贡献力量。新媒体平台应继续探索引导用户参与内容生产与传播的路径，鼓励用户差异性、建设性表达，建设人人可参与、人人可连接的开放式叙事新景观，讲好个体美好生活故事，进而从微观层面助力打造可亲、可爱、可敬的中国形象。

基于对用户生成内容的集成，新媒体平台为用户展示自我、记录生活、创新表达提供了一个高包容度的空间。鼓励用户的个性化展示与表达，促进社会交流互动，共同讲好中国式现代化故事，有助于在全社会范围内建立和增强文化自信。用户个体的表达汇成新时代的中华文化，形成了根植于文化中更基础、更广泛、更深厚的自信，这将是推动社会发展的根本性、支撑性和持久性的力量。面向媒体深度融合，新媒体平台应进一步发挥技术优势、资本优势、人才优势及其他比较优势，把满足人民群众的精神文化需求视作内容生产与传播的出发点和落脚点，强化跨域协同合作，持续完善对用户自主表达的体系支撑，同时增强精品意识、底线意识、红线意识，推动建构并形成健康可持续的融合传播新生态，有力推进中华文化的自信与自强。

四、结语

在全媒体传播视野下，中国媒体融合发展兼顾主流舆论引导与个体创新表达，聚焦内容汇聚、观点交互、凝聚共识的传播场域建构，持续关注渠道可及、技术可及、内容可及与资源可及的发展目标，致力于在动态变化的舆论环境、产业环境、社会环境中保持本色、擦亮底色、凸显特色，为主流价值高效传播与引领、主流舆论新格局构建、数字经济跨越式发展提供有力支撑。

可及性理论关注服务供给与服务需求的适配性，为媒体深度融合发展提供了目标指向与标准参照。围绕媒体可及性的发展目标，技术赋能、要素融通、协同共构等将成为融合发展的典型特征，媒体平台应深入介入全媒体传播体系建设，助力主流舆论引导和主流价值传播，构筑起"可见""可及"的时代景观。

全球短视频的历史回顾与理论图景：2005—2021*

一、引言

全球信息生产呈现着不可逆转的移动化、社会化、可视化、智能化趋势，短视频平台的崛起是这个过程的里程碑之一。在中国，短视频用户数量已经持续数年快速增长。根据中国互联网络信息中心（CNNIC）的数据，截至2021年12月，中国短视频用户达到9.34亿，占整体网民的90.5%。在全球，短视频应用（short video app）TikTok正在变得越来越受欢迎，获得了超过20亿次下载和超过10亿名月活跃用户[1][2]。短视频似乎变得"无处不在"[3]，对人们的生产生活造成了全方位的影响。

---

* 文章与魏韬合作，原文为英文，刊载于《网络媒体与全球传播》2022年第2期，收于本书中，略有删改。

[1] Timeline：TikTok's journey from global sensation to trump target [EB/OL].（2020-08-06）[2021-12-20].https://www.gadgets360.com/apps/features/tiktoks-journey-from-global-sensation-to-trump-target-2274695.

[2] TikTok says 1 billion people use the app each month [EB/OL].（2021-09-27）[2021-12-20].https://www.cnbc.com/2021/09/27/tiktok-reaches-1-billion-monthly-users.html.

[3] KENNEDY M.If the rise of the TikTok dance and e-girl aesthetic has taught us anything，it's that teenage girls rule the internet right now：TikTok celebrity，girls and the Coronavirus crisis [J]. European journal of cultural studies，2023（6）：1069–1076.

尽管"短视频剪辑"的表述早已有之[1]，但是这个词的含义发生了很大的变化。本义所讨论的"短视频"是一种视听媒体的形式，它最早出现在2005年美国的YouTube和中国的土豆网等视频分享网站。自此以后，用户的参与从根本上重塑了这个词的内涵[2]，短视频标志着一个新的时代——每个人都可以通过视频进行交流。此后，不同形式和类型的用户生成短视频（UGC）蓬勃发展，吸引了学界的众多关注。特别是2016年以后，随着抖音、TikTok等短视频App的流行，"短视频"引发了众多的学术讨论。

但是，在过去长达数十年的学术发展中，尚未出现关于短视频研究的整体性综述。考虑到短视频已成为社会的"主导性媒介"[3]，并且还在持续扩展其巨大的社会影响，我们有必要结合短视频行业的历史演进，对短视频研究历程及其核心研究议题做整体性回顾，为后续相关研究提供知识脉络与学术地图。

二、方法

（一）数据采集

本研究共使用了五个主要术语作为检索的关键词。"短视频"（short video）和"视频分享"（video sharing）是此研究领域的关键概念；"TikTok"是最具全球影响力的短视频应用；"抖音"（Douyin）和"快手"（Kuaishou）是中国最受欢迎的短视频应用，其MAU数量都超过了5亿[4][5]，在全球短视频

---

[1] BOULTON M J, FLEMINGTON I.The effects of a short video intervention on secondary school pupils' involvement in definitions of and attitudes towards bullying [J].School psychology international, 1996, 17（4）: 331-345.

[2] The future of a medium once known as television [EB/OL].（2009-06-16）[2021-12-20].https: //web.mit.edu/uricchio/Public/television/uricchio%20future%20of%20tv%3F%20.pdf.

[3] 潘祥辉."无名者"的出场：短视频媒介的历史社会学考察 [J].国际新闻界, 2020, 42（6）: 40-54.

[4] 字节跳动成立抖音集团, 旗下香港和北京两公司已更名 [EB/OL].（2022-05-08）[2022-05-30].https: //www.thepaper.cn/newsDetail_forward_17987254.

[5] 快手2021年营收811亿元, CFO: 今年有信心实现国内业务季度盈利 [EB/OL].（2022-03-30）[2022-04-02].https: //www.forbeschina.com/entrepreneur/60222.

行业中扮演了重要角色。

笔者将 2005 年 1 月 1 日至 2021 年 12 月 31 日定为检索的时间范围，从 WoS（Web of Science）核心库、中国国家知识基础设施（CNKI）数据库中的中国社会科学引文索引（CSSCI）和中国科学引文数据库（CSCD）中收集研究论文和综述论文。选择 2005 年是因为 YouTube 和土豆网于该年开启了在线视频行业和学术研究的新领域。由于短视频仍然是一个新的研究领域，上述数据库中的文献可能无法涵盖全部内容。尽管如此，它们也已经能让我们对主流研究发表的研究现状有一个大致的了解。

笔者从 WoS 核心库中共检索出 348 篇论文，从 CSSCI 和 CSCD 中共检索出 1470 篇对应的论文。在剔除了与"短视频"无关的论文后，分别剩下 207 篇和 1059 篇。为了建立数据集，笔者从这些被选中的论文中收集了作者、标题、来源、摘要、关键词和引用的参考文献等所有记录信息。

（二）数据分析

本研究采用了科学图谱和主题分析的混合方法。科学图谱是一个分析和可视化的文献计量过程，可以更有效的进行文献调查[①]。笔者借助 CiteSpace 6.1.R1 应用分析数据集，它是一个用于文献计量分析的 Java 程序。由于科学图谱只能提供大致的趋势分析，所以笔者结合了主题分析的方法总结关键特征，并基于大量实证数据进行了翔实的描述[②]。此外，一些经常被引用的研究和报告，以及一些来自不太知名的期刊但具有深刻观点的新颖研究也被纳入其中，以便更好地分析短视频研究的全貌。

---

① CHEN C M.Science mapping：a systematic review of the literature［J］.Journal of data and information science，2017，2（2）：1–40.

② BRAUN V，CLARKE V.Using thematic analysis in psychology［J］.Qualitative research in psychology，2006，3（2）：77–101.

三、研究发现

（一）短视频研究的总体趋势

如图 1 所示，短视频相关的研究数量随着时间的推移而增加，主要呈现四个阶段：2005-2011 年、2011-2016 年、2016-2018 年和 2018-2021 年。作为新闻传播领域的研究者，笔者还特别关注了这些研究的文献来源。为了更好地解释研究领域的发展历程，笔者在描述学界发展情况的同时，也增加了对业界与市场的变化描述和趋势洞察。

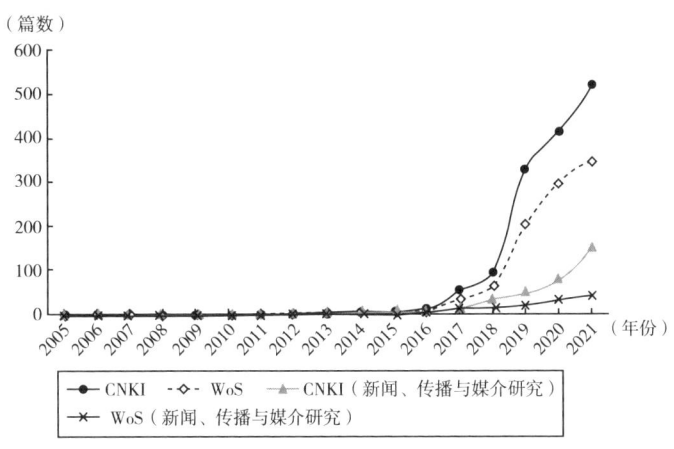

图 1 短视频研究的年度分布（2005-2021 年）

1. 2005—2011 年

21 世纪初，网络广播，即通过网络传递音频和视频内容，随着互联网的普及而变得流行。其中，参与性内容展示了网络广播媒介的一个明显特征，使其优于传统的广播媒介[①]。2005 年，YouTube、Vimeo 和土豆网等视频分享网站的出现成为这一过程的标志性事件，并逐渐重塑了视频的生产方式。在

---

① HA L S, GANAHL R J. Webcasting worldwide: business models of an emerging global medium[M]. New York: Routledge, 2006.

这个阶段，这些网站上的视频都比较短，这也是为什么一些早期研究使用了"短视频"这个术语。亦有研究者以 YouTube 为例，从时长和访问模式，到其流行周期、评分和评论进行分析，发现该平台上的短视频具有明显不同于传统流媒体视频的特征①。同时，许多学者关注到 YouTube 给大众传播带来的变化和影响，因此使用了更广泛的"在线视频"（Online Video）一词。

在中国，一个全国闻名的用户生成视频《一个馒头引发的血案》（2006）被作为早期研究的经典案例。这个短视频是由一位知名导演拍摄的电影片段重新剪辑而成的。因此，尽管它后来被起诉为盗版，但仍然吸引了大量的观众。正如杨国斌所评论的，这个短视频揭示了普通人的表达欲望，以及草根阶层和精英阶层之间的价值冲突②。这些话题也被其他学者所关注，当时的研究讨论了这种视频的特点及其对大众传媒的影响③④，以及盗版问题⑤。然而，这一时期关于短视频研究的文献总数仍然有限，"在线视频""共享视频"和"YouTube"等术语总体变得更为流行。

2. 2011—2016 年

2011 年，随着移动网络和智能手机的普及，社交短视频产品 Viddy 首先在美国出现。它允许用户拍摄 15 秒视频并且具有添加滤镜、配音和移动分享等功能，因而迅速走红。其后，Twitter 推出了竞争产品 Vine，而 Snapchat 则更新了上传短视频和照片集的新功能。在中国，以秒拍、美拍为代表的移动短视频工具在 2013 年后相继出现；同期，快手开始了早期的用户积累（特别是来自农村的用户）。经过工具编辑和美化的视频给人们带来了"被看见"的

---

① CHENG X, LIU J, DALE C.Understanding the characteristics of internet short video sharing: a YouTube-based measurement study［J］.IEEE transactions on Multimedia, 2013, 15（5）: 1184-1194.
② 杨国斌.悲情与戏谑：网络事件中的情感动员［C］//邱林川,陈文韬.新媒体事件研究.北京：中国人民大学出版社,2011：40-65.
③ 王长潇.Web2.0 时代视频分享网站的兴起与传统电视的选择［J］.新闻界,2007（6）: 48-50.
④ 曾凡斌.视频分享网站的发展及其对电视媒体的影响［J］.电视研究,2009（7）: 11-13.
⑤ 李小侠.视频分享网站的版权风险管理［J］.新闻与传播研究,2011,18（5）: 63-67, 111.

满足感，因此更多的用户加入了短视频的制作生产。

2012 年，CNNIC 在一份关于用户使用手机行为的报告中首次提到"短视频"一词①。此后，中国的短视频研究出现了小幅增长，2014 年，CNKI 中的论文数量超过了 WoS，但许多论文更多是一种描述性和经验性的分析。此后两年，虽然研究数量攀升缓慢，但一些学者开始从其他角度研究短视频，如基于不同传播技术和平台媒介的创作者、内容和互动方式的变化等进行研究。笔者曾指出，网络视频（包括短视频）瓦解了电视的霸权，为普通人提供了自己制作和分享视频的机会，从而使视频从表现"日常"生活的工具变成了人们直接交流的日常话语②。海外研究者进行的另一项研究从对 LGBTQ 人群可见度的影响出发，比较了 Instagram 上的自拍和短视频应用 Vine，发现 Vine 更广泛的使用预期使各种话语能够在公众中互相交流，强调创意和第一人称分享③。短视频对新闻业的影响，尤其是信息的把关④，亦引发了许多讨论。

3. 2016—2018 年

如图 1 所示，自 2016 年以来，关于短视频的研究数量迅速增长，这反映在短视频 APP 市场的崛起之中。2016 年，伴随着技术升级、政策支持、资本投入、用户涌入，中国的短视频行业进入"爆发"式发展阶段，抖音、梨视频、西瓜视频、火山小视频等短视频应用出现并快速普及。2016 至 2018 年，中国短视频用户数量从 1.53 亿⑤增长到 6.48 亿，占所有中国网民的 78%

---

① 第 29 次中国互联网络发展状况统计报告[EB/OL].（2012-01-16）[2021-12-20].http://www.100ec.cn/home/detail--6026857.html.
② 王晓红.论网络视频话语的日常化[J].现代传播（中国传媒大学学报），2013，35（2）：133-136.
③ DUGUAY S.Lesbian, gay, bisexual, trans, and queer visibility through selfies: comparing platform mediators across Ruby Rose's Instagram and Vine presence[J].Social media+ society，2016，2（2）：2056305116641975.
④ SCHWALBE C B, SILCOCK B W, CANDELLO E.Gatecheckers at the visual news stream: A new model for classic gatekeeping theory[J].Journalism practice，2015，9（4）：1-19.
⑤ 2017 上半年中国短视频市场研究报告[EB/OL].（2017-09-12）[2021-12-20].http://www.360doc.com/content/17/0915/06/14788_687287430.shtml.

以上①。在此期间，中国的科技巨头也步入了全球市场。2017年，字节跳动推出了抖音国际版 TikTok，同年收购了 Musical.ly，这是一个由来自上海和旧金山的混合团队创建的应用程序，在美国获得了大量的青少年用户。2017年，快手推出了其国际版本 Kwai，在巴西等国家受到热捧。另一家中国公司欢聚时代在新加坡成立了 Likee，而数字巨头阿里巴巴则在印度投资了 VMate（全球主要视频分享网站和短视频应用程序的上线时间见表1）。

短视频应用市场的蓬勃发展引起了媒体和学者的大量关注。从2016年开始，在中国学术界，来自新闻学、传播学、经济学、社会学、心理学、管理学等学科的研究人员开展了关于短视频的多项研究，显示了这一领域的多元化潜力。与此相比，虽然来自 WoS 的论文数量较少，但同样保持着增长趋势。在此期间，研究者仍然关注视频内容、互动和交流模式②，这些平台上的文化③④，以及短视频给新闻业带来的影响⑤⑥。

表1 全球主要视频分享网站和短视频应用程序的上线时间表

发布时间/年	诞生国家	产品名称
2005	美国	YouTube
2005	中国	Tudou（土豆网）
2006	法国	Dailymotion
2009	中国	Mikufans（B站前身）

---

① 第43次中国互联网络发展状况统计报告［EB/OL］.（2019-02-28）［2021-12-20］.https：//www.cac.gov.cn/2019-02/28/c_1124175677.htm.
② 姬德强，杜学志.短视频平台：交往的新常态与规制的新可能［J］.电视研究，2017（12）：33-36.
③ XU W W，PARK J Y，KIM J Y，PARK H W.Networked cultural diffusion and creation on YouTube：an analysis of YouTube memes［J］.Journal of broadcasting & electronic media，2016，60（1）：104-122.
④ 常江，田浩.迷因理论视域下的短视频文化——基于抖音的个案研究［J］.新闻与写作，2018（12）：32-39.
⑤ 常江，王晓培.短视频新闻生产：西方模式与本土经验［J］.中国出版，2017（16）：3-8.
⑥ 张梓轩，梁君健.因袭与重塑：移动传播时代的新闻视听语言特征研究——以三大央媒两会短视频报道为例［J］.新闻大学，2017（5）：52-60，148.

续表

发布时间/年	诞生国家	产品名称
2011	美国	Viddy
2012	中国	GIF快手（快手前身）
2013	中国	VivaVideo（小影）
2013	中国	Wesee（微视）
2013	中国	Miaopai（秒拍）
2013	美国	Snapchat发布"Stories"功能
2013	美国	Twitter发布Vine
2014	中国	Meipai（美拍）
2014	德国和美国	Dubsmash
2014	美国和中国	Musical.ly
2015	印度	Sharechat
2015	中国	Xiaokaxiu（小咖秀）
2015	美国	Thriller
2016	中国	Douyin（抖音）
2016	美国	Instagram发布"Stories"功能
2017	中国	土豆短视频
2017	中国	TikTok（收购Musical.ly后的抖音国际版）
2017	中国	Kwai（快手国际版）
2017	中国和新加坡	Likee
2017	中国和印度	VMate
2018	美国	Facebook发布Lasso

……

4. 2018—2021年

从2018年到2019年，CNKI的论文数量激增到了300多篇的新高，并在后续几年持续增长。2019年后，中国短视频用户激增，创下了9.34亿的新纪录，占2021年网民总数的90.5%。[1] 在专业媒体机构因各种原因而内

---

[1] 第49次中国互联网络发展状况统计报告[EB/OL].（2022-02-25）[2022-05-20].https://www.cnnic.net.cn/NMediaFile/2023/0807/MAIN1691372884990HDTP1QOST8.pdf.

容供应不足的时候,短视频用户作为参与者,生产了大量内容[①],这与此前大家守着电视获取信息的传受模式已全然不同。在这一时期,短视频在中国依然是流行的学术话题,其在大流行期间的社会影响尤其受到关注。同时,从2020年开始,直播电商的新风口让中国学者的研究更多转向直播,短视频研究的增长速度在新闻传播研究中有所降低,但在其他学科中有所提升。关于短视频的研究也变得更加深入,一些研究者意识到,短视频与人类的实践有着深刻的联系,甚至基于视频逻辑改变了人类的生活[②]。图2是按年份划分的短视频和网络直播研究出版分布情况,统计数据从2005年持续到2021年。

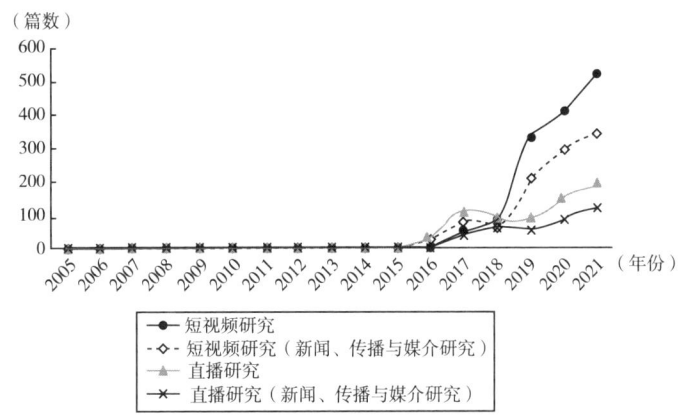

图2 按年份划分的短视频和网络直播研究出版分布情况(2005-2021)

另一方面,虽然WoS的短视频研究总量没有CNKI的多,但由于TikTok在全球范围内的普及,它一直保持着稳定的增长趋势。2020年,TikTok用户群的增长吸引了学术界的广泛关注[③],研究认为该平台在传播健康信息方面有

---

① 武楠,梁君健.短视频时代主流媒体的新闻生产变革与视听形态特征——以新冠肺炎疫情期间"央视新闻"快手短视频为例[J].当代传播,2020(3):58-62.
② 彭兰.视频化生存:移动时代日常生活的媒介化[J].中国编辑,2020(4):34-40,53.
③ ZENG J, ABIDIN C.#OkBoomer, time to meet the zoomers': studying the memefication of intergenerational politics on TikTok[J].Information, communication & society, 2021, 24(16):2459-2481.

较大潜力。来自传播学的研究者也关注 TikTok 上的数字文化[①②③]，以及它对政治运动和青年文化的影响[④⑤⑥]。在此基础上，其他短视频应用程序，如快手也被引入全球学界[⑦]，在国际学者之间的合作中，特别是与亚太学者的合作，也可以看到这种趋势。

总的来说，短视频研究在持续发展，吸引了学术界的诸多关注。如图3所示，来自美国和中国的研究人员对这一领域作出了重大贡献。这两个国家的名字位于出版物分布网络的中心，圆圈的大小反映了出版物的数量。与之对应的是，来自这两个国家的视频分享网站和短视频应用也在全球市场中处于领先地位。

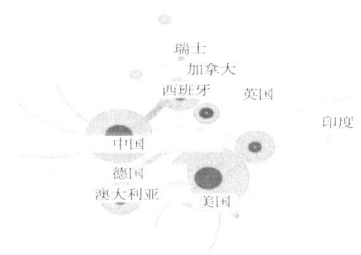

图3　在 WoS 发表的短视频研究中排名前十的国家

---

① ZULLI D, ZULLI D J.Extending the internet meme: conceptualizing technological mimesis and imitation publics on the TikTok platform [J].New media & society, 2020, 24（8）: 1872–1890.

② KENNEDY M.'If the rise of the TikTok dance and e–girl aesthetic has taught us anything, it's that teenage girls rule the internet right now': TikTok celebrity, girls and the coronavirus crisis [J].European journal of cultural studies, 2020, 23（6）: 1069–1076.

③ SCHELLEWALD A.Communicative forms on TikTok: perspectives from digital ethnography [J].International journal of communication, 2021（15）: 1437–1457.

④ VIJAY D, GEKKER A.Playing politics: how Sabarimala played out on TikTok [J].American behavioral scientist, 2021, 65（5）: 712–734.

⑤ HAUTEA S, PARKS P, TAKAHASHI B, et al.Showing they care（or don't）: affective publics and ambivalent climate activism on TikTok [J].Social media+ society, 2021, 7（2）: 20563051211012344.

⑥ SUBRAMANIAN S.Bahujan girls' anti–caste activism on TikTok [J].Feminist media studies, 2021, 21（1）: 154–156.

⑦ LIN J, DE KLOET J.Platformization of the unlikely creative class: Kuaishou and Chinese digital cultural production [J].Social media+ society, 2019, 5（4）: 2056305119883430.

（二）短视频研究的主要视角和核心问题

全球短视频市场的快速增长极大地影响了该研究领域，其体现在论文的数量以及研究问题的多样性上。图4和图5显示了与本研究数据集中的论文相关的关键词中心集群。这些统计数据是由CiteSpace在g-index算法（k=30）下自动生成的。

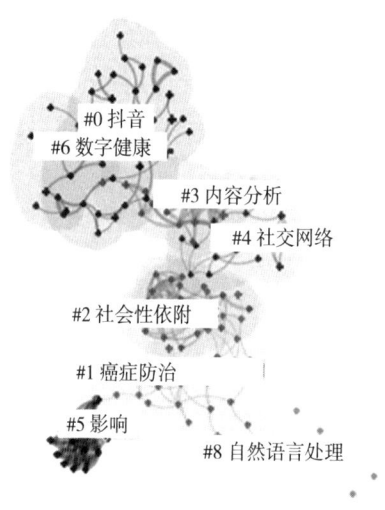

```
#0 抖音（TikTok）
#1 癌症防治
#2 社会性依附
#3 内容分析
#4 社交网络
#5 影响
#6 数字健康
#7 快手（Kuaishou）
#8 自然语言处理
#9 内容生成者
#10 流量
#11 大数据
#12 创新
#13 痤疮治疗
#14 应用程序
#15 文化生产
#16 名人
#17 网络名人
```

图4　WoS中短视频研究关键词的主要聚类

图中显示，目前来自WoS的短视频学术研究主要是关于短视频应用或平台（聚类0、7和14）、健康信息（聚类1、6和13）、用户行为和内容生成（聚类9、15、16和17）、社会影响（聚类2、4、5和12）以及平台技术（聚类8和11）的讨论。

上述部分特征在CNKI论文的聚类结果中是相似的（见图5），如对平台的关注（聚类3、4和9），内容生成者（聚类7和16），以及社会影响（聚类12和14）。相比之下，中国学者更关注短视频的媒体属性（聚类5、6、11和13）和给传媒行业带来的变化（聚类2、10、15和17），版权问题（聚类8）也得到了讨论。

```
#0 短视频（short videos）
#1 short video
#2 媒介融合（media convergence）
#3 抖音（Douyin）
#4 快手（Kuaishou）
#5 传播（communication）
#6 社交媒体（social media）
#7 李子柒（LiZiqi）
#8 著作权（copyright）
#9 抖音（TikTok）
#10 媒体融合（mediaintegration）
#11 新媒体（new media）
#12 影响因素（influencing factors）
#13 单点联系（single point of contact，spoc）
#14 乡村（countryside）
#15 话语重构
#16 外国网络名人
#17 智能化
```

图 5　CNKI 中短视频研究的主要关键词集群（含翻译）

科学图谱虽然提供了对研究焦点的直观展现，但还不够全面。基于这种初步的文献计量图谱和主题分析，我们将所研究的主题问题聚类合并为四个主要的研究视角：媒体视角、经济视角、文化视角和话语视角（见表2）。需要指出的是，这些研究方向并非相互排斥，而是相互关联的，而且有些论文涵盖了不止一个问题。另外，笔者增加了少量2022年发表的文章来说明最新的发展。

表 2　主要研究视角和核心问题的合并

视角	核心问题合集
媒体视角	短视频及其平台的特点 媒介融合与信息传播 媒介使用、过度使用和错误使用
经济视角	数字营销与网络名人 平台化和劳动问题 版权和著作归属问题
文化视角	迷因与青年文化 社会文化的视听化 跨文化传播与融合
话语视角	日常话语与审美问题 身份话语与自我呈现 政治话语与数字赋权

1. 媒体视角

在许多研究中，短视频被学者认为是一种新媒体，尤其是来自传播和媒体研究以及医学或心理学研究的研究者。在本研究的数据集文献中，媒体视角的研究主要包括三类问题：短视频及其平台的特点，媒体融合和信息传播，以及媒介使用、过度使用和错误使用。

（1）短视频及其平台的特点

在短视频研究的早期阶段，研究者们主要通过与传统视听媒体和其他种类的社交媒体进行对比，来界定短视频并确定其主要特点。

在与传统视听媒体如电影或电视的比较中，一些研究者指出了短视频的格式差异，比如影像时间的长与短[1][2]和屏幕显示的横与竖[3][4]等。一项实证研究进一步揭示，抖音（TikTok）视频的幽默感和第一人称镜头视角对观众的沉浸感、社会存在感和娱乐感有明显影响[5]。另外，笔者从短视频的影像特质出发，借助法国学者伯纳德·斯泰格乐（Bernard Stiegler）提出的"视频文本化"（toward textualization of images）概念[6]，认为短视频具有文本化特征，与电视流的结构不同，它允许人们以自由捕捉和安排图像与视频作为表达手段[7]。除此之外，一些研究者指出，短视频简化了视频的制作，唤起了普通人的交流本能，展示了各行各业的生活，并使普通人作为"无名者"被人看到[8][9]。从这个意义上说，短视频真正实现了表达的平民化和大众化，这是一

---

[1] 谢征.社交短视频与出版物营销[J].出版发行研究，2014（10）：38-41.

[2] 张梓轩，汤嫣，王海.动态社交语言对表意功能的革新——探析"移动短视频社交应用"赋予新闻传播的新空间[J].中国编辑，2015（5）：77-81.

[3] 宿志刚.竖式观赏的勃兴短视频竖屏与中国画竖轴共向心理与视听制作研究[J].北京电影学院学报，2018（4）：52-58.

[4] 周逵，金鹿雅.竖屏时代的来临：融媒体短视频类型前沿和趋势研究[J].电视研究，2018（6）：11-14.

[5] WANG Y W.Humor and camera view on mobile short-form video apps influence user experience and technology-adoption intent, an example of TikTok（DouYin）[J].Computers in human behavior，2020，110：106373.

[6] The carnival of the new screen: From hegemony to isonomy[EB/OL].（2014-09-08）[2021-12-20].https：//vdocuments.mx/bernard-stiegler-carnival-of-the-new-screen.html?page=1.

[7] 王晓红.视频文本化及其技术功能初探[J].新闻爱好者，2013（3）：7-12.

[8] 陆晔，赖楚谣.短视频平台上的职业可见性：以抖音为个案[J].国际新闻界，2020，42（6）：23-39.

[9] 潘祥辉."无名者"的出场：短视频媒介的历史社会学考察[J].国际新闻界，2020，42（6）：40-54.

种具有革命性意义的改变①。

研究人员还将短视频平台与其他社交媒体进行了比较。一些研究者认为，与其他网络媒体一样，短视频具备去中心化的传播特征②，形成了开放式、扁平化、平等性的网状传播结构③，因此能及时、快速、高效地传播信息④⑤。有学者则强调了特定短视频 App 的特点。例如，邵征锋以抖音为例，讨论了视频内容中的"草根性"和人工智能技术在平台中的嵌入性⑥。后来的一些研究者也发现了短视频 App 之间的不同特质。比如，抖音和快手在算法自动推荐流上的巨大不同⑦、抖音和 TikTok 在发展策略和平台化方面的异同⑧等。许多研究也采取了比较的方法，揭示了不同的文化或社会意义上的平台特色，这些将在本文的其他部分进行讨论。

（2）媒介融合与信息传播

从媒体的角度来看，许多来自新闻传播的学术研究集中在短视频及其平台已经或者未来可能给新闻业带来的挑战或机遇。一些研究指出，用户生成视频正在影响新闻界，提高新闻传递的及时性⑨，提供额外信息，甚至主导新

---

① 喻国明，杨雅，曲慧，等.5G时代"视频+"的重要应用场景研究［J］.中国编辑，2020（11）：9-15.
② 常昕，杜琳.微语态下短视频传播模式分析及趋势思考［J］.电视研究，2017（8）：70-73.
③ 董媛媛，田晨.社交媒体时代短视频传播与国家形象建构［J］.当代传播，2018（3）：28-30.
④ 赵如涵，吴心悦.短视频文化内容生产：虚拟社群的传播特质与平台策略［J］.电视研究，2017（12）：30-32.
⑤ 闵晨，王国华，陈强.视频在热点事件议程设置与舆论引导中的作用研究［J］.情报杂志，2018，37（7）：80-87.
⑥ 邵征锋.抖音传播的特征、挑战及未来发展趋势探析［J］.现代教育技术，2018，28（12）：80-86.
⑦ QI W, LI D Y.A user experience study on short video social apps based on content recommendation algorithm of artificial intelligence［J］.International journal of pattern recognition and artificial intelligence, 2021, 35（2）：2159008.
⑧ VALDOVINOS K D B, XU C.The co-evolution of two Chinese mobile short video apps: parallel platformization of Douyin and TikTok［J］.Mobile media & communication, 2021, 9（2）：229-253.
⑨ 屈波，李阳雪.移动短视频：国内电视媒体融合实践的新路径——中外电视媒体的移动短视频对比研究［J］.电视研究，2018（8）：88-90.

闻①，短视频平台正在改变新闻生产。通过分析TikTok上的19个新闻媒体和节目，有研究者发现，在以新闻的偶然性消费、病毒性和获取信息的技术中介为特征的背景下，新闻媒体正在适应TikTok平台的逻辑，以吸引年轻一代的用户②。

基于此，媒介融合也成了短视频研究的热点问题，尤其是在CNKI的论文中，大量研究采用个案分析法分析传统媒体机构如何应用短视频进行新闻报道③④⑤。一些研究者注意到从传统视听媒体到短视频的范式转变，如张梓轩和梁君健进行的一项内容分析表明，大部分由电影先驱所建立的、在电视时代仍然有效的编辑技术并没有对短视频的观看产生积极影响⑥。然而，短视频中的编辑特点并没有像蒙太奇那样被理论化，这仍然有待后续研究。

同时，一些研究讨论了短视频对新闻叙事的情感唤起和碎片化的副作用⑦⑧，以及这些平台的推荐和标签系统等技术带来的挑战⑨。正如施瓦布·C.B.（Schwalbe C.B.）等人指出的，Instagram、Vine、Snapchat等社交媒体形成

---

① FERNANDEZ-MARTINEZ R G.The spontaneous video and its impact on the digital press [J]. Communication & society，2019，32（1），213-234.
② VAZQUEZ-HERRER J, NEGREIRA-REY M C, LOPEZ-GARCIA X. Let's dance the news! how the news media are adapting to the logic of TikTok [J].Journalism，2020，23（8）：1-19.
③ 黄伟迪，印心悦.新媒体内容生产的社会嵌入：以梨视频"拍客"为例 [J].新闻记者，2017（9）：15-21.
④ 常江，王晓培.短视频新闻生产：西方模式与本土经验 [J].中国出版，2017（16）：3-8.
⑤ 任志祥，肖苹宁.无情感不抖音：《人民日报》抖音号的表达特征分析 [J].新闻界，2020（12）：21-27.
⑥ 张梓轩，梁君健.因袭与重塑：移动传播时代的新闻视听语言特征研究：以三大央媒两会短视频报道为例 [J].新闻大学，201705）：52-60，148.
⑦ 晏青，张佳欣.主流媒体短视频新闻特征与对比研究：基于"人民日报""央视新闻""澎湃新闻"官方微博视频内容分析 [J].中国出版，2019（24）：9-14.
⑧ 张志安，彭璐.混合情感传播模式：主流媒体短视频内容生产研究：以人民日报抖音号为例 [J].新闻与写作，2019（7）：57-66.
⑨ 杨光影."精致劣质图像"的生产与"虚拟社区意识"的形成：论抖音短视频社区青年亚文化的生成机制 [J].中国青年研究，2019（6）：79-86.

了视觉流，改变了传统信息的把关机制①。短视频的视觉冲击力和可复制、可模仿性，使得谣言变得更难消除②。在最近的研究中，围绕短视频APP上的错误信息和虚假信息的问题被广泛讨论，特别是关于新冠疫情的健康信息③④⑤，以及选举期间的政治信息⑥。这些研究表明，短视频应用程序上的错误信息或虚假信息的风险很严重，但其他研究也看到了在这些平台上揭穿骗局的潜力⑦⑧。萨瑟顿（Southerton）借鉴一个数字民族志项目，发现医护人员在TikTok上使用娱乐元素、迷因和其他方式（如对口型）进行健康信息分享的行为，可以在突出他们专业知识的同时带来亲和力，这对当前的"信息瘟疫"问题有所启示⑨。

（3）媒介使用、过度使用和错误使用

许多研究，特别是来自心理学的研究，关注人们使用短视频的动机和行为。通过现象学方法和半结构式访谈，有研究者发现，消费和创造旅游幻想，

---

① SCHWALBE C B, SILCOCK B W, CANDELLO E.Gatecheckers at the visual news stream: a new model for classic gatekeeping theory [J].Journalism practice, 2015, 9 (4): 465-483.

② 罗自文, 林燕飞.眼见为虚：健康类短视频谣言的叙事特征与社会心理——基于今日头条谣言数据库的实证研究 [J].中国社会科学院研究生院学报, 2021 (6): 93-103.

③ BASCH C H, MELEO-ERWIN Z, FERA J, et al.A global pandemic in the time of viral memes: COVID-19 vaccine misinformation and disinformation on TikTok [J]. Human vaccines & immunotherapeutics, 2021, 17 (8): 2373-2377.

④ SEDERHOLM T, JSKELINEN P, HUHTINEN A M.Coronavirus as a rhizome: the pandemic of disinformation [J].International journal of cyber warfare and terrorism, 2021, 11 (2): 43-55.

⑤ BAUMEL N M, SPATHARAKIS J K, KARITSIOTIS S T, et al. Dissemination of mask effectiveness misinformation using TikTok as a medium [J]. Journal of adolescent health, 2021, 68 (5): 1021-1022.

⑥ ROGERS R.Marginalizing the mainstream: how social media privilege political information [J]. Frontiers in big Data, 2021, 4: 689036.

⑦ ALONSO-LOPEZ N, SIDORENKO B P, GIACOMELLI F.Beyond challenges and viral dance moves: TikTok as a vehicle for disinformation and fact-checking in Spain, Portugal, Brazil, and the USA [J].Anàlisi: Quaderns de Comunicació i Cultura, 2021, 64: 65-84.

⑧ SOUTHWICK L, GUNTUKU S C, KLINGER E V, et al.Characterizing COVID-19 content posted to TikTok: public sentiment and response during the first phase of the COVID-19 pandemic [J]. Journal of adolescent health, 2021, 69 (2): 234-241.

⑨ SOUTHERTON C.Lip-Syncing and saving lives: healthcare workers on TikTok [J]. International journal of communication, 2021, 15: 19328036.

通过分享来标记#wonderfuljourney，以及在"公共"日记中储存自己有意义的生活是用户参与TikTok旅游视频的三个主要原因[1]。一些基于实证调查的研究也得出了类似的结论：用户的存档、自我表达、社会互动和娱乐的动机是TikTok使用行为的重要促成因素[2][3][4]。另一项研究进一步探讨了使用TikTok带来的四种不同的满足感：社会奖励性的自我展示、潮流性、逃避现实的成瘾和新事物的发现。新颖性是所有用户使用TikTok的最相关动机；年龄与潮流性正相关，与逃避性成瘾负相关；TikTok视频是由社会性奖励的自我介绍驱动的[5]。

目前的研究也强调了短视频领域的过度使用和成瘾问题。根据2019年的一项调查，社会交往焦虑和社会隔离与人际依恋正相关，个性化和娱乐性与网站依恋正相关，人际依恋和网站依恋对短视频App的成瘾有显著影响[6]。一些描述性讨论[7]和定性研究[8]也注意到这些倾向，但仍需要更多的实证研究。正如C·蒙塔格（C.Montag）等人所提出的，与TikTok使用相关的研究问题

---

[1] DU X, LIECHTTY T, SANTOS C A, et al.'I want to record and share my wonderful journey': Chinese Millennials' production and sharing of short-form travel videos on TikTok or Douyin [J].Current issues in tourism, 2020, 25（21）: 3412-3424.

[2] OMAR B, DEQUAN W. Watch, Share or create: the influence of personality traits and user motivation on TikTok mobile video usage [J].International journal of interactive mobile technologies, 2020, 14: 121-137.

[3] BOSSEN C B, KOTTASZ R.Uses and gratifications sought by pre-adolescent and adolescent TikTok consumers [J]. Young consumers, 2020, 21（4）: 463-478.

[4] SHAO J, Lee S.The effect of chinese adolescents' motivation to use Tiktok on satisfaction and continuous use intention [J]. The journal of the convergence on culture technology, 2020, 6（2）: 107-115.

[5] SCHERR S, WANG K.Explaining the success of social media with gratification niches: motivations behind daytime, nighttime, and active use of TikTok in China [J]. Computers in human behavior, 2021, 124: 106893.

[6] ZHANG X, WU Y, LIU S.Exploring short-form video application addiction: socio-technical and attachment perspectives [J]. Telematics and informatics, 2019, 42: 101243.

[7] 邵征锋.抖音传播的特征、挑战及未来发展趋势探析 [J].现代教育技术, 2018, 28（12）: 80-86.

[8] YANG Z, GRIFFITHS M D, YAN Z, et al.Can watching online videos be addictive? a qualitative exploration of online video watching among Chinese young adults [J]. International journal of environmental research and public health, 2021, 18（14）: 7247.

还有很多未被探索，深入相关研究正当其时[1]。与此同时，用户们在其他短视频应用上的参与动机和行为也应该被多加关注。

研究者还讨论了短视频的不当使用问题，尤其是来自CNKI的研究者。有研究指出，由于准入的低门槛性和监管的滞后性[2][3]，短视频平台在中国引发了许多问题，如制作或传播不适影像（虚假、低俗、暴力等内容）、侵犯或泄露他人隐私、消费弱势群体、模仿高风险行为、缺乏未成年人保护等诸多问题[4][5][6][7]。为了解决这些问题，研究人员主要从两个方面提出了建议：一是呼吁发挥政府规制的管理和激励功能，并呼吁建立一个由用户、平台和治理者等多方参与的协同治理模式[8][9][10]；二是强化技术手段，比如引入人工智能、区块链等技术进行内容管理[11][12]。

2. 经济视角

中国的短视频市场正在迅速崛起。2016年，随着百度、阿里巴巴、腾讯、

---

[1] MONTAG C, YANG H, ELHAIl J D.On the psychology of TikTok use: a first glimpse from empirical findings [J]. Frontiers in public health, 2021, 9: 641673.

[2] 姬德强，杜学志.短视频平台：交往的新常态与规制的新可能 [J].电视研究, 2017 (12): 33-36.

[3] 顾杨丽，吴飞.短视频平台的伦理困境 [J].当代传播, 2018 (5): 98-100.

[4] 焦学振，唐延杰.短视频社交APP的内容分析与伦理困境：以"抖音"为例 [J].中国记者, 2018 (7): 78-79.

[5] 靖鸣.短视频传播伦理失范及其对策 [J].中国广播电视学刊, 2018 (12): 24-27.

[6] 张蕊.交互涵化效应下土味短视频对城镇化留守儿童的影响 [J].现代传播（中国传媒大学学报）, 2019, 41 (5): 162-168.

[7] 涂凌波.网络视频传播再反思：伦理主体、伦理失范与传播伦理的重构 [J].新闻与写作, 2019 (12): 30-37.

[8] 李修齐.短视频内容引导与版权保护体系 [J].中国出版, 2017 (16): 17-21.

[9] 冯晓青，许耀乘.破解短视频版权治理困境：社会治理模式的引入与构建 [J].新闻与传播研究, 2020, 27 (10): 56-76, 127.

[10] 郑玄，吴玮琦.短视频平台的版权管理模式、主要问题与优化策略 [J].中国编辑,2021(8): 49-54.

[11] 俞锋，谷凯月.网络版权保护体系变革：来自区块链技术的支持与想象 [J].中国出版, 2021 (2): 66-69.

[12] YANG Y, YU D.Copyright storage method of dance short video based on blockchain [C] // Advances in Intelligent Systems and Computing, Singapore: Springer, 2022: 268.

字节跳动和其他中国科技巨头参与短视频市场竞争，各种应用程序和移动工具如雨后春笋般出现，吸引了全国各地的人才。这标志着2016年成为中国的"短视频元年"①。短视频应用在中国市场的快速增长，引发了对其经济价值的各种讨论。一些研究者甚至提出，短视频是一种新的"生产力"、是一种基于可视化②或互联网流量③的力量。与此同时，随着2019年TikTok在全球范围的流行，英文学术界也出现了类似的讨论。总而言之，笔者将这些研究主题总结为三大类：数字营销和网络名人，平台化和劳动问题，以及版权和著作归属问题。

（1）数字营销和网络名人

在本研究的数据集中，营销领域的研究者尤为关注TikTok和抖音等短视频应用的数字营销问题。例如，王昕和吕梦婷总结了短视频广告中内容的生动性和更强的互动性等新特点，认为一种新的品牌叙事模式正在这些平台上崛起④。同样，其他研究者注意到，TikTok的流行导致了消费文化的转变，在这种情况下，真实的品牌叙事受到重视，品牌的自我营销比以往更加重要⑤。在一项大规模的实证研究中，穆勒·L.（Mulier L.）等人证明，与水平视频广告相比，移动垂直视频广告使消费者更感兴趣，增加了消费者的参与度，移动用户处理垂直视频广告比水平视频广告更流畅，年轻的移动用户（Z世代）处理移动垂直视频广告比老一代的X世代和Y世代更流畅⑥。此外，一些研究

---

① 2017上半年中国短视频市场研究报告［EB/OL］.（2017-09-15）［2021-12-20］.http：//www.360doc.com/content/17/0915/06/14788_687287430.shtml.
② 彭兰.短视频：视频生产力的"转基因"与再培育［J］.新闻界，2019（1）：34–43.
③ 姬德强.平台理论视野中的媒体融合：以短视频驱动的媒体融合为例［J］.新闻与写作，2019（6）：11–19.
④ 王昕，吕梦婷.基于叙事理论的短视频广告研究：类型与批判［J］.现代传播（中国传媒大学学报），2019，41（12）：101–105.
⑤ KUNKEL T，BISCAIA R，ARAI A，et al.The role of self-brand connection on the relationship between athlete brand image and fan outcomes［J］.Journal of sport management，2019，34（3）：201–216.
⑥ MULIER L，SLABBINCK H，VERMEIR I.This way up：the effectiveness of mobile vertical video marketing［J］.Journal of interactive marketing，2021（55）：1–15.

者还将话题扩展到讨论不同行业（如出版、旅游等）如何利用短视频进行营销①②，并鼓励消费者的参与和分享③。

此外，短视频网络名人（达人）是这个角度下的另一个重要研究主题。案例研究和内容分析是这些论文中最常用的方法。例如，对 papi 酱④和李子柒⑤的案例研究，以及对抖音短视频的内容研究。也有研究者揭示了在数字营销背景下，电商网络名人的媒介策略（选品、参与度）和受众反应（积极认同、消极认同）之间的相互作用⑥。在中国，关于网红的研究也时常与地区发展问题联系在一起。比如，通过解读贵州"侗族七姐妹"——一群来自贵州的网络名人的案例，栾轶玫和张杏指出，短视频的经济价值，不仅在于网络名人本身，对他们所在地的发展也有巨大作用⑦，类似的观点也可以在其他关于抖音、快手或其他平台上的网络名人研究中找到。而一些关于电商直播的研究，也强调了网红和视频平台在农村地区的可见性提升和经济促进作用⑧⑨。

此外，随着网络名人的崛起，一些研究还注意到短视频市场 PUGC（专业用户生成内容）和 MCN（多渠道网络）的发展趋势。根据（CNNIC）的报告，中国的短视频平台与 MCN 紧密合作，在 PUGC 的影响下提高了 UGC

---

① 刘一鸣，杨敏."出版＋短视频"利润屏障研究［J］.出版发行研究，2018（10）：16-19.
② 邓元兵，赵露红.基于 SIPS 模式的短视频平台城市形象传播策略：以抖音短视频平台为例［J］.中国编辑，2019（8）：82-86.
③ 司若，赵静超.融媒时代纪实性视听作品创新模式研究［J］.现代传播（中国传媒大学学报），2019，41（3）：116-121.
④ 谢妍.短视频创新：内容引领网红经济新模式——以 papi 酱为例［J］.电视研究，2017（6）：38-40.
⑤ 桑子文，陶亚亚.李子柒 IP 运营的盈利模式研究：基于"配方式媒介"视角的分析［J］.山东大学学报（哲学社会科学版），2020（2）：40-48.
⑥ HUNG K，TSE D K，CHAN T H.E-commerce Influencers in China：dual-route model on likes，shares，and sales［J］.Journal of advertising，2021，51（4）：486-501.
⑦ 栾轶玫，张杏."多元传播"赋能的非遗扶贫新模式：以脱贫网红贵州"侗族七仙女"为例［J］.云南社会科学，2020（5）：140-148，189.
⑧ 李晓夏，赵秀凤.直播助农：乡村振兴和网络扶贫融合发展的农村电商新模式［J］.商业经济研究，2020（19）：131-134.
⑨ 佟曾，王一雯，王洪明."政府＋网红"带货模式助力乡村振兴的实践与思考［J］.农业经济，2021（7）：138-139.

视频的质量①。另一份报告发现，2021年，中国MCN市场的规模达到335亿元左右，大约是2019年的两倍②。正如徐立军所指出的，基于UGC和PUGC混合的MCN是广告市场和媒体产业链上的核心竞争者③。鉴于TikTok上的MCN也在快速增长，未来需要对这些问题进一步研究。

（2）平台化和劳动问题

不论是WoS还是CNKI，都出现了关于劳动和平台化的相关短视频研究。创意劳动理论在许多研究中得到了运用。例如，有研究者调查了快手的平台化及其社会经济背景，发现它让生活在中国城市中心以外的多样化、通常被边缘化的中国人成为"不可能的创意劳动者"和自雇的"创意数字企业家"④。在另一项研究中，基于对抖音上12,000多名创意劳动者的大规模问卷调查，何威等人发现，作为创意劳动者，他们的幸福感和获得感得到了提升，并普遍将自己转变为创意生产者，促进了创意产业和创新社会的发展⑤。

数字劳动理论在其他研究中也得到了应用。有学者提出，短视频用户被转变为产消者，其观看行为已经转化为数字劳动，他们已经成为资本的"数字劳工"⑥⑦，平台也正在成为"社交网络的工厂"⑧。基于快手上的网络名人案例，

---

① 第43次中国互联网发展状况统计报告［EB/OL］.（2019-02-28）［2021-12-20］.https：//www.cac.gov.cn/wxb_pdf/0228043.pdf.

② Multi-Channel Network（MCN）Market size in China from 2015 to 2021 with estimates until 2023［EB/OL］.（2022-07-20）［2022-04-30］.https：//www.statista.com/statistics/894986/china-multi-channel-network-market-size/.

③ 徐立军."新四化"：中国传媒发展的未来趋势与关键路径［J］.现代传播（中国传媒大学学报），2020，42（1）：8–11.

④ LIN J，DE KLOET J.Platformization of the unlikely creative class：Kuaishou and Chinese digital cultural production［J］.Social media+ society，2019，5（4）：1–12.

⑤ 何威，曹书乐，丁妮，等.工作、福祉与获得感：短视频平台上的创意劳动者研究［J］.新闻与传播研究，2020，27（6）：39–57，126–127.

⑥ 吕永峰，何志武.逻辑、困境及其消解：移动短视频生产的空间实践［J］.编辑之友，2019（2）：86–90.

⑦ 邓佳怡，马昱宇.数字劳工视域下微信视频号用户行为研究［J］.青年记者，2021（22）：47–48.

⑧ 李庆林，鲍精华.社交媒体向"社交工厂"的转变：基于传播政治经济学视角［J］.青年记者，2020（25）：35–36.

有学者进一步指出，他们最终在无害的游戏表象下为平台提供了免费的、容易被"剥削"的劳动力①。然而，另一项研究关注快手的"玩工"问题，认为"剥削"或"赋权"之外，似乎还有第三条用以解决数字劳动生产的复杂性的认识路径，该研究重点关注了社交媒体平台和用户之间的合作和共生关系②。

此外，少数研究者进一步研究了数字劳动问题中的细分话题，如儿童网红和儿童短视频用户所呈现的"数字童工"问题③④。通过对中国短视频APP（抖音和快手）上的创意工作者的深度访谈，并借鉴"零工经济"的概念，刘战伟等人认为，由于深受算法驱动的平台控制，创意工作者正在经历从"数字零工"到"数字灵工"的转变，这隐喻了他们不稳定的劳动和不稳定的生活体验⑤。

总之，许多学者的讨论集中在短视频APP平台化中劳动、资本和技术的共同构建，但也有一些学者从其他角度进行了阐释。比如，D.邦迪·瓦尔多维诺斯·凯耶（D.Bondy Valdovinos Kaye）等人通过应用"App漫游法"对抖音和TikTok进行了比较，认为这两个应用的共同演化不同于以往主要社交媒体平台采取的区域化战略，是全球平台扩张的新范式⑥。除此之外，一些学者还关注平台治理问题。例如，姬德强提出，短视频生产正在远离制度化或结

---

① TAN C K K, WANG J, WANGZHU S, et al.The real digital housewives of China's Kuaishou video-sharing and live-streaming app［J］.Media, Culture Society, 2020, 42（7-8）: 1243-1259.

② ZHOU M, LIU S D.Becoming precarious playbour: Chinese migrant youth on the kuaishou video-sharing platform［J］.Economic and Labour Relations Review, 2021（4）: 322-340.

③ 张铮.数字童工：智媒时代数字劳工低龄化现象探析——以抖音App为例［J］.青年记者, 2020（20）: 27-28.

④ Digital child labor: kid-influencer and legal countermeasure in China［EB/OL］.（2021-10-02）［2021-12-20］.https: //shapesea.com/wp-content/uploads/2021/05/Digital-Child-Labor%EF%BC%9AKid-influencer-and-Legal-Countermeasure-in-China-Huang-Zhouzheng.pdf.

⑤ 刘战伟, 李媛媛, 刘蒙之.平台化、数字灵工与短视频创意劳动者：一项劳动控制研究［J］.新闻与传播研究, 2021, 28（7）: 42-58, 127.

⑥ VALDOVINOS K D B, XU C, ZENG J.The co-evolution of two Chinese mobile short video apps: parallel platformization of Douyin and TikTok［J］.Mobile media & communication, 2021, 9（2）: 229-253.

构化的政治和经济关系，因此需要一个政府、企业和用户等多监管力量参与的管理模式①。

（3）版权与著作归属问题

在CNKI的论文中，短视频的版权相关问题也被法律学者所强调。如上所述，短视频应用简化了视频的制作流程，使更多人能够分享他们的灵光乍现和生活瞬间，但也引发了音视频的版权问题。不管是早期的《一个馒头引发的血案》（2006年）还是后来的一些案例，如何区分"衍生作品"和原创作品，应该以什么为标准来区别，都是学者们讨论的焦点②。2021年，影视制作公司和流媒体对短视频平台的抵制和诉讼在中国呈上升趋势③，这使得这些问题显得更加紧迫。

研究人员提出了三种解决侵犯版权问题的方法。首先，中国的版权法应该在短视频的原创性和合理使用的法律鉴定方面进行改进④。从这个意义上说，对短视频进行分类是必要的，那些原创性低的短视频应该被排除在版权保护之外⑤⑥。其次，研究者考虑了平台的法律责任。例如，田小军和郭雨笛认为，短视频平台除了履行通知—删除程序外，还应承担更多的责任，以平衡创作激励和防止盗版之间的关系⑦。最后，应强调技术在版权保护中的力量，如基于MD5数据库的内容过滤系统⑧、YouTube的内容ID系统的数字指纹系统⑨。

---

① 姬德强.平台理论视野中的媒体融合：以短视频驱动的媒体融合为例［J］.新闻与写作，2019（6）：11-19.
② 董天策，邵铄岚.关于平衡保护二次创作和著作权的思考：从电影解说短视频博主谷阿莫被告侵权案谈起［J］.出版发行研究，2018（10）：75-78.
③ 第48次中国互联网络发展状况统计报告［EB/OL］.（2021-09-15）［2021-12-20］.https：//www.cnnic.net.cn/NMediaFile/old_attach/P020210915523670981527.pdf.
④ 陈绍玲.短视频对版权法律制度的挑战及应对［J］.中国出版，2019（5）：5-8.
⑤ 孙山.短视频的独创性与著作权法保护的路径［J］.知识产权，2019（4）：44-49.
⑥ 张伯娜.短视频版权保护与合理使用判断标准探究［J］.出版发行研究，2019（3）：62-65.
⑦ 田小军，郭雨笛.设定平台版权过滤义务视角下的短视频平台版权治理研究［J］.出版发行研究，2019（3）：66-69.
⑧ 卢升鸿.短视频的内容审查及版权保护机制研究［J］.中国出版，2018（19）：35-38.
⑨ 田小军，郭雨笛.设定平台版权过滤义务视角下的短视频平台版权治理研究［J］.出版发行研究，2019（3）：66-69.

来自 WoS 的论文中也出现了类似的讨论，主要集中在 TikTok 的案例上。一些研究和评论文章表达了对 TikTok 上未经授权使用的音乐和视频的担忧，并建议应加强法律补救措施①②。凯耶等人进行的一项实证研究也证实，混乱的社会技术实践——创作者在 TikTok 上重复使用、混合、捣碎和截取内容，被平台架构进一步复杂化，并使适当的归属更加困难，因此，关于归属的研究在复杂和混乱的平台经济中比主流的版权学术更有价值③。随着 TikTok 和其他短视频平台作为创意产业在版权方面的地位越来越高，有关这些问题的研究将变得越来越重要。

3. 文化视角

短视频及其平台的文化影响在当前的学术讨论中也很重要。从这个角度来看，出现了三个重要的研究集群：迷因和青年文化、社会文化的视听化以及跨文化传播和融合。值得注意的是，在本研究的数据集中，第一个集群由 WoS 和 CNKI 的论文组成，但 CNKI 的论文讨论其他两个集群主题的频率更高。

（1）迷因和青年文化

一些论文认为，迷因是理解短视频及其文化影响的一条重要线索。在一项专注于抖音的早期研究中，常江和田浩提出，迷因——个人模仿行为的结果，是生产和传播短视频的重要前提条件，科技巨头的资本及其营销意图促进了短视频迷因的增长④。另一项研究也表明，迷因模仿的原则——模仿和复制，受到平台逻辑的鼓励（用户注册的流程，图标和视频编辑功能，以及用

---

① TikTok: a copyright time Bomb？［EB/OL］.（2021-03-29）［2022-01-21］.http：//blogs.luc.edu/ipbytes/2021/03/29/tiktok-a-copyright-time-bomb/.
② SALSABILAX E M, MAYANA R F, RAFIANTI L.Copyright commercialization of songs uploaded in TikTok application without the creator's permission［J］.Journal sains sosio humaniora，2021，5（1）：213-224.
③ VALDOVINOS K D B, Xu C, ZENG J.The co-evolution of two Chinese mobile short video apps：Parallel platformization of Douyin and TikTok［J］. Mobile media & communication，2021，9（2）：229-253.
④ 常江，田浩.迷因理论视域下的短视频文化——基于抖音的个案研究［J］.新闻与写作，2018（12）：32-39.

户和视频创作规范），并形成了TikTok上的"模仿公众"①。尽管有几篇论文通过"互动仪式链"的理论来说明这些迷因特征，但短视频应用程序上的互动和模仿被强调为一种基本原则②③。

迷因也被认为是理解短视频背景下青年文化的关键因素。通过分析TikTok上的#OkBoomer迷因案例，有学者发现，该平台正在鼓励迷因的混合——迷因视频大多以对口型、舞蹈表演和短剧为特色，已经成为TikTok的决定性特征之一，年轻的TikTok用户正在利用短视频来宣传各种思想，甚至包括政治主张④。换句话说，混合迷因是TikTok上青年文化的一个基本特征。其他研究者也注意到TikTok青少年文化的其他特征。例如，通过关注TikTok上的青少年网络名人，肯尼迪·M.（Kennedy M.）指出女孩的"卧室文化"使"卧室"从以前概念上的私密和不受评判的空间转变为公众可见、可监督和可评估的空间⑤。

同时，学者们提出了另一个术语"土味"⑥，并以此描述快手的迷因文化和青年文化。在中文中，"土味"包含了非时尚、非漂亮、不发达甚至有点野蛮的混合味道。杨萍认为，"土味"是消费社会中满足人们的猎奇与审丑心态的特殊文本，具有强烈的后现代特征⑦。在一些论文中，"土味"文化被认为是一

---

① ZULLI D, ZULLI D J.Extending the Internet meme: conceptualizing technological mimesis and imitation publics on the TikTok platform [J].New media & society, 2020, 24（8）：1872-1890.

② 国秋华,孟巧丽.抖音的互动仪式链与价值创造[J].中国编辑,2018（9）：70-75.

③ 李菁.抖音短视频传播中的互动仪式与情感动员[J].新闻与写作,2019（7）：86-89.

④ ZENG J, ABIDIN C. '#OkBoomer, time to meet the Zoomers': studying the memefication of intergenerational politics on TikTok.Information [J].Communication & society, 2021, 24（16）：2459-2481.

⑤ KENNEDY M.'If the rise of the TikTok dance and e-girl aesthetic has taught us anything, it's that teenage girls rule the internet right now': TikTok celebrity, girls and the Coronavirus crisis [J]. European journal of cultural studies, 2020, 23（6）：1069-1076.

⑥ ZHOU M, LIU S D.Becoming precarious playbour: Chinese migrant youth on the kuaishou video-sharing platform [J].Economic and labour relations review, 2021（4）：322-340.

⑦ 杨萍.赋权、审丑与后现代：互联网土味文化之解读与反思[J].中国青年研究,2019（3）：24-28.

种亚文化。通过创造"土味"迷因，年轻的快手用户有机会将他们的文化生产转化为实际收入，甚至将其并入主流文化[①]。总之，研究证实，迷因对于理解短视频及其对青年文化的影响非常重要。

（2）社会文化的视听化

在中国，短视频用户不再局限于年轻人，而是来自各个年龄段。因此，一些学者注意到，短视频的视听性已经影响了社会主流文化。中国学者孙玮认为，短视频是"建构社会现实的强大视觉性力量"[②]。通过借用笛卡尔的名言"我思故我在"（Cogito，ergo sum），她提出短视频正在培养社会文化中的视听化趋势，重建人类与环境的关系——"我拍，故我在；我们拍，故城市在"。研究者林峰也指出，短视频具有视觉中心主义特征，蕴含着"图像时代大众进行图像叙事、沉浸场景体验和建构新型社交的外在视觉表征"[③]。

然而，这种视听文化的转变也引起了学者们的反思。一些研究者担心这种视听化文化中的现实问题。例如，汪雅倩通过对中国另一视频分享网站哔哩哔哩的18位短视频创作者进行半结构式访谈，发现他们的个性化视频中存在"在线表演"的趋势[④]。另一项研究中，学者顾亚奇进一步指出，短视频已经悄然重塑了社会文化的结构和格局，并促使个人形成"易得性偏见"——短视频中呈现的图像取代了现实，给社会文化带来了不确定性[⑤]。短视频对社会文化的重大影响，在未来可能需要更多的阐释和解读。

（3）跨文化传播与融合

学术界讨论了短视频APP和一般视频分享工具中的跨文化传播现象。例

---

① 周敏."快手"：新生代农民工亚文化资本的生产场域［J］.中国青年研究，2019（3）：18-23，28.

② 孙玮.我拍故我在 我们打卡故城市在——短视频：赛博城市的大众影像实践［J］.国际新闻界，2020，42（6）：6-22.

③ 林峰.移动短视频：视觉文化表征、意识形态图式与未来发展图景［J］.海南大学学报（人文社会科学版），2019，37（6）：144-149.

④ 汪雅倩."新拟态环境"：短视频博主的人格化表达及其对用户的影响研究［J］.中国青年研究，2020（1）：68-75.

⑤ 顾亚奇.社交媒体时代短视频的多重文化图景［J］.中国人民大学学报，2020，34（3）：142-150.

如，董媛媛和田晨通过借鉴不同的短视频案例，认为短视频可以增强来自不同文化背景的受众之间的"解码共性"，并有助于达成共识①。类似的观点可以在许多中文研究中找到。例如，辛静和叶倩倩使用爬虫程序收集了中国YouTube网红李子柒的前10个观看次数最多的视频的所有评论，发现短视频通过视听化的符号提供了一种更易理解的方法，并为跨文化交流提供了更多的互动空间②。此外，曾一果和时静认为，李子柒用短视频艺术化地重构了"田园生活"，在视觉感知、精神愉悦和审美享受方面"按摩"了患有现代性焦虑症的全球观众③。正如姬德强所补充的，社交媒体平台（包括视频分享网站和应用程序）并不是客观中立的，其中产生了特定的内容、情感、文本和关系④。因此，李子柒现象凸显了这个时代跨文化传播的平台化特征。此外，其他论文分析了外国网络名人制作的不同国家不同文化的短视频案例，认为解码视觉符号是短视频的重要优势⑤。

还有一些短视频研究关注了城市文化和农村文化之间的文化交流。例如，通过观察中国青海一群年轻村民对快手的使用情况，姬广绪发现快手融合了城市和乡村的文化，瓦解了长期存在的城乡二元对立⑥。另一方面，批评和质疑声也随之而来。例如，杨光影认为，短视频社区中农村文化和青年文化的主流化只是资本操纵下的"幻觉意识"。他通过借鉴德国艺术家Hito Steyerl提出的"精致劣图像"一词，提出UGC短视频是基于平台上的滤镜、画外音、对口型等视听技术对专业制作视频的模仿，表面上的文化趋同无法填补

---

① 董媛媛，田晨.社交媒体时代短视频传播与国家形象建构［J］.当代传播，2018（3）：28-30.
② 辛静，叶倩倩.国际社交媒体平台中国文化跨文化传播的分析与反思：以YouTube李子柒的视频评论为例［J］.新闻与写作，2020（3）：17-23.
③ 曾一果，时静.从"情感按摩"到"情感结构"：现代性焦虑下的田园想象——以"李子柒短视频"为例［J］.福建师范大学学报（哲学社会科学版），2020（2）：122-130，170-171.
④ 姬德强.李子柒的回声室？社交媒体时代跨文化传播的破界与勘界［J］.新闻与写作，2020（3）：10-16.
⑤ 肖珺，张驰.短视频跨文化传播的符号叙事研究［J］.新闻与写作，2020（3）：24-31.
⑥ 姬广绪.城乡文化拼接视域下的"快手"：基于青海土族青年移动互联网实践的考察［J］.民族研究，2018（4）：81-88，125.

主流文化与亚文化、城市文化与乡村文化之间的现实差距①。

4. 话语视角

除了从媒体、经济、文化的角度，一些研究者从媒体哲学（话语）的角度反思了短视频的社会嵌入性，认为短视频正在成为一种新的话语实践，并对整个社会产生了深刻的影响。目前的文献涵盖了几个具体的研究课题，可以将其归纳为三个方面：日常话语和审美问题，身份话语和自我呈现，以及政治话语和数字赋权。

（1）日常话语和审美问题

一些来自人文与艺术研究的研究者注意到短视频应用上的日常话语和审美问题。运用亨利·列斐伏尔、艾格尼丝·海勒、米歇尔·德·塞尔托等人的"日常生活"理论，刘永昶认为，短视频的流行是一场"大规模的人类集体影像活动"，这使得短视频图像接近了日常生活的所有可能性，视频时空和现实时空的界限不再清晰②。换句话说，短视频实践和日常生活之间的区别正在消失，一种新的日常生活话语实践正在形成③。

借鉴沃尔夫冈·威尔士（Wolfgang Welsch）提出的"审美化"一词，一些研究者进一步指出了短视频的审美意义，"真实场景因影像的介入而去现实化，日常生活的时空场景被审美化了"④。刘娜和梁潇认为，短视频让我们关注生活中的点点滴滴，从而使"生活"成为审美对象，也意味着我们的日常生活经历了被消解再被重新审美化的过程。沿着这条"审美化"的道路，现实生活成为可以观赏"日常风景"⑤。因此，正如笔者和许佳曾提出的，短视频已

---

① 杨光影. "精致劣质图像"的生产与"虚拟社区意识"的形成：论抖音短视频社区青年亚文化的生成机制[J]. 中国青年研究，2019（6）：79-86.
② 刘永昶. 生活的景观与景观的生活：论短视频时代的影像化生存[J]. 新闻与写作，2022（4）：24-32.
③ 曾一果，于莉莉. 表征·物质性·日常实践：理解短视频文化生产的三个关键词[J]. 新闻与写作，2022（4）：15-23.
④ 江志全，范蕊. "走向日常生活美学"：社交短视频的时代审美特征[J]. 文艺争鸣，2020（8）：98-103.
⑤ 刘娜，梁潇. 媒介环境学视阈下Vlog的行为呈现与社会互动新思考[J]. 现代传播（中国传媒大学学报），2019，41（11）：47-54.

经打破了艺术与生活的界限,为普通人提供了展示生活美学的机会,让隐藏在日常生活中的审美精神和艺术创造超越了平凡①。

另一方面,艺术也正变得越来越像日常生活。例如,在2020年的《同一个世界》(Together at Home)的直播中,明星和艺术家的普通生活时刻被揭示给公众——这与舞台上的表演完全不同,艺术正在回归日常话语②。也有研究者注意到,在快手、抖音、TikTok等短视频软件上,大量自发的、参与性的个人和合作艺术作品的涌现,开辟了一个临时的表达空间,既抵消了信息的匮乏,又使人们能够以另一种方式进行理解和表达③。总而言之,艺术与日常生活的混合话语值得未来研究的持续关注。

(2)身份话语和自我呈现

话语视角中的第二组研究有关身份话语,主要体现在对用户的自我呈现行为的关注上。例如,埃佐托夫(Izotova)等人用话语研究、解释学和语言学分析等方法,分析了TikTok、Instagram和YouTube用户话语实践的问题和特点,发现利用标签、社会整合活动(如挑战)和特定词汇对用户表达和形成用户身份至关重要④。一些论文也通过应用迷因理论证实了这一现象,本文已经在前文文化视角的部分对之进行了回顾。

还有一些研究进一步分析了短视频用户的自我呈现和性别认同问题,主要聚焦于女性和LGBTQ+群体。对于女性身份的话语实践,一些研究者认为,短视频中仍然存在关于女性的性别刻板印象,女性的身体仍然被凝视、物化和商品化,女性在短视频中获得关注的唯一途径是呈现符合社会对其的

---

① 美和艺术正在向日常生活回归[EB/OL].(2020-05-06)[2022-01-22].https://www.cuc.edu.cn/2020/0506/c1383a170133/page.htm.

② 美和艺术正在向日常生活回归[EB/OL].(2020-05-06)[2022-01-22].https://www.cuc.edu.cn/2020/0506/c1383a170133/page.htm.

③ FENG X D.Curating and exhibiting for the pandemic: participatory virtual art practices during the covid-19 outbreak in china[J].Social media + society,2020,6(3):1-6.

④ IZOTOVA N,POLISHCHUK M,TARANIK-TKACHUK K.Discourse analysis and digital technologies(TikTok,hashtags,Instagram,YouTube):universal and specific aspects in international practice[J].Amazonia Investiga,2021,10(44):198-206.

期望角色①。一项分析 TikTok 上的女性艺术家的研究也表明，即使可以使用女性艺术家的标签来标识自己，女性艺术家在追求特定的职业、社会、政治和经济议程时仍然受到许多局限②。然而，也有学者认为，在短视频所构建的性别认同中，女性并不完全处于劣势，她们能够利用短视频平台作为一个话语空间来展示她们所在的机构和自我存在③。例如，通过对中国母亲在抖音上以 #workfromhomewithchildcare 为标签上传的视频进行内容分析，韩雪等人发现，通过嘲笑自己的母亲身份，女性用户创造了一种网上的玩笑文化和解放女性的空间④。通过分析由非洲妇女和女孩创作的和 / 或以她们为主角的视频，阿金波拉·B.（Akingbola B.）进一步认为，这些内容创作者实践了一种"数字不认同"的话语，同时借助短视频明确拒绝了塑造她们日常生活的性别化监视、纪律和羞耻的传统文化形式⑤。

关于 LGBTQ+ 人群，现有研究对各种视频分享和短视频平台进行了分析，并证实短视频为这个群体提供了强大的话语空间。迪盖·S.（Duguay S.）进行的一项比较研究中显示，短视频应用程序 Vine 鼓励各种话语在公众中交流，强调 LGBTQ+ 人群的创造性和第一人称的分享，而 Instagram 则不能实现这些⑥。近期的一项实证研究也发现了 TikTok 作为性别和性少数群体青年的支持

---

① 陈吉.身体、关系与场景叙事：短视频的女性参与和赋能策略［J］.现代传播（中国传媒大学学报），2022，44（2）：114-121.
② GERLIEB A.TikTok as a new player in the contemporary arts market：a study with special consideration of feminist artists and a new generation of art collectors［J］.Arts，2021，10（3）：52.
③ 王莉.抖音中女性主体性的建构［J］.青年记者，2020（20）：19-20.
④ HAN X，KUIPERS G.Humour and TikTok memes during the 2020 pandemic lockdown：tensions of gender and care faced by Chinese mothers working from home［J］.China information，2021，35（3）：1-27.
⑤ AKINBOLA B.# AfricanAunties：performing diasporic digital disbelongings on TikTok［J］.Text and performance quarterly，2022，42（3）：284-297.
⑥ DUGUAY S.Lesbian，gay，bisexual，trans，and queer visibility through selfies：comparing platform mediators across Ruby Rose's Instagram and Vine presence［J］.Social media+ society，2016，2（2）：1-12.

性社区的总体作用①。还有研究者使用批判性技术—文化话语分析（CTDA）的方法，研究并比较了 TikTok 和 Twitter 上对泰勒·斯威夫特（Taylor Swift）在《你需要冷静一下》(*You Need to Calm Down*) 歌曲和 LGBTQ+ 用户之间的互动反馈，指出与 Twitter 的霸权主义解释相比，TikTok 具有去政治化的模仿创造能力②。上述研究文章显示，短视频及其应用程序有能力启发未来对身份和性别问题的研究。

（3）政治话语和数字赋权

最后，在本研究的数据集中，关于政治话语和数字赋权的问题也得到研究者的讨论。一些研究指出了短视频在构建娱乐性政治话语方面的独特作用。例如，徐晨等人通过"App 漫游法"和对从抖音的"正能量"专区中收集的 800 多个视频进行内容分析，提出短视频对于构建有趣好玩、可互动的爱国主义政治议程的促进作用③。在另外三项分别针对西班牙、印度和法国的研究中，研究者观察到 TikTok 上的"政治娱乐"现象，而 TikTok 的游戏性也被认为是其政治话语和政治参与的基本要素④⑤。"考虑到目前 TikTok 的使用率趋势表明短视频是社交媒体的未来，我们可能会持续见证政治娱乐内容的增加。"⑥

---

① HIEBERT A, KORTES-MILLER K.Finding home in online community: exploring TikTok as a support for gender and sexual minority youth throughout COVID-19 [J] .Journal of LGBT youth, 2021, 20（4）: 800–817.

② AVDEEFF M K.TikTok, Twitter, and platform-specific technocultural discourse in response to Taylor Swift's LGBTQ+ Allyship in 'you need to calm down' [J] .Contemporary music review, 2021, 40（1）: 78–98.

③ XU C, VALDOVINOS K D B, ZENG J.# PositiveEnergy Douyin: constructing "playful patriotism" in a Chinese short-video application [J] .Chinese journal of communication, 2021, 14（1）: 97–117.

④ CERVI L, MARIN-LLADO C.What are political parties doing on TikTok? the Spanish case [J] . Profesional de la información, 2021, 30（4）: e300403.

⑤ VIJAY D, GEKKER A.Playing politics: how Sabarimala played out on TikTok [J] .American behavioral scientist, 2021, 65（5）: 712–734.

⑥ CERVI L, TEJEDOR S, MARIN-LLADO C.TikTok and the new language of political communication: the case of Podemos [J] .Cultura, Lenguaje y Representacion, 2021, 26: 267–287.

此外，中国出现了一种新的"政务短视频"类型。包括中华人民共和国交通运输部和国有资产监督管理委员会新闻中心在内的政府机构都建立了短视频账户，并上传了相关短视频内容[①]。2019-2021年，大量中国研究者都对这种短视频形式进行了研究。例如，有学者认为这是一种新的政治话语实践方式，具有情感诉求和亲和力[②③④]。值得注意的是，由政府官员主播的电商直播新形式也在同一时间流行起来，并吸引了类似的学术讨论[⑤⑥]。

短视频所创造的新型话语实践，为社会赋权创造了新的机会[⑦]。一些来自中国的研究者结合中国的本土情况，重点关注了短视频如何赋权农村人群，进而帮助实现乡村振兴的问题。例如，刘楠和周小普指出，短视频创作为农村地区的人们提供了实际收入，作为回报，乡村生活为短视频制作提供了材料[⑧]。在这个过程中，农村居民能从短视频中受益。这种数字赋权跨越了虚拟和现实的界限，并最终体现在区域经济和当地社区的发展上[⑨⑩]。同时，一些

---

① 抖音政务短视频：政务信息传播新阵地[EB/OL].（2019-12-03）[2021-01-22].http://www.cac.gov.cn/2019-12/03/c_1576907933632994.htm.

② 章震，尹子伊.政务抖音号的情感传播研究：以13家中央级单位政务抖音号为例[J].新闻界，2019（9）：61-69.

③ 汤志伟，赵迪，罗伊晗.公共危机事件中政务短视频公众使用的实证研究：基于新冠肺炎疫情[J].电子政务，2020（8）：2-14.

④ 宁海林，羊晚成.重大突发公共卫生事件传播效果的影响因素实证分析：以卫健类抖音政务号为例[J].现代传播（中国传媒大学学报），2021，43（1）：147-151.

⑤ 邓喆.政府官员直播"带货"：政务直播+助农的创新发展、风险挑战与长效机制[J].中国行政管理，2020（10）：80-85.

⑥ 祁志伟，雷霆.政府官员网络"直播带货"：贫困治理的一种实践方式[J].中国行政管理，2021（7）：85-92.

⑦ VIZCAINO-VERDU A，AGUADED I.#ThisIsMeChallenge and music for empowerment of marginalized groups on TikTok[J].Media and communication，2022，10（1）：157-172.

⑧ 刘楠，周小普.自我、异化与行动者网络：农民自媒体视觉生产的文化主体性[J].现代传播（中国传媒大学学报），2019，41（7）：105-111.

⑨ 刘娜.重塑与角力：网络短视频中的乡村文化研究——以快手APP为例[J].湖北大学学报（哲学社会科学版），2018，45（6）：161-168.

⑩ 王德胜，李康.打赢脱贫攻坚助力乡村振兴：短视频赋能下的乡村文化传播[J].中国编辑，2020（8）：9-14.

研究关注了短视频平台上的行动主义,如气候行动主义[1]、反种姓行动主义[2]和消费者行动主义[3],这些研究进一步揭示了短视频在数字赋权方面的显著潜力。

然而,目前的研究同样指出,短视频的话语表达方式是碎片化[4][5]、非理性[6]、诉诸感情的[7],因而也存在着话语之间互相传递甚至被操纵的风险。一项针对抖音中的网络公共事件的实证研究显示,在短视频中负面情绪容易被唤醒、扩散与放大,折射着人们的真实诉求和现实期望,情绪表达的驱动力来自道德原则的判断、身份对立的抗争以及社会情绪的嫁接[8]。自从YouTube等在线视频流行以来,许多研究沿着"社交媒体—情感—政治"的线索,证明了视频平台会对人们的思想、情感与政治态度产生巨大的影响[9][10]。相信在未来,短视频将成为这一研究领域内的重要学术增长点[11]。

总的来看,研究者们已经意识到短视频话语实践的现实意义,短视频正

---

[1] HAUTEA S, PARKS P, TAKAHASHI B, et al Showing they care (or don't): affective publics and ambivalent climate activism on TikTok [J].Social media+ society,2021,7(2):1-14.

[2] SUBRAMANIAN S.Bahujan girls' anti-caste activism on TikTok [J].Feminist media studies,2021, 21 (1): 154-156.

[3] YU Z.An empirical study of consumer video activism in China: protesting against businesses with short videos [J].Chinese journal of communication, 2021, 14 (3): 297-312.

[4] 吕永峰, 何志武.逻辑、困境及其消解:移动短视频生产的空间实践 [J].编辑之友, 2019 (2): 86-90.

[5] 陈龙, 陈小燕.刷短视频何以成为一种媒介实践:基于短视频用户群体的民族志研究 [J]. 新闻与写作, 2022 (4): 33-45.

[6] 王长潇, 刘瑞一.网络短视频的走红机理及其双面效应 [J].当代传播, 2019 (3): 51-55.

[7] 张志安, 彭璐.混合情感传播模式:主流媒体短视频内容生产研究——以人民日报抖音号为例 [J].新闻与写作, 2019 (7): 57-66.

[8] 田维钢, 张仕成.唤醒、扩散、共振:短视频负面情绪传播机制研究 [J].新闻与写作, 2021 (8): 33-40.

[9] BUCHANAN A, MURRAY M.Using participatory video to challenge the stigma of mental illness: a case study [J].International journal of mental health promotion, 2012, 14 (1): 35-43.

[10] CAVAZOS-REH P A, KRAUSS M J, SOWLES S J, et al.An analysis of depression, self-harm, and suicidal ideation content on Tumblr [J].Crisis, 2016, 38 (1): 44-52.

[11] 赵雅文, 李世强.媒体融合背景下短视频平台政治传播与情感动员研究 [J].天津师范大学学报(社会科学版), 2022 (2): 95-101.

在成为一种新的"社交语言"①"社会语言"②，进而形塑了一种基于感官（视听）与情绪的社会现实生成方式，从而对人们的思维方式和意识形态产生了潜移默化的影响。

四、结论与讨论

通过梳理近二十年关于分享视频和短视频研究的相关文献，我们发现，伴随着短视频成为全球性的媒介以及它对人类生活的持续嵌入，关于短视频的认识与讨论也在持续深化。这首先体现在论文数量上，在 WoS 核心库和 CNKI（CSSCI 和 CSCD）数据库中，相关论文数量从零增加到成百上千篇。其次，研究者们的学术背景也越来越多样化，从社会科学（传播学、社会学、管理学、经济学、法律、心理学等）到艺术与人文（人类学、文化研究、电影等）和科学与工程（医学、计算机工程等），给短视频研究带来了多元的研究话题和更丰富的研究视角。最后，研究者们思考短视频的方式正在发生改变。在个人层面上，现有研究对短视频的使用不仅从消费的角度来理解，而且还将之看作人类与平台技术的复杂互动过程。在宏大的社会层面上，学者们逐渐意识到，短视频不仅是一种新的传播方式，更是视频话语权结构性变化的关键因素，它为普通人带来了可见性。这种结构性话语权的变化极大地影响了政治、经济、文化和社会结构，而且显然会在未来继续产生影响。

本研究也看到了中英文文献之间的差异。首先，考虑到短视频在中国的巨大市场和广泛使用，中国学者有更多机会发表相关论文，发表数量也明显超过了英文研究。其次，在研究主题方面，大量的中国研究者集中在短视频的媒体功能上，关注短视频给媒体环境带来了哪些变化，传统媒体如何利用短视频，以及版权和跨文化传播问题。相比之下，英文学者更关注网络行动

---

① 喻国明，杨雅，曲慧，等.5G 时代"视频+"的重要应用场景研究［J］.中国编辑，2020（11）：9-15.
② 王晓红.论网络视频话语的日常化［J］.现代传播（中国传媒大学学报），2013，35（2）：133-136.

主义、健康传播、性别问题、亚文化等。再次，在研究对象上，抖音和快手是中国学者的主要研究对象，其他国家的学者更多针对TikTok。究其原因，TikTok在国际上有着更显著的影响力。最后，在研究方法层面，案例研究和内容分析是中文和英文文献中最常用的方法，但来自WoS的论文在应用定量方法和网络民族志研究方面显示着更大的多样性。

总的来说，目前的短视频研究对学术界贡献巨大。在新闻学、传播学和媒体研究领域，它加速了网络媒体和视听传播研究的更新和迭代，并在理论、案例和方法层上融合了这两个领域。在这个意义上，以往网络媒体研究中的可见性问题得到了拓宽——网络视频和短视频直接让人们变得可见和可感。同时，新的数字赋权的可视化范式取代了视听研究的传统符号和文本分析范式。短视频研究也影响了媒体的新闻生产实践活动，丰富了新闻制作和新闻学的相关研究。通过吸引不同研究领域的学者，短视频研究中不乏出现大数据抓取、基于人工智能的情感分析、在线民族志等新方法，促进了跨学科的知识流动和跨领域的研究合作。短视频研究将在未来如何发展？本研究做出如下判断：

首先，目前对短视频的研究主要遵循网络传播和媒体研究的范式。少数研究者使用了从电影和电视研究中发展出来的影像理论。然而，作为一种数字视听媒介，短视频具有独特的技术特征和多模态特征，"数字视频的许多特征还没有被完全揭示"[①]。在日益复杂的新技术环境下，我们可能需要考虑短视频的视听叙事将如何受到AR、VR、5G等前沿技术的影响，以及它将如何影响人们的情感和认知。短视频的非逻辑性和情感表征背后的深层机制是什么？除了迷因，我们还可以借鉴什么理论进行解释？这些问题都需要在未来的研究中对短视频的本体特征进行理论研究。

其次，短视频通过视频为普通人带来了民主化。但是，当每个人都可以制作和传播短视频时，短视频中多模态语言的复杂性和多义性——视听元素的组装、配置和复制，也将增加人类社会的错误信息、虚假信息和不确定性

---

① 孙玮.技术文化：视频化生存的前世、今生、未来[J].新闻与写作，2022（4）：5-14.

的风险，让短视频的"可见性"受到威胁。例如，在 2022 年俄乌战争期间，互联网上流传着大量关于俄罗斯和乌克兰的错误信息和虚假信息的短视频内容。这些视频主要是基于耸人听闻的叙述和政治修辞，诉诸情感而不是客观事实，这也是后真相时代的另一个可供学者研究的案例。在未来，类似的情况会越来越频繁，这类问题需要新的大规模数据收集和视频分析方法进一步分析其对社会的宏观影响。

再次，目前的文献显示，研究主题有从视频文本的符号意义向信息和技术环境（如基础设施、硬件、软件和系统、算法、人工智能等方面）转移的趋势，这意味着迫切需要跨学科的研究合作，尤其是与科学技术研究者的合作。以往的研究主要由具有社会科学或艺术与人文背景的研究人员进行，包括传播学、新闻学、社会学、文化研究、电影与电视研究等，有些研究则汇集了这些领域的理论。然而，具有科学和技术背景的研究，如计算机科学、认知科学和生理学等的相关研究数量仍然有限。与社会科学和艺术人文研究的有限范式相比，包含科技知识和经验的跨学科研究在解释短视频研究中的人机关系方面显示了更大的潜力。

最后，随着以 TikTok 为代表的短视频平台在全球范围的影响力不断扩大，在其与区域文化和社会环境的互动及冲突中出现了许多有趣的现象和有价值的研究问题，带来了众多新兴的研究领域，如印度的反种姓运动[1]和非洲的女性主义实践[2]。因此，我们倡议全球学者更多关注短视频的蓬勃发展，进行本土化和多元化的研究，作出全球化—本地化（glocalized）的理论贡献，并以此促进跨区域的学术合作，进而扩大和深化我们对短视频及其平台的全球性和本土性影响的理解。

纵观人类传播发展史，可以看到人类传播技术在两个层面上的追求：一是不断追求身体感觉丰富性的还原，即不断还原"面对面"即时互动情境。

---

[1] SUBRAMANIAN S.Bahujan girls' anti-caste activism on TikTok [J].Feminist media studies, 2021, 21（1）: 154–156.

[2] AKINBOLA B.# AfricanAunties: performing diasporic digital disbelongings on TikTok [J].Text and performance quarterly, 2022, 42（3）: 284–297.

当今,对全息技术、虚拟现实技术、增强现实技术、沉浸式交互技术等技术的运用,就是这一趋势的例证。二是不断追求人类交往互动的深化,表现为在时空上不断扩展,从现实空间到虚拟空间,再到移动空间,进而到连通视觉、感觉与知觉①。在这样一个历史进程中,视频已经并将继续成为一种重要的实践方式,而短视频作为一种阶段性的、内涵丰富的经验分析对象,或许能为我们找到"视频化生存"问题的可能答案提供方法。

---

① 王晓红.新型视听传播的技术逻辑与发展路向[J].新闻与写作,2018(5):5-9.

重建视听传播案例研究的方法观[*]

案例研究是一种社会研究方法,也是一种专业教学方法,肇始于19世纪70年代,迄今已延续近150年。其应用范围从早期的法学、医学扩展到商学等学科,并且在管理学领域得到快速发展,被认为是"现代管理科学发展的重要源泉,是管理新理论和方法创新的基础"[①]。

相较于其他研究方法,案例研究的突出优势在于它深深地根植于实践,在实践中发掘、提炼、建构新理论,又在实践中验证已有理论。在传媒领域,信息技术革命正在深刻改变人类的传播活动,传媒乃至传播学科成为充满复杂性、创新性的研究对象,由此更凸显了案例研究方法的重要性。然而,关于案例研究方法的科学性一直存在争议,在案例教学上也有不少误区。本文从"案例研究"学术传统出发,试图通过厘清案例研究的核心要素,解释其作为方法的实践理性,同时结合中国传媒大学中国网络视频研究中心六年来的网络视频案例库建设经验,探讨视听传播案例研究的应用特色。

一、纠误:厘清案例研究的方法迷思

案例研究是一种从具体经验事实走向一般理论的研究方法,旨在回答"为什么"和"怎么样",而非"应该是什么"的问题,因而在应用学科领

---

[*] 文章与魏韬、倪天昌合作,原载于《中国新闻传播研究》2020年第5期,收于本书中,略有删改。

[①] 成思危.认真开展案例研究,促进管理科学及管理教育发展[J].管理科学学报,2001(5):1-6.

域受到青睐。19世纪70年代,哈佛大学法学院院长克里斯托弗·C.兰德尔（Christopher C. Langdell）将案例研究引入教学之中,催生了"判例研究"的学术传统,让学生在"陈述案情"的过程中理解法律;①20世纪初,案例研究被哈佛商学院首任院长埃德温·F.盖伊（Edwin F. Gay）引入管理学领域;1921年,世界上第一本管理教学案例集出版,奠定了管理教学中案例研究的基础②。经过几代学者的努力,案例研究逐渐形成了较为成熟的方法论系统,构建了现代社会科学案例研究的基本范式。

然而,案例研究在社会科学领域中的应用虽然广泛,但其学术合法性时常遭到质疑。质疑的焦点主要集中在经验式的案例研究受限于研究者的个人能力,研究方法不严谨、不规范,普适性差。特别是20世纪60年代后,基于统计分析的量化研究方法的兴起,使案例研究被边缘化。③时至今日,人们对"案例研究"仍然存在误解。在传媒研究领域,总体来说有两种认识误区:一是"简化",将案例研究等同于作品或者例证分析,以结果为研究对象。作品分析固然有其专业价值,但是失之局部,与案例研究把握复杂现实问题的学术传统相偏离。二是"轻视",即对案例研究理论的轻视,将案例研究等同于经验总结,认为其不具备研究的科学性,且只凭借"孤例"而得出的结论不具有普遍的解释力,难以推而广之。为此有必要追本溯源,从理论和实践的双重视角,廓清案例研究的范式特征。

（一）从要素切入：案例研究的"三性"与"三向"

何为"案例研究"？它有哪些特征抑或要素？众说纷纭,莫衷一是。加拿大UBC大学教育学教授罗伯特·范·温斯伯格（Robert Van Wynsberghe）

---

① BRIDGMAN T, CUMMINGS S, MCLAUGHLIN C, et al.Restating the case: how revisiting the development of the case method can help us think differently about the future of the business school [J].Academy of management learning and education, 2016, 15（4）: 724–741.

② 刘庆贤,肖洪钧.工商管理领域中的案例研究方法理论建构 [J].科学学与科学技术管理,2009, 30（10）: 15–20.

③ 毛基业.运用结构化的数据分析方法做严谨的质性研究: 中国企业管理案例与质性研究论坛（2019）综述 [J].管理世界, 2020, 36（3）: 221–227; 殷.案例研究: 设计与方法 [M].周海涛,李永贤,李虔,译.2版.重庆: 重庆大学出版社, 2010: 16.

曾对"案例研究"的定义进行过详细的统计分析。他发现20世纪七八十年代以来，有关案例研究的学术研究已经提出了数十种不同的定义，且每个定义都有自己的研究重点和方向，[①]其中一些典型定义见表1。

表1 案例研究的多种典型定义

定义	来源
从技术上讲，案例可以被定义为一种现象，我们只报告和解释任何相关变量的单一度量。	（Eckstein，2002）
案例研究是一种实证研究，它在现实生活的语境中调查当代现象，特别是当现象和语境之间的界限不明显时。	（Yin，2003）
案例研究是一个需要研究的问题，它将揭示对"案例"或有界系统的深入理解，这涉及对事件、活动、过程中的一个或多个个体的理解。	（Creswell，2002）
案例研究提供了一种调查由多个变量组成的复杂社会单元的方法，这些变量对理解这一现象具有潜在的重要性。	（Merriam，1988）
案例研究是一种研究设计，最好定义为对单个单元（一个相对有界的现象）的深入研究，学者的目的是阐明更大类别相似现象的特征。	（Gerring，2004）
案例研究不是方法论上的选择，而是对研究对象的选择。	（Stake，2005）

温斯伯格基于上述分析发现，尽管人们对于案例研究的界定侧重点不同，但是基本上都包含了以下七个要素：小样本（对典型样本的深入分析）、过程化（有"在场感"的实例描述）、复杂性（非单一因果关系的综合研究）、有界性（在一定环境和一段时间内开展）、工作假设与经验教训（在实践中构建或验证）、数据源多样（多来源证据可以互证）、可扩展性（揭示内在关系，从"个别"到"一般"）。由此，温斯伯格认为，案例研究是一种跨领域和跨学科的启发式研究。

综上，我们可以把案例研究的核心特征概括为"三性""三向"。

第一，案例研究的经验性与问题导向。案例研究的对象是现实中发生的现象，它是对现实问题背后的复杂因果关系展开的多元解释。[②]案例研究的

[①] VAN WYNSBERGHE R，KHAN S.Redefining case study［J］.The international journal of qualitative methods，2007，6（2）：80-94.

[②] 邓理峰，张志安．公共传播案例教学的理念、方法与知识更新［J］.全球传媒学刊，2020，7（1）：186-198.

最大优势在于其与实践关联密切,基础在于研究者需要亲身与行业接触,以业界前沿为指引,①发现问题,提出问题,最终解决问题,从实践中获取新知,进而从实践中提炼理论。

第二,案例研究的有界性与过程导向。案例研究通常只对一个或几个研究案例进行深入研究,正如传播学之父施拉姆所认为的"案例研究的本质在于试图阐明一个或一系列决策的过程:为什么做出这些决策,如何实施,结果如何"②,这就要求案例研究对研究对象的发展过程等方方面面做出翔实的描述,从事物自身发掘内在规律。通常情况下,案例研究通过对一个正在进行中的实例,从特定阶段的背景、过程以及有意义的细节,进行全方位描述,使读者产生"在场"感,换言之,案例撰写需要把知识、理论融入特定的情境,还原案例的现实模样。

第三,案例研究的复杂性与综合导向。案例研究中的案例(或称现象)应不脱离现实生活且正在进行,与所处环境密不可分。③换句话说,案例研究着眼于复杂现实环境下的问题,对现实问题背后的复杂因果关系展开多元解释。事实上,我们在对某一事物进行深度研究和分析时,也很难忽视其与社会多维度的复杂关联。为了揭示各种变量之间的相互影响与作用,案例研究必须还原复杂环境,不能将其简化为单一因果关系的概念。④案例研究要解决复杂问题,必须做到微观分析与宏观综合相结合、科学推理与哲学思辨相结合。⑤

---

① 王晓红,曹晚红. 中国网络视频年度案例研究4(2018)[M]. 北京:中国传媒大学出版社,2018:序.
② Notes on case studies of instructional media projects [EB/OL]. (1971-12-01) [2020-03-20]. https://files.eric.ed.gov/fulltext/ED092145.pdf.
③ 殷. 案例研究:设计与方法[M]周海涛,李永贤,李虔,译. 2版. 重庆:重庆大学出版社,2010:16.
④ VAN WYNSBERGHE R,KHAN S.Redefining case study[J].The international journal of qualitative methods,2007,6(2):80-94.
⑤ 成思危. 认真开展案例研究,促进管理科学及管理教育发展[J]. 管理科学学报,2001(5):1-6.

(二)从研究实践切入:案例研究的科学性

通过考察既往各学科对案例研究的实践,我们也能从多重视角看到案例研究是一种科学研究方法。案例研究采用的是可复制性逻辑和理论抽样、分析、归纳等方法,在认识论假定上,案例研究既重视研究者对研究客体的阐释,也追求实证主义研究范式的客观性原则。① 从操作层面来说,严谨的案例研究应在各个环节都注重研究的科学性。

第一,案例研究操作步骤明确,遵循一般科学研究方法的程序。案例研究开始之前需要做研究设计,研究工作开始以后则须经过规定的步骤,对此诸多学者都有相关论述,如方法论学者奔巴萨特·伊扎克(Benbasat Izak)提出了案例研究的操作程序②:研究主题与目的的确立——分析单位的设计——单一个案或多个案的研究设计——选择对象的研究设计——资料研究方法的研究设计。

第二,案例研究要求研究者要尽可能全面地搜集相关数据,这需要使用多种形式的数据源,涉及文献、档案记录、访谈、直接观察、参与式观察和实物证据等。多数据源能够形成"证据三角形",即通过多种数据的汇聚和相互印证来确认新发现,这能提升案例研究的建构效度,进而得到更准确、更全面的结论。③ 这与传统的统计研究中的单一数据源研究形成了对照。

第三,案例研究能够灵活应用量化和质化方法来处理研究资料。研究者需要通过掌握大量经验性的事例证据来展开研究,许多实证研究方法也是在案例研究基础上得到的。因此,案例研究与实证研究并非零和关系,实证研究也不等于量化研究,定性研究和定量研究的方法都可以被纳入实证研究和案例研究的范畴,④ 因此我们不能按照狭隘的定性、定量的方法二元论去框限

---

① 闫梅. 案例研究方法的科学性及实现问题 [J]. 武汉科技大学学报(社会科学版), 2012, 14(2): 204-207.
② 宁骚. 公共管理类学科的案例研究、案例教学与案例写作 [J]. 新视野, 2006(1): 34-36, 61.
③ 殷. 案例研究:设计与方法 [M] 周海涛, 李永贤, 李虔, 译. 2版. 重庆: 重庆大学出版社, 2010: 16.
④ 卜卫. 方法论的选择:定性还是定量 [J]. 国际新闻界, 1997(5): 49-54.

案例研究的学术研究范式。

第四,案例研究还能够弥补单纯的统计研究的不足。虽然统计研究在解释研究问题时说服力极强,但有些问题很难通过统计平均值的方法反映,如个体间差异、模糊概念等很容易被统计分析掩盖,因此,结合实际的案例研究十分重要。①

第五,案例研究能够呈现研究对象的典型性。有学者认为特殊性或稀缺性应该成为案例研究,特别是单案例研究所选择的案例的重要属性,因为"只有从不具代表性的组织中才能看到寻常所看不到的见解"②。

第六,案例研究需要具备一定的研究规范以保障其科学性。COSMOS公司的罗伯特·K.殷(Robert K. Yin)提出了适用于社会科学的四种实证研究检验方法,分别为建构效度检验、内在效度检验、外在效度检验以及信度检验,在案例研究中所应该采取的详细策略见表2。

表2 适用于四种检验的案例研究策略③

检验	案例研究策略	所使用的阶段
建构效度	采用多元的证据来源 形成证据链	资料收集
建构效度	要求证据的主要提供者对案例研究报告草案进行核实	撰写报告
内在效度	进行模式匹配 尝试进行某种解释 分析与之相对立的竞争性解释 使用逻辑模型	证据分析
外在效度	用理论指导单案例研究 通过重复、复制的方法进行多案例研究	研究设计
信度	采用案例研究草案 建立案例研究数据库	资料收集

---

① 成思危.认真开展案例研究,促进管理科学及管理教育发展[J].管理科学学报,2001(5):1-6.

② 毛基业.运用结构化的数据分析方法做严谨的质性研究:中国企业管理案例与质性研究论坛(2019)综述[J].管理世界,2020,36(3):221-227.

③ 殷.案例研究:设计与方法[M]周海涛,李永贤,李虔,译.2版.重庆:重庆大学出版社,2010:16.

二、应变：延拓案例研究的多重面向

视听传播研究领域存在类似于案例研究的研究和教学实践。俗称"拉片"的作品观摩与分析，以"片"为案例，从拍摄技法、视听语言等方面对视听作品进行分析，有一定的专业性和学术性。一直以来，"拉片"在各大高校的广播电视学或者整个新闻传播学科的教学环节中发挥着重要作用。互联网时代的到来，改变了视听传播的形态。如果说，在大众传播时代，节目的播出意味着结束，那么在互联网时代，节目的播出则意味着开始。视听传播的意义已不止于观看，节目内容成为一种信息流、生活流甚至商品流，进入全环节、全链条的传播生态。在这样的情形下，传统的"片例研究"已不足以解释正在发生的问题、不断涌现的新事物。

举例而言，2020年两会期间，新华网思客联合中国科学院声学所推出声像技术产品《共振时刻》，其首次基于5G+AI声像分析技术对李克强总理做政府工作报告时全场的37次掌声进行AI声像分析，将媒介事件的直播与人的视听感知通过技术手段联系在一起。若我们用片例分析法对其进行研究，单一地从内容生产角度进行局部分析，未免会忽略掉这一产品最大的亮点，即技术上的意义和价值。片例研究更强调结果导向，从广电时代"传播阶段的尾声"切入，分析视听作品内容生产的微观层面。诚然，这种研究或教学方法，有助于专业技术和专业能力的提升，但是已不完全适用于当下全新的媒体环境。我们需要使片例研究更进一步，从这种相对单一、孤立的研究走向一个视野更为宏阔也更为系统的研究。

这只是问题的表面，更深层的问题在于在传媒发展进程中业界走在前，学界落在后，学界跟不上业界前进的脚步，但新闻传播学又是一个与时俱进的学科，研究者困惑于怎样构建适用于新型视听传播的理论，又怎样培养出满足新现实需求的人才。

针对这两个不同层次的问题，案例研究或许是一个很好的答案。从前文的论述中我们可以推知，案例研究既是一种系统的全面的研究方式，又能够将业界的经验注入科研和课堂。具体而言，案例研究能够从理论建构、案例教学、学科交叉这三条路径为视听传播研究提供解决以上问题的优化方案。

（一）案例研究与理论建构

人们对客观世界的认识总是从感性到理性、从局部到整体、从个别到一般的。[①] 现实问题的复杂性和多元性决定了我们很难用单一孤立的理论或模型来指导研究，[②] 而案例研究从经验事实中探寻、建构或验证内在关系、规律，其构建理论的机制在于研究者全面获取一手数据和经验，并以此为基础来分析多重变量之间的逻辑关系，检验和发展已有的理论体系，进而开展开创性研究，以实现构建新理论或精炼已有理论中的特定概念等作用[③]。案例研究虽然不是纯理论研究方法，但对理论建构具有不可替代的作用。

近年来，很多研究以西方学术话语为主导研究本土问题，用西方理论套用中国语境，其逻辑论证生硬，研究价值也大打折扣，这源于本土化的理论建构的缺乏与式微。[④] 这些研究虽然极不合理，但为避免陷入无理论可用的窘境，只能生搬硬套。因而，学界始终呼唤具有中国特色的、顺应时代发展的且扎根于行业实践的一系列学科理论的出现。中国特色的传媒实践和海量用户参与的媒介环境为我国视听传播研究提供了丰厚的土壤。[⑤] 处于持续上升期的网络视听行业的产品创新迭代周期较其他行业更短，头部的机构、产品和现象级的行业热点、亮点不时涌现，这些是具有特殊性和实用性的研究对象，

---

① 成思危. 认真开展案例研究，促进管理科学及管理教育发展［J］. 管理科学学报，2001（5）：1-6.
② 刘庆贤，肖洪钧. 工商管理领域中的案例研究方法理论建构［J］. 科学学与科学技术管理，2009，30（10）：15-20.
③ 余菁. 案例研究与案例研究方法［J］. 经济管理，2004（20）：24-29.
④ 廖圣清，朱天泽，易红发，等. 中国新闻传播学研究的知识谱系：议题、方法与理论（1998—2017）［J］. 新闻大学，2019（11）：73-95，124.
⑤ 庞亮，赵康帅. 目标、价值与路径：新闻传播学走向世界一流的若干思考［J］. 现代传播（中国传媒大学学报），2019，41（7）：159-162，168.

也是兼具理论和实践价值的研究案例，从中我们可以研判当下行业变革的趋势性规律。尤其是行业出现的诸如"直播带货""互动视频"等全新事物，没有前例可循，但通过案例研究，依然可以推导出源于业界实践的新结论或新理论以及时指导实践。[1]

案例研究构建理论较其他研究方法的优势在于它不仅可以起到验证研究假设和旧有理论的作用，还可以提高构建新理论的可能性，其实证效度更高；同时，通过理论抽样的方式选取研究对象，"因例制宜"，对所选案例展开更加深入细致的发掘，根据现实环境中的复杂案例进行深入考察，结合既有经验，创建新的理论概念、命题或中层理论。[2]而案例的语境化推演又进一步促进了理论向实践的转移[3]，由此间接说明了案例研究所得到的理论是可检验的[4]。

案例研究的理论建构通常分三个阶段：研究启动阶段、案例调研阶段和数据分析阶段。研究启动阶段需要界定研究问题，设计研究框架，利用理论抽样明确案例基本特征，选择研究案例和研究工具；案例调研阶段需要走入案例现场，通过多种途径广泛搜集需要定性、定量分析的材料；数据分析阶段顾名思义就是分析所搜集的材料，综合运用定性数据和定量数据形成假设，并根据已有文献不断对比、整合，建立研究内部效度，进而构建理论或完善已有理论。[5]

---

[1] 井上达彦. 深度案例思考法：从怎么可能到原来如此[M]. 王广涛，宋晓煜，译. 北京：北京联合出版公司，2016：17，21.

[2] 郭小聪，琚挺挺. 案例研究与理论建构：公共行政研究的视角[J]. 江苏行政学院学报，2014（4）：107–112.

[3] YEE S F.Teacher professional development and the case method[M]//YEE S F.A phenomenological inquiry into science teachers' case method learning.Singapore：Springer Singapore，2019：23–43.

[4] EISENHARDT K M.Building theories from case study research[J].Academy of management review，1989，14（4）：532–550.

[5] 郭小聪，琚挺挺. 案例研究与理论建构：公共行政研究的视角[J]. 江苏行政学院学报，2014（4）：107–112；李平，曹仰锋. 案例研究方法：理论与范例——凯瑟琳·艾森哈特论文集[M]. 北京：北京大学出版社，2012：2.

(二)案例研究与案例教学

当教学的首要目标是传递知识时,讲授法是一种行之有效的教学方法,然而,当目标是培养学生解决实际问题或者综合分析复杂问题的能力时,案例教学提供了认识问题、把握全局、理解复杂现实并采取行动的方法。① 为此,采取案例教学的教师,必须通过选择案例、提出问题、推进讨论来引导学生思考和行动。②

这里并不是要把讲授法和案例教学二者对立起来,而是强调对行业动态需求的观照应当成为今天视听传播教育的一个重点。"重理论轻实践""重理论灌输轻技术应用"的旧有培养理念和机制已经不能满足复合型人才培养的需求,也不能将业界最鲜活的一手经验传授给学生,这样的专业教育无疑是失败的;加之网络视频、新媒体迅猛发展给"学院派"带来了"水土不服",所谓"科班出身"的学生不了解行业真实发展样貌,"改革滞后"也成为当前视听传播教育的阻碍。如是种种,需要我们反思当前的教学方式与行业实际需求之间存在的不匹配问题。③ 为了复兴"学院派"的科研和培养机制,高校应有将业界实践融入教学、融入科研的自觉。案例研究和案例教学能够在高校中建立起学界和业界对话的桥梁,能够在一定程度上弥补传统"学院派"培养方式的不足。

事实上,案例研究最早就是作为一种教学方式出现的,即案例教学。19世纪70年代,哈佛大学医学院、法学院等率先垂范,将案例研究应用于高校教学。时至今日,这一教学手段已延伸到工商管理、公共政策等多个学科领域的教学活动之中。这些学科以培养应用型人才为目标,而案例教学能够更好地将理论知识和实际经验相结合,并将其转化为学生的实际能力。

---

① ARDALAN K.In-class introduction of the case methodology in comparison to the lecture methodology [M] // ARDALAN K.Case method and pluralist economics: philosophy, methodology and practice.Cham: Springer International Publishing, 2018: 141-169.
② 宋耘.哈佛商学院"案例教学"的教学设计与组织实施[J].高教探索,2018(7):43-47.
③ 吴炜华,张守信.面向智能传播的数字出版人才培养定性比较研究[J].现代出版,2020(2):23-31;周茂君,罗雁飞.数字时代中国新闻传播学本科核心课程的变化与问题:基于21位院长访谈的研究[J].新闻与传播评论,2019,72(4):78-90.

案例教学是一个动态的概念。案例教学曾被认为是在教师的安排和指导下，学生通过阅读、讨论已被整理出来的某一个案在某一时段、某一方面的具体情况来理解同类事物的一般原理的教学方法，[①]不过由于时代局限，这种认识本质上仍以教师为教学的主导者，被动接受的学生很难从案例中真正自主发现和解决问题。以今天的教学实践观之，案例教学无论在教学形式、途径还是方法上都变得更为灵活开放。理想的案例教学应由课堂和课下的多个场景构成：在课上，教师作为组织者，让学生加入案例讨论、情景模拟和方案设计之中，其核心是问题；在课下，教师需要带领学生走进案例现场，开展实地调研。从认识论的角度来看，案例呈现的知识可能更符合知识的实践形式；从教学效果的角度来看，案例所呈现的知识可信度更高、相关性更强；[②]从人才培养的角度来看，教师"知识填鸭"的作用被削弱，学生自主发现问题、解决问题的能力进一步增强。

总之，案例研究与案例教学是源与流的关系。案例研究为案例教学提供了系统认识复杂问题的实践情境，而案例教学进一步深化了对于案例研究之发现的理解。

（三）案例研究与学科交叉

如前所述，案例研究聚焦于解决复杂的现实问题，这往往需要整合来自不同领域的知识、应用不同的学科实践。[③]可以说，案例研究天然带有学科交叉的基因，能够在学科交叉进程中起推进作用。案例研究虽并非新的研究方法，但是其根植于实践的融合发展，客观上汇聚了不同学科的知识，能助力新知识领域的开拓。

[①] 宁骚. 公共管理类学科的案例研究、案例教学与案例写作[J]. 新视野，2006（1）：34-36，61.

[②] YEE S F.Teacher professional development and the case method[M]//YEE S F.A phenomenological inquiry into science teachers' case method learning.Singapore：Springer Singapore，2019：23-43.

[③] MACLEOD M A,DER V J T.Scaffolding interdisciplinary project-based learning：a case study[J]. European journal of engineering education，2020，45（3）：363-377.

学科交叉理念的诞生可追溯至20世纪20年代，美国哥伦比亚大学著名心理学家罗伯特·S.伍德沃斯（Robert S. Woodworth）首先公开使用了"跨学科"（interdisciplinary）的概念，他认为跨学科是涉及两个或两个以上学科的综合研究。[1]新闻传播学作为一个独立学科，一方面，从学科沿革来看，其本身就是站在十字路口的学科，它博采社会学、心理学、哲学、政治学等多学科之长，其经典新闻传播学理论与其他学科都颇有渊源，可以说该学科天生具备科学"交叉"的基因；[2]另一方面，从行业发展来看，今日的媒体行业，特别是网络与新媒体端的发展日新月异，行业交叉趋势越发显著，业界融合实践呼唤着不同学科的交叉融合发展。

在单一学科的教育和学术环境中，知识通常是支离破碎的，案例研究的引入能够综合利用包括本学科在内的各学科知识，推动学科交叉，进而有效提高单一学科应对复杂挑战的能力，推动问题的解决，[3]并催生融合不同学科概念的解决方案。今天的新闻传播学科呈现着多学科融合的显著态势。案例研究为研究媒介剧变中的新现象、新理论提供了行之有效的方法论。

三、求新：探索案例研究的学科应用

新技术革命正在深刻改变人类传播活动。媒介的边界正在消失，全程媒体、全员媒体、全息媒体、全效媒体成为现实。在视听传播领域，移动互联网、虚拟现实、5G等新技术，不仅使视频成为社会的主要语言形态，而且创造了日益丰富的视频应用场景，视频所展开的不再只是"观看"行为，而是多人、多场景、多任务、多形态、多功能的开放协作的实践过程，视听传播的概念、知识、理念、方法都在发生剧烈变化。

---

[1] 刘仲林.交叉科学时代的交叉研究［J］.科学学研究，1993（2）：11–18，4.
[2] 莫梅锋.新文科建设中新闻传播学科的发展方位［J］.新闻战线，2019（16）：57–58.
[3] ANNANDIAB F, MOLINARI C.Interdisciplinarity：practical approach to advancing education for sustainability and for the sustainable development goals［J］.The international journal of management education，2017，15（2）：73–83.

视听传播教育势必要面对新形势的挑战，亟待向法律、医学、管理等应用学科的案例研究学习，从既往相对孤立的文本解读式的案例研究、案例教学，走向以"过程化、问题式、动态化"为导向的深度诠释复杂性的全案研究，打破既往学术层面对于案例研究的经验理论的轻视。为此，中国传媒大学中国网络视频研究中心从2015年起，每年推出《中国网络视频年度案例研究》（以下称《年度案例研究》），这是我国网络视听传播领域首个以案例研究为主的年度报告，至2019年已出版五部，我国网络视频案例库初具雏形。

（一）《年度案例研究》是行业发展的历史记录

Web1.0时代，网络视频嵌入门户网站，成为继表情、口语、文字、图片之后又一承载信息的重要介质；到Web2.0时代，网络视频从门户网站中剥离，成为独立的媒介载体，而且原先封闭的视频内容生产变成了动态扩展、开放协作的实践过程。[①] 在这一过程中，网络视频行业悄然崛起，大批网络视频机构涌现，网络视频开始成为互联网信息的普遍表现形式，短视频、网络直播、互动视频、VR视频等不一而足，与社会各行各业的连接更为紧密。除了网络视频的多元形态，其商业盈利模式也逐渐发展成熟，平台运营、技术支持、内容生产、版权分销、广告代理等环节纷繁复杂，面向十分广泛。从行业外部考察，网络视频仿佛从传统纸媒手中接下了媒体使命的接力棒，在社会系统中的作用越发重要，发挥着守望社会、传承文化、维系社群等功能，重构着人类生存环境，我们也可以从多侧面发掘网络视频对于各领域的协同作用。在Web1.0到Web3.0的发展进程中，网络视频行业涌现了一批成功的案例，积累了大量可供参考的实践经验。

阅读案例能够让我们以最快的速度进入行业情境，进而了解这个行业发展的大致轮廓。为此，《年度案例研究》编写组每年通过业界推荐、学界评审、大数据辅助等方式，遴选出最具代表性的年度案例，研究人员在进行文

---

① 王晓红. 网络视频：超越"观看"的新形态[J]. 青年记者，2018（7）：74–75.

献回顾、确定研究问题和案例后，进入案例情境，对案例相关人员的机构进行深度访谈、参观考察。为了保留一手研究资料，案例中附有访谈记录，读者在阅读案例时，也许能够激发自身的思维火花，仿佛面对面与从业者对话。从《年度案例研究》架构上看，此书内设综述篇、专题篇、案例篇、产业篇、年度大数据等多个板块。综述篇可以为我们画出上一年度行业发展的脉络图，对网络视频发展做预期性的前瞻研究和总结性的趋势研究；专题篇每年聚焦一个上一年度网络视频行业的热点领域，选取多个行业优秀案例，力求覆盖全面；产业篇以小见大，将行业中的头部领军企业、产品作为切入点，为行业发展树立标杆；案例篇则着眼于网络视频中多元细分领域中的亮点，小大不遗，解读新现象，解决新问题，为行业发展出谋划策。总体而言，网络视频案例研究强调从总的场景或所有因素的组合出发，通过对事件过程的深入挖掘和细致描述，呈现事物的真实面貌、丰富背景和影响，力图在这些个案的研究中看到行业变革的趋势性规律，同时以案例反哺教学，帮助学生系统把握和理解视听传播领域的新变化、新问题。

网络视频行业处于持续风口期，案例"族繁不及备载"，囿于出版需要，《年度案例研究》不能将所有案例纳入其中。回望过去，《年度案例研究》已累计产出百余个网络视频案例，但对于案例库的建设而言，其数量还远远不够。这为我们规划了一个未来努力的方向。案例库是大量案例研究积累的成果，更是科学的案例研究和案例教学开展的前提，[①]案例库能够有效提高案例研究的信度，亦能够为案例教学提供新鲜的教学资源。

（二）《年度案例研究》是产学融合的智库成果

《年度案例研究》是中国网络视频研究中心的重点项目和学术成果之一，它能够保证持续高质量的编写出版，离不开中心产学智囊的倾力支持。中国网络视频研究中心是以中国传媒大学的教学科研资源为依托，以连接政府与业界为主要职能的产、学、研一体化的研究平台。长期以来，中心利用资源

---

① 蔡雯.论新闻传播的案例教学：兼谈案例库建设对新闻传播教育发展的意义[J].国际新闻界，2008（2）：53-57.

整合优势，关注网络视频产业模式及产业发展所涉及的理论性较强的前沿方向，联合视听新媒体机构、企业，顺应媒体融合的政策导向和产业趋势，开展课题合作，从宏观的政治安全、中观的网络舆情、微观的最新业态等方面为网络视频行业发展提供理论依据、战略参考和智力支持。这是《年度案例研究》问世的现实根基。

除此之外，由中心主办的中国网络视频年度高峰论坛，是国内网络视频从业者与学者交流的盛会，《年度案例研究》借此能更好地为行业把脉。中国网络视频学院奖是网络视听领域的第一个学院奖，以奖之名，旨在表彰业界最具前瞻性和影响力的网络视频内容、人物、事件和平台。这一奖项与"中传大数据"项目结合，以"小样本+大数据"模式助力《年度案例研究》筛选出优秀或典型案例。

四、结语

案例研究是一种根植于实践的科学研究方法体系，视听传播研究也需要研究者从实践中来、到实践中去。对于学界来说，既需要尽速跟进行业热点，又需要在冷静思考、扎实调研基础上做出理性判断。视听传播研究领域的案例研究虽有一定基础，但仍应当从管理学、法学等学科汲取经验给养，并充分结合视听传播研究的特色开展好案例研究，完善视听传播案例库建设，以期形成以问题导向、过程导向、综合导向为依据的，适用于理论建构、课堂教学和学科交叉等多重面向的案例研究体系。

第二辑
实务篇

中国网络视频产业：历史、现状及挑战*

中国网络视频产业几乎与世界同时起步、平行发展。在信息技术发展和用户需求变化的双轮驱动下，在政府"先发展，后管理"的政策支持下，尤其在自2010年启动的"三网融合"战略的大力推进下，中国网络视频产业步入了发展快车道。截至2015年12月，中国网络视频产业规模达到115.3亿元；至当年第四季度，用户数量达5.04亿，用户使用率为73.2%。其中，手机网络视频使用率为65.4%，而2003年这一数据仅为6%[①]。时至今日，视频消费已经超越"观看"的意义，视频与电商、大数据、在线支付以及几乎一切生活服务行业相结合，共同建构了视听无处不在的大视频格局。借用美国社会学者曼纽尔·卡斯特（Manuel Castells）的观点来说，这是历史上首次将人类沟通的书写、口语和视听形态整合到一个互动式系统中[②]。

一、历程：传统广电竞争力不强，视频网站后来居上

中国网络视频产业发展是由传统的国有广播电视机构和天生带有互联网

---

* 文章与谢妍合作，原载于《现代传播（中国传媒大学学报）》2016年第6期，《新华文摘》2016年第18期全文转载，收于本书中，略有删改。

① 2003年中国互联网络信息中心（CNNIC）的调查显示，在用户经常使用的网络服务中，电子邮箱占88.45%，阅读新闻占59.2%，浏览网站占47.2%，视频会议占0.4%，视频点播占3.5%，网上直播占2.2%。

② 卡斯特.网络社会的崛起[M].夏铸九，王志弘，译.北京：社会科学文献出版社，2006：316, 323.

基因的民营视频网站共同推动的。不过，与全球网络视听产业的发展历程相似，在中国最早触"网"的是传统广电媒体，而非门户网站和专业视频网站。

（一）传统广电最早触"网"：用旧思维办新媒体

20 世纪 90 年代初的互联网是无声的，只有图片和文字，没有活动影像，而，人类追求视觉表达的天然动力推动互联网传播从文字、图片扩展到视频影像。虽然视频文件最初出现在网络上时，其运行速度之慢需要用户有圣人般的耐心，并且，画面质量也不够清晰稳定，但是，一些敏锐的广电媒体已经意识到，互联网这个巨大信息平台潜藏的价值与挑战。例如，1993 年 12 月底，互联网应用刚刚开始走向民间，美国国家广播公司（NBC）就在"接近 2001"系列节目中，向全球公布了它的网址。随后，NBC 收到了来自世界各地的上万封邮件[①]。互联网沟通全球的强大潜力使人们意识到，"未来技术上的改进会使流动视频与电视竞争"[②]。

在中国，网络视频行业的最早实践体现在视频点播上。视频点播需要消耗高宽带，因此，电信运营商为了发展宽带业务，积极推动互联网上的视频点播业务。通过包月卡、上网卡等方式，用户可以自由点播被上传到网上的影视作品。不过，视频点播只是一种应用方式，真正意义上成规模的视听新媒体探索是从央视网开始的。1996 年 12 月，中央电视台旗下央视网（CCTV.com）建立，这是中国大陆最早发布中文信息的网站，也是视频节目最多的网站。

2008 年以北京奥运会为契机，主流媒体迅速挺进网络视频领域。2009 年 12 月 28 日，依托中央电视台，在央视网基础上成立了中国网络电视台（CNTV，域名 www.cntv.cn）。此后，广电旗下网站纷纷升级，几乎每家广播电视台都有自己的网站，都在打造自己的新媒体平台。但广电媒体此时的互联网实践把"互联网化"简单等同于建立网络终端，把互联网平台作

---

① 帕夫利克. 新媒体技术：文化和商业前景［M］. 周勇，译. 北京：清华大学出版社，2005：29，111.
② 帕夫利克. 新媒体技术：文化和商业前景［M］. 周勇，译. 北京：清华大学出版社，2005：29，111.

为电视内容的延伸播出端,因此深受作为后来者的视频网站的冲击,甚至迄今面临巨大的生存忧患。在中国互联网协会发布的"2015年度互联网百强榜"上,只有三家是国有及国有控股媒体:新华网(第36位)、人民网(第37位)、湖南快乐阳光互动娱乐传播公司(芒果TV)(第79位)。这一方面说明开放带来了竞争,竞争促进了发展;另一方面,新媒体领域有一种观点"旧邦难以维新",也就是说,传统媒体要发展新媒体,不能用旧逻辑来处理新问题。

(二)视频网站崛起:携互联网基因而生

2005年2月YouTube诞生,仅在两个月之后,中国第一家分享视频网站"土豆网"也正式运营。其"每个人都是生活的导演"的宗旨吸引了视频爱好者,"土豆网"希望任何人在任何地点、任何时间都可以很容易地看到想看的东西,同样,任何人也都可以在任意时间、地点发布内容。仅用一年的时间,土豆网就拥有了35万名忠实用户。2006年被认为是"中国网络视频产业元年",有200多家网络视频企业迅速崛起,产业规模初步形成。

2008年在经历了雪灾、汶川地震、北京奥运会等一系列重大事件之后,网络视频传播所产生的现实或潜在的影响力超越了单纯技术范围和自娱自乐,媒体价值和商业价值快速提升。快速成长并不等于成熟,相伴而生的是诸多问题和困扰:(1)低俗化、低质化的内容严重影响了网络视频的社会形象;(2)版权交易成本和带宽成本过高、盈利模式缺乏的现状令人忧心忡忡;(3)非法盗用版权内容情况严重,网络著作权纠纷案数量增长迅速,主要集中在视频分享网站、局域网(如网吧)、数字图书馆等非法传播影视、音像作品中。以北京市为例,2005年北京市各级人民法院共审理和网络有关的著作权案件66件;到2008年,仅上半年便审理同类案件1304件,比2005年增长近40倍,比2007年增长7倍。

2010年,多家视频网站面世,成为最受瞩目的新媒体市场,传统媒体的高端人才被大量揽入,视频新媒体内容质量有了提升,网络版权管理逐渐规范。同年,借鉴美国Hulu模式,百度旗下的爱奇艺成立,宣称所有视频内容均为正版。

2012年8月,中国最大的两家视频网站——优酷、土豆合并,成立优酷土豆集团。

2014年初,凭大数据概念打造的网络自制美剧《纸牌屋》成为热门话题,而在中国,它带来的连锁反应也不小,乐视、腾讯、优酷土豆、搜狐、爱奇艺等多家视频网站相继宣布"网络自制剧元年"到来,削减自制栏目的投入,把更多资金投向自制剧。

2015年网络剧爆炸式增长,全年约有600部、7000集网络剧问世,被称为网络自制电视剧和网络原创节目"井喷之年";自媒体开始发力,PGC(Professionally-generated Content)越来越多,引发传统媒体人才整建制流向网络媒体。

目前国内有影响力的视频网站有很多,排名靠前的有优酷土豆、爱奇艺、乐视、PPlive等。

"当电脑和电视学会彼此对话,观众才可能发言,其重大影响方能发挥。"[1]视频分享不仅降低了参与的门槛,而且创造了强大的社会动力,促进了个体文化产品的生产和传播。尤其是随着手机视频的出现,随时随地随身携带的"电视"成为现实,网络视频用户有着远比电视观众活跃得多的主动性和更强的主体性。中国网民中流行过一个词"随手拍",这种传播关系的变化是视听新媒体转型的核心,深刻影响着社会政治、经济乃至人们消费行为的各个层面。

二、现状:多方竞合共构"大视频"时代

"三网融合"从2010年启动至今,在推进中"一步三徘徊",广电企业犹犹豫豫,但是,以互联网为平台的媒介融合呈现蓬勃发展之势。

---

[1] 卡斯特.网络社会的崛起[M].夏铸九,王志弘,译.北京:社会科学文献出版社,2006:316,323.

（一）视听新媒体：从媒体格局的边缘进入媒体格局的中心

中国网络视听节目服务协会2015年12月发布的《2015年中国网络视听发展研究报告》显示，自2008年以来，网络视频行业的用户规模一直呈扩大趋势[1]。从用户规模的增长率来看，2009—2013年，网络视频用户规模都以15%~20%的速度稳步增长，达到一定程度后，近两年的增长速度有所放缓，但仍然是稳中有升（见表1和表2）。

其中，在线视频市场广告规模为247.9亿元，同比增长31.9%，占整体广告市场的12.5%（见表3）。

表1 2008.12—2015.06中国网络视频用户规模、使用率和增长率

时间	视频用户规模（万人）	使用率（%）	用户规模增长率（%）
2008.12	20200	67.7	25.5
2009.12	24044	62.6	19.0
2010.12	28398	62.1	18.1
2011.12	32531	63.4	14.6
2012.12	37183	65.9	14.3
2013.12	42820	69.3	15.2
2014.12	43298	66.7	1.1
2015.12	50400	73.2	16.4

来源：CNNIC中国互联网络发展状况统计报告（2015年12月）。

表2 2010—2015年中国网络广告规模和增长率

年份	网络广告市场规模（亿元）	同比增长率（%）	
2010	318	58	1
2011	505	59	1
2012	769	52	3
2013	1096	42	4
2014	1507	37	5
2015	1987	31	9

来源：中国互联网络信息中心（2015年）。

---

[1] 中国网络视听节目服务协会.2015网络视频发展研究报告［R/OL］.（2015-12-02）［2016-04-25］.http://www.cnsa.cn/attach/0/2112271352271922.pdf.

表3 2012—2015年中国在线视频市场广告规模

年份	在线视频市场规模（亿元）	同比增长率（%）
2012	99.2	42.3
2013	145.7	31.9
2014	193.8	24.8
2015	247.9	21.8

来源：CNNIC中国互联网络信息中心（2015年）。

中国视听服务节目大量向视听新媒体转移和聚合，其丰富性、多样性、互动性、自主性超过了传统媒体。且不提视听新媒体领域时刻产生的海量UGC和PGC内容，仅中国网络电视台（CNTV）就集合了150多套电视节目和699个网络视听联盟的9400多个栏目[①]。

热播电视剧、综艺节目以及电影是网络视频广告的最重要保障，动漫和体育赛事也有较大贡献。为吸引广告主由投放传统媒体转向网络媒体，中国网络视频企业以客户品牌效应最大化为目标，将广告前置于受众选中的节目，通常以15秒的长度呈现。有研究表明，这样处理能获得与传统电视台相似的播出效果。

1. 移动视频全面超越PC端视频，移动视频进入里程碑性的一年

截至2015年6月，我国手机网民数量达5.94亿，其中，手机视频用户数量为3.54亿，使用率为59.7%，比2014年年底增长了3.5个百分点，手机视频用户的增长依然是网络视频行业用户规模增长的主要推动力量。从用户规模的增长率来看，手机网络视频用户在2012年、2013年得到迅猛增长，2014年用户达到一定规模后增速放缓，但增长率仍保持在10%以上（见表4）。

手机作为第一大上网终端设备地位巩固，各种应用使用率快速增长。视频App用户规模已超2亿人，总广告收入在2013年为4.8亿元，同比增长151.4%，一年增长1.5倍，占网络视频整体广告市场规模的4.9%，预计这一比例在2017年将超过45%。

---

① 杨明品.中国视听新媒体发展趋势分析［J］.传媒，2013（11）：57-60.

表4 2010.12—2015.06 中国手机网络视频用户规模、使用率和增长率

时间	手机网络视频用户规模（万人）	使用率（%）	用户规模增长率（%）
2010.12	6630	21.9	
2011.12	8001	22.5	20.7
2012.12	13425	32.0	67.8
2013.12	24669	49.3	83.8
2014.12	31280	56.2	26.8
2015.06	35434	59.7	13.3

来源：CNNIC中国互联网络发展状况调查统计（2015年6月）。

2.跨屏收看、多屏融合成为用户的生活习惯

移动视频的发展使得用户使用行为从单屏向多屏转化，创造了视听新媒体的24小时生态圈，即多屏无处不在、无时不在。消费行为也随之无时不在、无处不在。调查显示，"双屏"用户（电视屏、移动屏）成为主流，他们更倾向于使用移动屏收看热播电视剧。网络视频成为中国数字领域增长最快的媒体业务。

从网络视频用户终端设备的使用情况来看，76.7%的视频用户选择用手机收看网络视频，手机成为网络视频收看的第一终端；其次是台式电脑/笔记本电脑，视频用户的使用率为54.2%；平板电脑的使用率为22.6%，是移动端收看设备的重要补充。随着智能电视及互联网盒子等设备的普及，电视也成为客厅生态中收看网络视频节目的重要设备，使用率为23.2%[1]（见表5）。

表5 2015年网络视频用户终端设备使用率

终端设备	使用率	终端设备	使用率
台式电脑/笔记本电脑 手机	54.2% 76.7%	电视 平板电脑	23.2% 22.6%

来源：中国网络视听协会：《CNNIC网络视频用户调研》（2015年10月）。

---

[1] 中国网络视听节目服务协会.2015网络视频发展研究报告［R/OL］.（2015-12-02）［2016-04-25］.http://www.cnsa.cn/attach/0/2112271352271922.pdf.

（二）传统视听媒体加强转型

1. 台网互动上，多种选择和多种模式

至今，传统广电的新媒体部门还在纠结传播模式、组织架构、业务流程、管理机制等问题，不过，经过不断试水调整，传统电视向视听新传媒转型的概念、路径和目标逐渐清晰，台网互动呈现多种选择和多种模式。

截至2014年年底，大陆共有604家机构获批可以开展互联网视听服务，其中37%来自传统广电媒体。在政府强力支持下，传统广电立足传统媒体的政府、公信力、有线网络、推广平台等多种资源优势，一方面积极拓展网络电视、IPTV、互联网电视等新兴传播领域，打造全新传播平台；另一方面，以CNTV、湖南广电等为代表的强势广电媒体，坚持内容为王，打造热播节目，进行跨媒体整合营销。同时调整组织架构和运行机制，以"双平台、双引擎"为发展目标，整合旗下所有新媒体业务，在电视屏之外打造集内容采集分发、视听服务等多种融合业务于一身的全媒体云平台。

中国网络电视台（CNTV）围绕"一云多屏、全球传播"的发展理念，建成网络电视、手机电视、移动电视、互联网电视、IP电视等集成播控平台，通过部署全球网络视频分发系统，覆盖全球210多个国家及地区的互联网用户，并推出了英、西、法、阿、俄、韩6个外语频道以及蒙、藏、维、哈、朝5种少数民族语言频道，建立了拥有全媒体、全覆盖传播体系的网络视听公共服务平台[①]。2015年年底，中央电视台媒体融合驶入快车道，多媒体多终端再次全面改版升级，央视影音、央视新闻客户端、央视网用户量增长显著，中央电视台"TV+新媒体"启动的新一轮融合发展战略，旨在建设新型国家主流媒体的最强代表。

湖南广电2014年4月提出"版权不分销"的策略，将原"芒果TV"和"金鹰网"两大网站合并改造，把所有新媒体业务归拢至改版后的新"芒果TV"旗下，不再向任何商业视频网站销售自制节目的互联网版权，并陆续推

---

① 关于CNTV［EB/OL］.（2015-10-10）［2016-03-20］.http：//www.cntv.cn/special/guanyunew/PAGE13818868795101875/.

出PC端、移动端、OTT等版本，覆盖新媒体全平台。据官方数据，立足强势内容产品，芒果TV全平台日均活跃用户超过3500万名，日点击量峰值突破1.37亿，移动端累计用户数破2亿，累积1亿名用户的时间比微信少用103天，2015年年收入近10亿，公司估值超过70亿[①]。

此外，以"互联网+"引领全媒平台建设，以"广电+"延伸服务领域，在2015年成为越来越多传统广电媒体的共同选择。

2. 人才流动上，传统媒体人流向新媒体

电视经营性人才和制作团队的跳槽现象越来越普遍。较早前，主要表现为广电内部的流动，但最近几年，这种人才流动已更多地发生在电视媒体与新媒体之间。目前，我们很难做出精确的人数统计，但有视频网站的负责人在接受采访时表示，该视频网站40%的人员均来自电视媒体，电视媒体正在成为新媒体人才的培养基地和输出基地。不难发现，思维转型中的传统电视人，已经有能力以产品经理的思维来为目标受众打造专属的视听产品。在当今的网络时代，平台的含金量已经降低，有想法有能力的人可以自己做平台。

3. 节目推广上，台网互动共做市场

借助新媒体平台优势，在互联网时代提高传统媒体与用户的交互性，实现传播力的最大化延伸已是普遍共识，这有力地提升了电视产品以及电视本身的影响力。

时间回溯至2013年，传统电视节目开始大胆地拥抱新媒体，并利用多种新媒体手段吸纳受众。《汉字英雄》是其中翘楚。这档旨在弘扬中国传统文化的电视节目由河南卫视联手爱奇艺制作，开创性地同步推出同名手游App，以"高分玩家直升决赛"的规则吸引了146.8万名玩家下载，开创了电视、移动端、网络联动新模式。第一季结束时交出了全国同时段收视排名前三的成绩单，获得"2013中国网络视听创新案例大奖"和"2013中国网络视听节目一等奖"。

---

① 芒果TV累积一亿用户的时间，比微信少了103天［EB/OL］.（2015-12-04）［2016-03-20］. http://inews.ifeng.com/mip/49518723/news.shtml.

浙江卫视的《中国好声音》第二季联手腾讯视频，上线15分钟点击量破百万，90分钟破千万，17小时点击量破亿①。腾讯视频还设立独立网页，制作大量网络周边视频，播放量达到8亿；同时制作了网络版《中国网络好声音》节目，打造了一系列的衍生节目、互动游戏，互动营销方式引领综艺节目的新潮流。

2014年6月，《舌尖上的中国》第二季开始播出，创下了纪录片节目新媒体总播放量8亿的新纪录。总体分析来看，这是由第一季的好口碑、新媒体及社交媒体提前数月的火爆预热，再加上腾讯视频、爱奇艺、CNTV、优酷、搜狐视频、凤凰视频等网站的联手热播共同造就的。其中，仅凤凰视频一家的广告投放资源就价值800万元。

2015年，湖南卫视《爸爸去哪儿》借助微博、微信上的推广营销，达成粉丝口碑的传播扩散，第三季总冠名费5亿元，广告总收益15亿元。

如前所述，湖南广电已经取消版权分销，芒果TV拥有独家自制节目资源，这为强势品牌内容的新媒体经营赢得了更大空间。长远来看，此举的战略意义在于湖南广电自2004年《超级女声》开始积累的粉丝集聚效应将继续保持，芒果TV+湖南卫视"双平台"价值将进一步凸显，芒果TV具备与商业视频网站一较高低的发展基础。湖南广电依托过硬的内容竞争优势，为未来多元发展的诸多可能埋下伏笔。反过来看，在媒体融合继续震荡与竞争下，还有一些传统媒体正在探索适合自身的融合模式，对内容产品的控制会继续收紧。2015年全年，视频网站依托资金优势，在综艺、电视剧、电影等自制内容上强势发力，挖掘IP产业链条价值，将游戏、书籍、歌曲纳入生产盘面，攻城略地。至2016年，传统广电与新媒体"合作者+对手"的关系已经成为常态。

4.节目生产上，互联网思维创新生活方式

用互联网思维办电视节目，不是让节目连上网络就行了，也不是做个

---

① 《好声音》开局再创佳绩收视持续破4蝉联冠军［EB/OL］.（2014-07-31）［2016-03-20］. http://i.cztv.com/view/354853.html.

App 就算步入"互联网"4G 时代了。这需要节目制作方从"内容制作为中心"转变为"以用户为中心",从电视平台转变为打造一个与观众和网友的互动平台,从单纯的"内容制作机构"升级为"内容分发平台"①,需要与屏幕前的观众联系起来,随时随地以最便捷的方式互动。

例如,一种被称为 S2O(Screen to Online)的互动模式将"电视"与"电商"这两个看似毫无关联的平台有效地连接,让"双屏"用户在追剧的同时能随手购买感兴趣的产品。

2014 年 4 月,美食纪录片《舌尖上的中国》第二季通过微博、微信宣传聚拢人气、打造高收视,同时联手淘宝网实现美食同步销售。据统计,节目开播的 1 小时内,200 万人在手机天猫上边看边买,整个周末累计 540 余万人访问"天猫食品舌尖 2"的合作页面。节目中提及的雷山鱼酱,上线仅半天,1000 份全部卖完;四川腊肉也累计卖出 1 万份②。

同年 8 月,东方卫视推出的时尚真人秀《女神的新衣》,同样以电视与电商的结合作为重要卖点。节目邀请 5 位女神级明星与设计师拍档一起进行服装设计,一旦设计草图被时装品牌买手拍下,时装公司便利用录制与实际播出的时间差制作同款成衣,节目播出时在天猫同步发售,实现观众"即看即买"的新观剧体验。

节目创作思路的转变带来了新的生活方式。最初,电视只能用来"看",受众单向接收信息,无法将收看过程中的瞬间感受进行反馈;信息技术的发展让短信、微博、微信、弹幕、摇一摇、红包等多种互动方式逐渐成为电视节目的标配,建立受众即时反馈环状通道,让电视有得"聊"、有得"玩"。"电视+电商"的创新性结合让电视节目与受众消费行为发生关联,不仅增强了节目的互动性,提高了商业价值,还为传统广电经营方式转变开拓了思路,如看电视时还可以"买"。不断推陈出新的"台网联动"内容产品准确命中"网生代"受众的喜好与需要,成为节目制作不可逆的趋势。

---

① 王晓红,谢妍.多屏时代的电视创新思考[J].新闻爱好者,2015(10):15-19.
② 舌尖 2 引爆天猫食品独家食材 200 多万人手机天猫上边看边买[EB/OL].(2014-04-25)[2016-03-20].https://weibo.com/1768198384/B1mHgofh4.

5. 新闻节目上，广泛的公众参与推动新闻改革

今天的公众借助自媒体和社交媒体成为新闻生产的一部分。这种新的新闻生产方式打破了封闭的报道模式，"新闻报道＋社交媒体"构成了动态扩展的新闻产品，这使得公众对于某些问题的理解变成了一个过程，而不是一个结果。

《新闻联播》在2013年大幅度减少了会议报道、领导活动报道的数量，新增的现场同期声的运用、环境氛围的展现、花絮细节的纳入、微博平台的互动等使得时政报道生动起来，以至于网友们主动下载并转发相关视频，从而拓展了时政报道的传播空间，产生了良好的社会影响力。这些当然是值得称赞的进步，但改进时政报道不能只停留于抓细节、重声音等技术层面，更重要的是，时政报道需要以更开放的心态，真正从新闻价值和社会价值的传播效果出发，关注领导人在政治活动中的态度言行、关注时政活动对于民生民意的影响。这或许是央视新闻在今后时政报道创新时需要解决的问题。

总结来看，随着三网融合、三屏合一等相关工作试点的推进，传统媒体围绕全产业链布局的迫切性进一步显现。现阶段传统媒体的产业布局，需要打通以下三大关键点：一是节目一次开发后，要实现多次生成；二是依托平台资源和内容数据库，要实现多次售卖；三是要实现从传统电视到网络视频、手机视频等全媒体流通。

（三）商业视频媒体：以自制节目创造新机会

新媒体诞生初期，主要依赖传统媒体提供内容。但几年前，在电视剧版权采购领域，以视频网站为代表的视听新媒体和以电视为代表的传统媒体开始了首轮遭遇战。视频网站意识到掌控"内容"的关键不仅是购买有口碑的版权内容，更要掌握从制作到渠道的整个内容产业链。现在，一方面资源抢夺更加白热化，另一方面有更多的视频网站主动加入网络剧和网络栏目的开发与制作中。

1. 版权采购火爆，差异化凸显

经过激烈的版权争斗并受到内容同质化的影响后，视频网站在内容方面

的定位和采购愈加理性。而不容置疑的是，视频网站对热门大剧的投入仍然是行业的重头戏，各大视频网站对版权内容的投入有增无减。但是随着差异化竞争的需要，整个视频行业已经跳出"你有我也有"的格局，每个视频网站已经手握各自"精而美"的内容。例如，优酷土豆与TVB的联合，搜狐视频对"美剧"版权的争夺，腾讯视频在"英剧"上的发力，等等，都表明视频网站在差异化上大做文章，资金投入更加理性成熟。

2. 以"独播"吸纳独有用户、付费用户

最新数据显示，目前几大主流视频网站用户重合度极高。其中，爱奇艺市场份额最大，主要视频网站的用户60%以上也是爱奇艺的用户，尤其是乐视网、聚力传媒、搜狐视频和360影视，与爱奇艺的用户重合度在70%以上；合一集团占据近50%的市场份额，其他视频网站与合一集团的重合用户也都在50%以上。[①]

这意味着将重合用户转化为独有用户是视频网站的当前要务，直接影响其市场占有率、品牌价值、平台价值与广告价值。为提高独占用户比例，"独播"策略应运而生。粗略来看：芒果TV有《爸爸去哪儿》第三季、合一集团有《侣行》、腾讯视频有《中国好声音》第三季、搜狐视频有《无心法师》、爱奇艺有《盗墓笔记》等，不胜枚举。用户能在一个平台上看到所有心仪节目的时代已经一去不复返。独播模式在有利于打破同质化的同时，也有利于视频网站独特品质与品牌价值的提升。因此，独播战略已经成了行业的共选。

视频网站选择独播主要有以下几方面的原因：一是为了凸显内容差异化，提高网站识别度，进而培养独有用户；二是版权意识得到普遍强化，版权管理愈加严格，盗版、盗播现象基本杜绝，独家购买后进行独播顺理成章；三是视频网站财力雄厚，发布广告等盈利能力也在不断加强，能够承受独播的资金要求；四是独播试水"付费会员观看"成为2015年视频网站竞争中的亮点。截至2015年12月，爱奇艺付费会员数已突破1000万，《盗墓笔记》热

---

① 中国网络视听节目服务协会.2015网络视频发展研究报告［R/OL］.（2015-12-02）［2016-04-25］.http：//www.cnsa.cn/attach/0/2112271352271922.pdf.

播当月（2015年6月）的月度付费VIP会员数超过500万，按20元的月卡费计算，仅此一项便为爱奇艺带来了1亿元的进账，各大视频网站纷纷效仿。

爱奇艺《盗墓笔记》的成功独播充分说明，优质内容是用户的刚性需求，各家不论在何种平台上发力，都应更加谨慎地选择内容生产项目，重视内容产品的生产精度。这也说明，今天的互联网视频用户已经一改"一切免费"的使用习惯，如何打开用户的钱包，只看各家的本事。

3. 原创自制剧数量大增

2014年被称为"网络自制剧元年"，网络自制剧集为205部，共计2918集、50,996分钟。总体来看，节目制作水平参差不齐，题材多元。2015年则是网络自制电视剧和网络原创节目的"井喷之年"，全年有约600部、7000集网络剧问世，这个数字超过全国卫视黄金档电视剧的新剧首播总量，并且部分超级网络剧的价格已经超过传统媒体，突破了单集600万元的"天花板"。

其中，爱奇艺制作的《盗墓笔记》以点击量11亿次占据"王者"宝座，这部知名剧集从开拍之日起就因其庞大的粉丝群、高昂的制作成本、一众小鲜肉主演成为社会热点话题；搜狐视频联合唐人影视制作的"无超级IP、无大牌明星、无落地卫视"的"三无"网络自制剧《无心法师》，也获得了超过7亿次的播放量，以及豆瓣网上高达8.9分的评价。

从2009年视频网站开始试水制作电视剧，到被称为网络电视剧元年的2014年网剧的兴起，再到2015年网剧的火爆，原因一方面是2015年开始实行的"一剧两星"政策让电视剧的采购成本增加，竞争更加激烈，这使得很多网站和制作公司开始自己投资网络剧在网上播出；另一方面，《关于进一步落实网上境外影视剧管理有关规定的通知》让曾经烧钱购买境外各种热门影视剧的网站必须开拓新的资源，自制剧无疑成了视频网站竞争的主力军。

竞争的白热化以及观众欣赏口味的提高，导致2015年网络自制剧的投入成本大幅提高，较2014年普遍增加100%乃至300%。以《无心法师》为例，制作方共投资近4000万元，其中特效费用近800万元。据搜狐方面介绍，2015年搜狐视频单集制作成本过百万元的剧就有6部。虽然投入增加，但获得高产出的视频网站仍然尝到了内容精品化的甜头。刷爆网络的热剧《花千骨》《琅琊榜》在电视上仍然取得了遥遥领先的收视成绩。

视频网站自制动作的逻辑其实不难发现：除了各家想通过品牌栏目来寻求差异化外，更重要的原因是，行业管控力度加大，外购版权行为的性价比逐渐降低。"一剧两星"政策实施后，随着采购价格的攀升和观众收看平台的转移，未来网络自制剧的成本或将超过一线电视剧的制作成本，传统电视台与商业视频网站的关系将逐渐转化为更深层的合作关系。

4. 网反哺台与网台共制成为风潮

一些视频网站的自制内容不仅在自身平台播出，还实现了在央视和省级卫视平台的播出，这意味着它们正在从内容购买者向内容提供者转变。

随着观众观剧口味的不断提升与视频网站自制能力的不断增强，如今的视频网站自制网剧与几年前质量相对较低的低成本产品已不可同日而语。例如，优酷自制真人秀节目《侣行》在中央电视台播出、脱口秀《晓说》在浙江卫视抢滩登陆、优酷出品的《优酷全娱乐》输送到东方卫视和北京卫视，悄然实现了优质内容产品对传统电视台的反哺。尤其值得关注的是以"自制"为属性标签的爱奇艺，反输出超过10档节目、近4万分钟内容，是当之无愧的"自制巨头"。

与此同时，2015年的中国网络视频产业由于"网台内容相同标准"的监管新规，迸发出"网台合作"的新高潮。如腾讯牵手东方卫视制作的"大型生活实验真人秀"《我们十五个》，以长达一年的播出跨度刷新了中国电视界与网络视频界"真人秀"节目的新纪录。另外，合一集团与北京卫视联合制作的《歌手是谁》、爱奇艺与东方卫视合作的《我去上学啦》等，也因为"双屏"播出获得比"单屏"更多的关注与点击量。

这表明国内视听新媒体"台网联动"模式在三网融合大背景下进入了新的发展阶段：为用户提供更丰富的观看平台只是第一步，内容融合与盈利模式的深耕才是未来重要的发力点。

5. 移动端用户成为竞逐高地

数据显示，2014年，网络视频已经进入移动时代。用户使用PC端观看网络视频的比例逐渐下降，使用手机观看视频的比例达到71.9%，首次超过PC端（见表6）。结合CNNIC历年调查的数据来看，用户在PC端看视频的比例从2012年的96%逐渐下降。截至2015年10月，这一比例已下降至54.2%，下降了41.8个百分点；手机端收看视频节目的比例则从2012年的49.4%上升至76.7%，上升了27.3个百分点。随着用户向移动端的转移，更多适合移动端的广告模式被开发，目前各视频网站移动端的广告收入已占到整体收入的30%以上。

表6 网络视频用户对终端设备的使用率对比

年份	台式电脑/笔记本电脑（使用率%）	手机（使用率%）
2012	96.0	49.4
2013	78.5	61.5
2014	71.2	71.9
2015	54.2	76.7

来源：中国网络视听协会：《CNNIC网络视频用户调研》（2015年10月）。

数据显示，爱奇艺自制的热门网剧《废柴兄弟》近七成的流量来自移动端用户的贡献。分析认为，其20分钟左右的短时长符合移动用户利用碎片化时间观剧的习惯，加上相对精良的制作、接地气的内容，播放量在上线5天后飙升至近8000万次，甚至力压同时期热播的《破产姐妹》等国外剧集。

可见，视听新媒体发展的重中之重是尽可能多的争取"移动屏"用户，抓住用户的碎片化时间。这要求内容生产者有敏锐的触角，在内容、形式乃至投放方式等多个层面准确把握"移动屏"用户的收视喜好。比较来看，接地气的爆笑类喜剧、紧张猎奇的悬疑剧、唯美虐心的仙侠剧、极具想象力的奇幻剧等取得了较好的收视效果，尤其是已经具备相当受众基础的热门IP（Intellectual Property），由于产业开发链条加长、全平台多形式集中呈现，在2015年大放异彩。社交化视频同样引人注目，从主打"垂直社群"的罗辑思维、德林社、吴晓波频道，到"2016年第一网红"Papi酱、生产高端PGC短视频的一条、二更，自媒体在社交媒体上获得粉丝追捧。

应当认识到，用户对内容创新的要求在未来只会有增无减，不同的需求也会不断出现，而多种风格题材内容的出现，将使中国网络视频产业进一步呈现平台化、分众化的趋势。

三、挑战：政策规制与市场需求之间博弈

2015 年，中国互联网业的发展呈现两个鲜明趋势：一是行业规模仍在快速扩张，"蛋糕"在被继续做大，各领域领军者队伍继续扩大，中小投资者继续加入，用户数量稳定增长；二是由于国家层面强调"互联网治理"，并提出了一系列治理原则，制定了更详尽的行业监管规则，互联网治理的精细度在提升。

（一）对于传统广电而言，运用互联网思维，尽快做大做强

媒介融合是大势所趋。在新的形势下，提出新的建设方针：坚持传统媒体和新兴媒体优势互补、一体发展，着力打造一批形态多样、手段先进、具有竞争力的新型主流媒体。[①]

总结中国网络视听传播趋势的最新研究成果，概括起来有以下几方面：国有视听新媒体将得到进一步支持；国有与民营将进一步融合发展，市场化运作力度加大；广电传媒产业资源将更多进入市场；中国网络视听媒体要进一步承担与社会责任和影响力相当的公共服务职责。在这一过程中还会出现很多问题，如传统广播影视媒体如何借力政策支持，适应市场需求，奋力开拓以应对冲击？国有视听新媒体如何冲破传统体制、机制束缚？政府管理部门如何应对变化？

2015 年，相关广电管理部门发布了一系列新规，如《关于加强真人秀节目管理的通知》（俗称"限真令"）、《国家新闻出版广电总局关于进一步落实网上境外影视剧管理有关规定的通知》（俗称"规范令"）、新《广告法》以及

---

① 坚持传统媒体和新兴媒体优势互补一体发展［EB/OL］.（2015-08-19）［2016-03-20］.http://media.people.com.cn/n/2015/0819/c14677-27485359.html.

 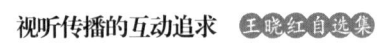

针对互联网电视的"229号文件"等,都与互联网视频的发展产生联动影响。

这是面对复杂的网络舆论传播新情况做出的管治规定,今后还会有更多类似的管理法规出台。媒体的泛化、终端的泛化,需要有与之相适应的法规与管理办法。这些政策法规的出台体现了主管部门对版权保护力度的加强,打击色情等灰色地带力度的加大。调控政策的出台也是为推动传统媒体和新兴媒体融合发展,为建立新型主流媒体铺平道路。

对传统广电而言,最大的挑战不是适应管制,因为传统广电本就是在较为严格的管制下成长起来的。对它们而言,更大的挑战是如何在遵循管制原则的前提下,更多地学会用"互联网思维"来开拓创新,进一步发挥资源优势,拓展新媒体渠道,真正做大做强。

(二)对于民营新媒体而言,在适应国家治理要求的同时保持创新活力是巨大挑战

互联网治理对民营新媒体提出了三方面的要求:一是内容要求;二是投资经营领域的规范要求;三是面向用户的服务要求。这三方面叠加,提升了行业进入门槛,增加了行业退出可能性,使得民营新媒体从过去的相对"自然生长"逐步转向规则约束下的"有序生长"。一些民营新媒体过去习惯的打"政策擦边球",打"市场规则擦边球"的空间被极大压缩,一些盲目进入这一领域的投资者已经尝到治理所带来的"苦涩"。

这种"苦涩"实际上体现了整个行业的成长和秩序的建立。能适应这些新要求的民营新媒体,就迎来了新一轮脱颖而出的机会;不能适应者则面临着更严峻的生存压力。对于前者来说,在相对成熟的治理环境下,其创新方式、创新增长点、竞争压力点都在发生新变化。

随着内容竞争的加剧,未来视频网站可能有两个发力点。首先,独占用户越多,广告价值越大,市场份额越高。目前各大视频网站的用户重合度在50%以上,如何降低用户重合度,提高独占用户数量?其次,经历了十年的发展之后,视频网站走到了付费用户的增长期。如何凭借优质内容吸引付费用户,拓展广告之外的收入来源?归纳来看,资金是基础,品质是保证,用

户是变现的关键,视频网站需要把握好三者的辩证关系,审时度势优选项目。

总之,互联网尤其移动互联对传统广播电视产业产生了颠覆性的影响,重构了传媒生态;民营新媒体的快速崛起使中国网络视频产业发展呈现日新月异的面貌,市场活力空前。中国视听新媒体发展处在变动不居的状态中,呈现着融合化、移动化、社交化、多平台传播的特征,成为新媒体领域富有活力和潜力的增长极。

新时代中国对外传播的思考*

当中国与世界的关系进入一个新时代，中国对外传播也面临着更多的机遇和挑战。习近平总书记在党的十九大报告中指出，要"加强中外人文交流、以我为主、兼收并蓄，推进国际传播能力建设，讲好中国故事，展现真实、立体、全面的中国，提高国家文化软实力"。近年来，我国加强国际传播能力建设，在落地平台建设、媒介话语转型等方面，下了大功夫，不可谓不努力，但是，总体而言，中国品牌的影响力还远不够大，平台落地的实际效率还远不够高，文化输出的感染力还远不够强，离拿到话语"主动权"还有较大的距离，其间有意识形态的影响，也有观念方法的问题。对外讲好中国故事，不只是政府或媒体的义务，也是包括各类企事业机构、公民个体在内的责任。那么，如何讲又怎样才能讲好中国故事？笔者认为，究其根本，是在跨文化传播中促进认知和认同的问题，海帆奖评出的优秀案例就是最好的证明。

一、中国机构海外传播杰出案例的价值

新时代，中国日渐走近世界舞台中央。在这一进程中，实质性的经济成就，伴随着中华优秀传统文化的复兴，提升了中国在亚洲和整个世界的软实力。《中国国际传播力》系列研究报告称：相较于前两年，2017年中国企业国际传播力显著提升。无论是在入榜数量，还是在关注度、活跃度等方面，中

---

* 本文原载于《传媒》2018年第5期，收于本书中，略有删改。

国企业均表现更佳；在对中国企业英文报道量排名前十的媒体中，彭博社、《南华早报》、路透社尽管居于三甲，但是中国媒体进步显著，其中，《中国日报》从 2016 年的第 15 位提升到第 4 位、新华网从第 47 位提升到第 13 位。这一研究在某种程度上说明了中国对外传播实力的增强，特别是随着中国各类机构在海外设点扩充规模或者开展推广活动，中国对外传播成效不再只取决于媒体，而是由包括各类机构在内的多元主体形成的复杂合力来决定。机构做海外传播，既服务机构个体，也代言国家整体，是全方位塑造国家形象的重要组成。然而，以往对外传播的研究大多归于媒体，很少关注机构主体的海外传播，因此，首届海帆奖的设立可谓应势之举，也填补了遗缺。入围案例脱颖于数百家参评机构，涵盖甚广，从海外平台建设到企业全球战役，从城市文化行动到品牌个性运营，以及大大小小各类媒体的对外传播实践，有战略布局，也有战术配合，反映了近年来机构海外传播的进步与探索。

关于认同机制，亚里士多德曾经提出"三要素"，即人品诉诸、情感诉诸、逻辑诉诸。人品诉诸取决于演讲者的个性品德；情感诉诸观照听众的心态；逻辑诉诸追求演讲的证据和内在理性。这三要素迄今仍存在于各类以促进认同为目标的传播活动中，只不过必须被置于变化了的传播环境中来考察。当我们把"三要素"引入对外传播领域，将对外传播活动视为主体时，"三要素"相应地表现为传播活动的公信力、伦理力和理性力，因为人品关联信誉，情感体现为伦理，逻辑即理性。在此，公信力是由公众评价来衡量的，包含真实、正义等诉求，也可以由媒体来反映；伦理力可从传播活动如何确立与传播对象的关系、态度、各种举措是否内应人文关怀等方面来检测；理性力可从对外传播活动能否把国家利益和机构利益、长远利益和眼前利益相结合等方面来考察。首届海帆奖优秀海外传播案例，体现了很高的公信力、伦理力和理性力。

二、对外传播要把握时代性

强调对外传播的时代性，既是站在国家发展的战略高度把握变化、认清方位的政治要求，也是基于对外传播的具体实践提升传播能力的内在需要。就前者而论，当今中国在世界体系中承担着更为重要的大国作用，推动了人类命运共同体的建设。对外传播不仅要有助于构建良好的国家形象，更要主动地将反映中国现实的文化创造、发展经验以及体现人类文明结晶的中华优秀传统文化，有力地传播出去，有效地传播出去。从后者来看，有力、有效地传播中国价值、中国文化，并非一厢情愿的单向输出和另一方的被动接受，而是需要以符合目标群体接受习惯和理解偏好的方式来展开交往互动，从引发初步认识到激发深度认知，进而实现情感认同，这就必然要求对外传播活动把握并且顺应时代变化。从对外传播的具体实践来看，有两点变化特别需要重视。

其一，互联网带来的全球范围的传播革命，其实质是传播关系的根本变革，而社交媒体极大激活了这种个体自主的传播能量，也使得传播活动在多渠道、多形态、多元化的开放空间中展开。能否经得起这种开放竞争的考验，在很大程度上决定了传播的成效。

例如，华为P10手机的发布深谙新的传播逻辑，其海外传播活动显示了"中国智造"的创新智慧。它利用Twitter引发话题，以大量创意短视频吸引关注，以首屏广告效应，置顶推特信息流，最大程度保持话题热度，从而最大可能地激活用户参与，并且在用户评论、转发以及发布会直播中，点燃期待，同时及时跟踪用户分析，调整后续策略。因此，在世界移动通信大会期间，在全球所有先进手机发布的激烈竞争中，华为P10拔得当地话题标签头筹，获得了1170万次曝光。相形之下，国内另一知名品牌汽车的发布，就略逊一筹。作为某世博会中国馆唯一指定用车，其传播活动大多依赖地位优势，沿用传统的宣传方式，如请中国、属地政企客户参与、一对一深度洽谈、展馆内部有限体验等，未能引发更多的话题讨论，以激活当地公众参与，形成更广泛的社会认知。尽管华为手机与该品牌汽车的发布区域、传播环境、经济环境皆有不同，传播策略也必然不同，但是前者对于新技术、新渠道、新表达的理解及运用无疑把握了传播的时代性。

其二，多维度的持续交往互动是对外传播获得成效的重要机制。以建构主义国际关系理论为视角的对外传播研究认为，传播主体间的持续互动，能够形成相互的身份认知（身份互塑），并且随着互动的持续和深入，这种认知会得到不断强化，成为一种相对稳定的关系文化系统，而近年来卓有成效的公共外交活动正是遵循这一传播机制，将文化、政治、经济等多个维度的相互交往容纳在传播实践中，充分利用包括机构和个体在内的民间参与，从而在持续的互动中，塑造了真实、客观、完整的国家形象。

2017年，北京市旅游发展委员会海外网络营销推广项目即成功的实践案例。该项目以"皇城文化"为核心，以"皇城御使"活动为特色，通过海外社交媒体、新闻公关、VR/传统视频、跨渠道推广等整合营销矩阵，特别是邀请欧美旅游网络大咖、热门视频博主，作为首届"皇城御使"体验官，通过亲身体验、自主拍摄与全球粉丝分享活动内容，让海外受众在多元化的内容呈现中，多角度、持续不断地对"皇城北京"产生认识、认知，又在不断的认知深化和持续互动中，建立对北京皇城文化及其所隐含的中国文化的兴趣。该项目海外推广的一年间，海外社交媒体的帖文曝光达4000万次，粉丝增加33.5万。

事实上，纵观机构海外传播的成功案例，大多体现了上述两点传播变化。有观点认为，机构的海外传播要把握"移动优先、视频为重"的趋势。问题的关键并不在于是否运用了短视频、交互视频、直播等技术，换言之，传播成效源于技术运用，又超越技术运用，其实质在于尽最大可能直接抵达用户，用符合对方接触信息的习惯方式，调动其接触热情。例如，中国海航在纽约时报广场上推出了基于位置获取的60秒手机互动游戏、中国南航在万圣节推出全景互动页面，这些技术运用极大地吸引了海外年轻人，同时，其简便易行的操作、轻松娱乐的方式，将附着品牌信息带入海外用户的日常生活。因此，最重要的不在于是否运用了新技术，而在于如何找到与人的日常生活最大程度或最广泛、最便利的连接，这才是实现有效传播的法宝。

三、对外传播应贯穿伦理情怀

这是一个复杂而又重要的新课题。所谓伦理，重在强调与具体个人或群体的关系。在公共领域，伦理情怀的内核是人文关怀，表现在对外传播领域，则强调跨文化传播语境下，传播者要有对象感，从接受者视角考来考虑，通俗地说，传播者要目中有"人"，而这个"人"，不是抽象物，而是具体的个体或群体。

例如，2011年1月17日，一部60秒的中国形象宣传片在美国CNN（美国有线电视新闻网）播出，并且在纽约时报广场大屏幕以每天播放300次的频率连续播出一个星期。片中的中国人都是各行业的精英以及少数被符号化的各民族代表，其中多数人西装领带，气宇轩昂，抱臂而立。该片播出后，未见成效，甚至适得其反，其最大问题是目中无"人"，毫无对象感。可能除了姚明，这些人是谁，中国人不完全知道，外国人则完全不知道。虽然一分钟的内容全部是人，但是又都不是"人"，因为没有能够直接感受的细节、故事、情感和生活的气息，没有对象感，观众自然难以感同身受，传播也难以收到理想效果。形象广告长短与时下流行的短视频一般，问题不在于是否使用了短视频形式，究其根本，依然是缺乏对象感的一厢情愿的"独白"，即使短时间内有密集的音量、扩大的投入，即使有众多大腕明星，也无济于事。这也是既往对外传播中典型的"宣传"模式。

中国正在崛起，经济迅猛增长，各领域获得规模化发展，这是一个不争的事实。同时，我们正面临一个全球化时代，世界各国形成相互依赖的有机体，一国崛起之事实本身会对他国构成压力。因此，我们的对外传播和国际形象建构存在传递何种信息的问题。在每个人都拥有了从自己视角传播所见所闻和表达个人诉求的时代，对于个体的尊重和关怀显得尤为重要，它既是建构和谐社会的政治基础，也是人类社会的共同价值追求，更是触发情感认同的重要机制。

以"看中国的外国青年影像"为例，该项目每年邀请来自世界各地的100位外国青年和10位老师深入中国采风，亲身体验、感知异域文化。从传播而言，多维度"他者"记录具有最大的交流对等性，微视频的"自传播"又具有去意识形态的"真实性"。这一活动通过直接抵达人的传播、通过亲身体验与广泛互动，实现了平等对话和相互理解，从而卓有成效且"润物无声"地既在海外传播了中国文化，又吸引了更多外国年轻人的参与。

人类正处于全球化背景下，休戚与共、息息相关，某一区域的灾害或问题不再只是区域性的，而是人类须共同面对、共同承担的问题，而我们只有怀有对人类共同命运的思考，才能对发生于具体地点、具体个人和群体身上的事件与"他们"、与"我们"之间的关联有更本质的把握。由此而论，在对外传播中，我们有必要理解并且着眼于全球化背景下人类共同的存在困境，向国际社会解释中国独特的理论、制度和道路选择，以此更好地唤起情感共鸣，赢得认同。

四、对外传播应具备内在的统筹力

讲好中国故事，只讲个体报道能力还不够，还需要顶层设计，从战略传播的高度，综合施策，相应地加强内在的统筹力，提高有效传播的理性能力。

概括来说，理性能力可从两个层面来理解：一是价值层面，理性能力不是独立于公信力和伦理关怀之外的又一种东西，它内蕴并贯穿于公信力的建立和伦理关怀的诉求之中，三者相互蕴含相互交融。不顾公信力的活动和缺乏人文情怀的传播，都是非理性的表现。同样，公信力的建立是基于理性把握和伦理基础的，而伦理情怀，并非细细碎碎的生活场景表达，而是理性指向传播的意图和效果，对传播公信力的建立有直接影响。二是逻辑层面，它表现为主体在认识与活动中对事物和对自身行为的逻辑把握。就二者关系而言，其价值理性应逻辑地蕴含于传播内容和过程中。

具体到传播领域，理性力表现为对传播内容与表达的内在统筹能力。之所以强调"内在"二字，是为了说明，这种统筹能力不是指传播外在如采编播方面的驾驭能力，而是指在传播过程中如何有逻辑地体现公信力、伦理关怀等方面的关系，不使传播要么陷入日常化的碎片状态，要么各方面关系被割裂，陷入一种自相矛盾的伦理价值困境。

这种统筹力有两个方面：一是就单一的传播过程而言；二是就连续的传

播活动而言。首先，在一个传播过程中，须注意传播内容与效果的关系。表达有三个层次：想表达什么、表达了什么、表达效果如何。前文所述的"国家形象片"，其问题恰恰就在于单向传播思维，只是表达自己想说的，全然不考虑接受情境，因此，在对外传播中，无论选择用什么内容或形象来表达，必须明确自己想传递的信息和想达到的效果以及能达到的效果。其次，在连续的传播活动中，必须注意在各种传播活动中体现原则一致性。在互联网时代，如何将逻辑统一性原则贯穿到国家利益和机构利益、长期利益和短期利益中，是个值得研究的新课题。正如有学者建议，对外传播要有战略意识，"从政府到企业，共同传递清晰一致的价值观，将其与中国本土现实和时代语境相结合，确立起内外一致的观念体系"，如"中华鲟放流全球直播"活动，它是体现共同价值理念、建构良好国家形象的优秀案例。三峡集团与新华社对外传播平台合作，利用 Twitter 和 Facebook 两大国际社交媒体，直播三峡集团在湖北宜昌开展的长江特有珍稀动物中华鲟放流活动。直播受到海外受众的高度关注，开播仅 37 分钟，点击量就达到 49 万人次。就战术层面而言，直播的魅力固然在于超越时空制约的"与事件同步"；就战略意义来说，这一主题的直播不仅容易在全球受众中引发共鸣，而且在世界上树立了一个负责任的企业以及负责任大国的形象，尤其是在国际社会对于中国环境保护问题存在诸多负面的刻板印象的背景下。难能可贵的是，从 1984 年到 2017 年，三峡集团已经组织了 59 次的"中华鲟放流"活动。

在首届"海帆奖"的优秀案例中，科大讯飞利用多元化网络渠道向世界发布前沿人工智能研究及成果、华为 P10 的立体化多样化的新媒体传播、OFO 在海外传播中着力于前沿科技公司和环保型共享经济推进者的形象等，这些机构的海外传播与国家创新战略同步，体现了一个大国从"中国制造"迈向"中国智造"的努力。

上述案例也证明，在网络时代，随着传播权利的转移，活动成为一种修辞。参与传播的所有主体的活动，从内容细节到态度方式，包括活动本身，都会被纳入公众的传播视野，并最终跃出具体的人或物本身，成为一种符号，不仅代言机构，也代言国家形象或理念。

总而言之，在全球传播深刻变革的时代，在我国进入新的历史方位的时代，对外传播变得更为重要，也更为复杂。这是一个亟待扩展和深化研究的领域，不仅是传播研究者、媒体，还有包括机构在内的所有参与对外传播活动的各类主体，都无法置身其外，因此只有正视并深刻理解变化，才能在促进传播认同方面，更好地应"变"而为，也才能更有效地传播中国价值、中国文化，讲好中国故事。

我国城市台深度融合发展的问题与路径研究*

一、现阶段城市台融合改革的背景

2019年1月25日,中共中央政治局就全媒体时代和媒体融合发展举行第十二次集体学习,习近平总书记发表了重要讲话,强调推动媒体融合发展、建设全媒体成为我们面临的一项紧迫课题。① 作为我国媒体融合布局中的重要一环,城市台在意识形态构建和基层舆论阵地建设方面任重道远。对于城市台而言,推动媒体融合不仅是巩固基层宣传思想文化阵地、承担"举旗帜、聚民心、育新人、兴文化、展形象"使命任务的重要举措,也为城市情感连接的建立提供了助推力。

如今随着融合步伐的加快,我国各级媒体尤其是城市台在改革中亟待实现以下五个方面的突破:

第一,要创新理念思维。媒体要发挥平台思维,搭建多样性程度高、彼此分工合作的生态体系。如何在不同媒介之间形成充分联动,将是最大的挑战。

第二,要创新机制和体制。媒体要建设一套完备立体化的协调机制,解决路径依赖问题;同时,要解决媒体融合平台运作的长效机制问题,促进内容高效生产。

---

* 文章与李一凡合作,原载于《现代传播》2019年第11期,收于本书中,略有删改。
① 《求是》编辑部.媒体融合:用得好是真本事[J].小康,2019(10):23.

第三,要突破技术瓶颈。媒体如何将核心技术掌握在自己手里、将技术和内容生产充分融合,以更好适应未来智慧时代的需要,是我们要重点关注的问题。

第四,要提升用户服务。服务功能是媒体融合的机遇,也是挑战。媒体要深入考虑如何让服务功能更好地契合用户需求。

第五,要增强用户黏性。媒体要从用户角度去生产内容、提供服务。如何用更好的新技术思维来强化传播交互性和体验性以拓展用户群,是当下需要思考的问题。

正是在这样的背景下,各城市台乘势而上,深化改革,积极探索融合模式。但由于我国区域差异明显且各城市台发展程度不一,导致城市台呈现了明显的发展不平衡现象。对此,课题组选取了苏州、无锡、济南、济宁等城市台作为个案,对其所处地区的政治、经济、文化、媒体等发展情况进行梳理,并对各台媒体融合工作的思路、措施及得失进行了详细研究,从而归纳总结出目前我国城市台媒体融合工作中存在的七大困境。

二、城市台改革过程中的七大困境

媒体融合的实现不仅需要整合多种媒介资源,打破行业及地域壁垒,也需要技术的革新和相应的制度保障,这样才会有进一步生存发展的可能。调研发现,城市台的媒体融合屡受制约主要由以下七个困境造成。

(一)理念滞后,融合意识欠缺

从改革的路径上来讲,城市台的改革并非简单的修修补补,而是要从体制机制、观念、技术、内容、经营策略等方面实现彻底转型。调研发现,城市台从业者的理念滞后问题已成为改革中的重要阻碍。主要表现在:

1. 优越感难弃,主动性缺失

由于地方广电媒体长期处于垄断地位,从业者拥有主流媒体等因素带来的优越感。大部分人员虽意识到转型的重要性和紧迫性,但难以快速转变角

色和思路。同时，官本位思想、主流媒体的优越感、"坐等广告上门"的惯性思维依旧存在，以至于"等"成了大家面对改革的"常规动作"。对于新媒体，"看不见、瞧不起、追不上"成了他们最自然不过的反应。

2. 急功近利、急于求成

部分城市台从业者对于改革存在急于求成、急功近利的浮躁心理，对媒体融合的理解也多停留在媒介相加的层面。调研中，多数城市台仅是将传统媒体的内容稍加修改并搬运到新媒体平台上，并没有制作真正的新媒体内容，人事、绩效等方面也未对新媒体有明显的倾斜。在这种情况下，新媒体平台仅作为传统媒体内容的"搬运工"而存在，离"移动优先"仍有不小的差距。

（二）资源受限，融合土壤贫瘠

20世纪80年代以来，我国广电行业实施"条块分割、以块为主"的分级行政管理方式，各级广电受国家广播电视总局领导的同时，也被纳入地方行政体系，受到同级政府的领导。因此，城市广电与地方环境息息相关，既受到地方政治、经济的各项支持，也担负着为地方政府发声的职责。

1. 区域资源有限，开发力度不足

从我国城市台总体的运营状况来看，融合程度与所处地区的经济环境、政治环境有着密切关系，具体表现为：东部沿海城市、省会城市等经济发展水平较高且市场开放程度高的地区，城市广电媒体比较发达，媒体融合进展相对较快；地方经济环境较差、市场开放程度低的地区，广电媒体的整体实力相对较弱，发展滞后。

城市广电因覆盖范围有限，生存空间相对狭窄，既面临上级媒体的资源竞争，也面临市场化机构对受众和市场资源的分流。同时，多数城市台对本地资源的开发有限，难以发挥区域媒体的独特优势。

2. 广告断崖式下滑，财政补给难保障

2015年9月，被称为"史上最严广告法"的《中华人民共和国广告法（修订草案）》正式通过。作为城市广电重要收入来源的医疗药品广告被紧急叫停，城市台的经营收入出现大范围的零增长甚至负增长，而作为城市广电重要收入来源的有线网络，近年来陆续被兼并、整合。有线网络的剥离，使城市广电本就不乐观的经营现状变得更加惨淡，收入连年下滑导致的资金短缺成为限制城市台发展的首要难题。

由于我国传统媒体长期奉行自我积累的内源式发展模式，在自身规模、资金实力相对不足，收入逐年下滑的情况下，部分地区的地方财政对城市台的支持力度又不够，致使城市台在转型中遭遇着不同程度的资金困境。

3. 财政支持力度制约融合速度

调研显示，地方财政支持力度较大的城市台，在媒体融合中面临的经济压力相对较小，反之亦然。以清远广播电视台为例，2017年底，在经历了一轮频道频率制改革后，清远广电的全年净收入增逾一亿元。在资金相对充足的情况下，清远台开始探索融媒体改革。然而，在融媒体转型过程中，由于财政扶持力度小，如何继续稳定收入以保证改革所需的巨额资金，成为清远台的一项重要任务。

（三）管理粗放，制度体系不完善

1. 行政干预影响改革方向

由于我国城市台的行业自主性较弱，地方政策、行政命令等对城市台的内容建设、产业布局甚至发展规划都产生着主导作用。调研中，不少一线的新闻工作者表示，城市台的内容选题和报道严重受到上级限制，自主性几乎为零。也有管理人员表示，一些行政命令和行政决策对城市台的产业布局产生了很大影响，有时甚至是破坏性的影响，致使城市台错失了许多转型的良机。

此外，事业体制内的干部任命制度也给城市台的改革带来了潜在的变数。城市台领导尤其是一把手的眼界、决策、政治素养、政治资源、社会关系和业务水平决定着城市广电一段时期内的发展方向。同时，作为事业单位人员，广电一把手都有一定任期，随时可能因政治任命调离到其他单位，"一朝天子一朝臣"的现象在城市台较为普遍。在许多城市台，连年改革没有明显效果的关键因素之一就是领导常年变更、改革缺乏可持续性。

2. 内部管理粗放，发展动力不足

事业化的体制特征使城市广电的管理模式、运作模式呈现诸多问题，整体表现为：小而全的机构设置和资源配置，交叉重叠，效率不高；粗放型的管理和运作模式，流程不清，职责不明；各自为政的封闭式工作模式，造成部门壁垒、媒体分割，宣传、经营各环节缺乏有效沟通和有力衔接。一些城市台的部门之间甚至因为争抢资源出现相互拆台、恶意竞争的行为，不仅不利于全台的稳定，也有损城市广电的媒体形象。

在机制方面，我国新闻单位采用多种用人方式，体制内外的"身份"管理、用人"双轨制"造成了因身份差异出现的"同岗不同责、同工不同酬"现象。目前，大多数城市台并没有建立起科学完善的综合考评机制和公平合理的收入分配机制，内部收入差距依旧是靠资历或资源优势拉开的。即便在分配奖惩机制建立完善的城市台，也常因顶层设计原因，出现制度执行不到位的现象。绩效机制的缺失使"身份差异"成了部分城市台薪资发放的唯一参考标准，一线聘用员工肩负生产和经营的重任，却往往获得远低于二线部门事业编制人员的薪资，"少数人养多数人"的现象在城市台普遍存在。

（四）人才危机，融合团队紧缺

1. 人员冗余，人才短缺

多年以来，员工素质参差不齐，人员过剩，一直是城市台的"老大难"问题。20世纪八九十年代，由于缺乏合理的准入门槛和机制，托关系进入电视台成为一种社会现象，导致城市台从业者虽数量众多，但职业化和专业化程度不高。与此同时，由于事业单位属性，城市台不设淘汰机制，也加剧了人员冗余的问题。

随着媒体融合的不断推进，城市台顶层缺乏创新型研发人才、基层缺乏全媒体融合型人才，且人才招聘成本高、难度大，导致"用人难"进入了"死循环"。

2. 人才断层严重，"留人"成难题

近年来，城市台人员队伍老龄化现象凸显。一方面，自"四级办电视"的方针确立以来，大部分城市广播电视台至今已有三十余年的历史，最早进入城市广播电视台的一批员工面临退休。这批人在城市台从业者中占比较大，是队伍老龄化的主要原因。另外，由于资金、人员编制等方面的局限，城市台难以拿出具有足够吸引力的招聘条件去吸纳新人才，且从高校引进的人才常因薪资待遇和职业晋升不能满足预期而离开，以至于不少台正在沦为更高级别媒体和市场化传媒机构的"人才培训站"，城市台不得不面对"有经验的人没思路，有思路的人没经验"的尴尬局面。

3. 领导靠感情留人，员工靠情怀支撑

一方面，薪资待遇低，分配机制不合理。调研发现，城市台的薪资较其他市政部门偏低，且编内编外人员虽从事相同的工作，但由于身份不同，薪资差距可能相差几倍之多。分配制度的不合理，导致城市广播电视台员工工作积极性下降，加剧了城市台的人才外流。

另一方面，缺少合理的晋升机制，有能力的人"上不去"。部分城市广播电视台管理层级多、人际关系复杂，不同身份背景的员工待遇不平等，"论资排辈"现象严重。越是学历高、能力强的员工，职业认同感越低，领导只能靠感情留人，员工只能靠情怀支撑，人才的尊严感和荣誉感严重缺失。

4. 技能落后，缺乏培训机制

城市台普遍存在人才培养机制不健全的短板。一方面，由于培训涉及大量的资金经费，经济条件受限的城市台给员工提供的学习机会相对较少。另一方面，部分城市台常采用请专家到台里指导或外出考察交流的方式进行业务培训，但由于各地、各台实际情况存在差异，培训内容的贴地性往往较差，能够真正应用在工作中的经验并不多。

（五）技术短板，创新人才难匹配

随着媒体融合步入深水区，5G、大数据、云计算、AI、VR在内的新兴

技术不断涌现，给媒体融合带来了智能化发展的新机遇。然而，目前除无锡、苏州、成都等少数发展较好的城市台之外，城市台在新技术应用上普遍滞后，具体表现在：

1. 资金缺口大，技术落地难

相较于国家级和省级广电媒体，城市台由于资金有限，在新技术引进上存在一定的壁垒。如今，一套成熟的融媒体技术平台的费用少则几十万元，多则千万元，再加上后续的使用费和维护费用，对于城市台而言是一笔不小的开销。此外，新技术"落地难"成为一个新问题，据部分城市台反映，虽然它们花大价钱引进了新技术，但新技术的实际应用场景却很少，与现有内容生产实力难以有效匹配，以至于技术平台变成了摆设。

2. 技术人员边缘化

调研发现，城市台技术人员在全台人员中占比较小，且被长期边缘化。同时，城市台对技术人才的引进力度明显不足，不少城市台在引进硬件的同时直接引入第三方外包团队对技术平台进行管理。这样的做法虽在短期内提高了技术应用的效率，但从长期来看，不利于对台内技术人员的培养。

（六）内容陈旧，缺乏精品输出

1. 内容同质化，缺少优质精品

城市台内容生产以新闻节目为主，缺乏现象级品牌节目，缺乏本土化、特色化、高质量的内容，且新闻节目的生产也多存在有量无质的问题。

从内容选题上看，城市台内容同质化严重，不同的频道和栏目做同一个选题的现象屡见不鲜，甚至同一档节目在全台多个频道进行套播的现象也较为普遍。

2. 缺乏用户思维，互动形态单一

由于城市台从业者普遍缺乏互联网思维，所生产的内容互动形态单一，与观众的黏合度较差。这对于收视率已然严重下滑的城市台来说更是雪上加霜，内容没有人看，自然就没有广告商，生存便成了问题。

（七）经营滞后，缺乏产业化思路

1. 融合经营意识模糊，创收动力不足

随着媒体传播去渠道化加深，新媒体平台优势不断凸显，传统广电正在失去广告经营的优势地位。这样的背景下，一些城市台依然依赖单一的广告经营，产业链拓展力度不足，生存空间愈发狭窄。

在新媒体领域，多数城市台仍未寻找到行之有效的盈利模式，新媒体收入依旧是以广告投放为主。加之广电新媒体端用户积累较少，不少用户还是通过行政手段强行积累的，导致用户活跃度较低，无法满足广告商的要求，以至于收入极少。

2. 广告经营模式粗放，影响媒体公信力

调研发现，多数城市台缺乏合理完善的广告经营管理制度，对广告内容、发布形式、广告监管等方面没有进行科学管理，经营模式粗放。其主要体现在：一方面，对广告客户来者不拒，所有广告照单全收，致使低质量的广告内容充斥城市台的节目内容；另一方面，大量时段被广告内容填充，且广告质量欠佳，影响了整体的内容质量和格调。质的粗劣加上量的泛滥，严重影响了城市台公信力的构建。

3. 产业化进程缓慢

城市台的产业化进程整体较缓，部分地区严重滞后。大多数城市台由于亦事亦企的身份而缺乏市场服务主体的意识，并未建立现代企业制度，即使部分台成立了内部企业，也大多属于"空壳公司"，并非真正的市场主体，更谈不上公司化运作和产业化运营。媒体发展的压力、动力、活力相对不足，导致融合转型所需的配套制度和运行策略难以建立，融合更是无从谈起。

三、城市台改革发展的路径探索

（一）调整体制机制，为媒体深度融合提供制度保障

基于目前的困境，城市台应从顶层设计入手，调整体制机制、重组组织架构、优化资源配置，打破部门隔离、资源分散、各自为政的弊端，实现管

理模式的全面升级和生产流程的重构。总体而言，建议城市台实施扁平化管理，明晰权责。一方面，充分放权，提高职能部门的自主权和灵活性，解放各部门的生产力；另一方面，统分结合，保证台对重要决策、重要资源的集中管控，对台内部的宣传、资源、人事、财务、产业等方面进行统一的集中管理。在调整组织架构和管理模式的过程中，要综合考虑本台实际情况，如评估改革经历、政策环境、人员构成、员工状态等核心要素，因地制宜地进行调整，切勿生搬硬套。在机制方面，城市台应建立健全各项考核机制、管理机制，为媒体融合的推进提供制度保障。

此外，由于体制机制的调整涉及政策、管理、人事等多个方面，台领导层要在改革中扮演重要角色。在改革过程中，台领导要善于利用自身的资源，为改革争取更多的政策倾斜、财政扶持，以确保改革初期的稳定，并为后续发展争取更多的政策红利。

（二）定位本地服务，全面提升城市台融合传播力和影响力

面对媒体融合带来的新机遇，城市台应调整定位，因地制宜地打造"区域综合信息服务平台"，在保证和强化媒体属性的同时，延伸媒体的"工具属性"，扩展平台的应用场景，从而加强媒体与当地百姓的情感连接。具体来看，城市台一方面应围绕当地政府工作，做好连接政府与群众的桥梁，承担主流媒体责任；另一方面应升级服务，改内容思维为服务思维，利用城市媒体的贴地优势，开发政务资源，发展本地服务。

尤其在服务方面，城市台可以充分发挥内容、受众、市场等方面的优势，大力拓展"广电＋服务"模式，如"广电＋政务""广电＋民生""广电＋教育"等。调研发现，城市台服务升级的可借鉴路径有：第一，通过媒体资源和专业优势，提供文化服务、信息服务，如为企事业单位创作宣传作品、定制节目，策划组织主题活动；第二，借助媒体的技术优势，提供平台搭建、代理运营等服务，如代理运营市政部门新媒体平台、租借输出技术平台等。济南电视台充分发挥其作为传统媒体的公信力，和政府相关部门、团队进行合作，打造了一系列口碑和收视双丰收的特色栏目，如与济南市纪委合办的

《作风监督面对面》，充分发挥了媒体监督作用；与政协合办的《商量》，邀请政协委员、专家学者、部门代表和市民代表一起探讨民生问题，在济南乃至全国的影响力都很大。

（三）寻求多样态合作，探索区域化、平台化媒体联动协作

基于区域传播环境的特殊性，相邻地域的地理条件、风俗习惯、社会生活状态相对接近，城市台可以与相邻区域的广播电视媒体进行区域联动，实现大型专题内容的联合生产，"联制联播"优势互补，扩大传播影响力。内容生产之外，在新技术研发、重大题材直播报道以及联合推广等方面也可以开展更加深入的合作，抱团取暖，实现双赢。由南京、无锡、徐州、常州、苏州等江苏省内13个城市组成的江苏城市广电协作联盟，通过13个城市电视频道的窗口互通、城市新媒体产品的联合、主持人等人才库的交流共建、大型活动的联办等，整合了江苏省的城市资源，形成了覆盖江苏8000万人口的区域媒体品牌。

此外，新媒体与传统媒体平台之间的联动传播，为城市广电拓展了传播渠道开辟了新的想象空间。目前，已有不少城市台选择入驻今日头条、抖音等商业化新媒体平台，通过新闻的再加工和创意内容生产获得了良好的传播效果。

（四）创新用人机制，培育新时代复合型、融合型人才队伍

在媒体融合纵深推进的关键时期，城市台一方面要从机制入手，调整用人机制、考核机制、奖惩机制等制度，最大限度激发内部活力，为人才队伍的培养提供制度保障；另一方面，要针对性地培养一支具备融媒体思维和能力的融合型人才队伍，同时将培训常态化，不定期组织专业技能培训、跨部门轮岗，从思想理念、专业素养、职业技能等方面入手，培养一批"一专多能"的全媒体记者、全媒体编辑、全媒体主持人。此外，城市台要注重管理人员及领导干部的理念创新，为高层和中层管理人员提供更多外出交流学习的机会，开拓思路，培养一批懂媒体、懂管理、懂融合、懂市场的管理人才。例如，襄阳广电推出"全媒体记者考核方案"，一方面要求记者每月完成新媒体发稿基本任务，引导电视记者向全媒体记者转型；另一方面，按记者独立

完成供稿和前后方采编合作完成的稿件进行分类区别、差异化考核，从机制和架构上完成了全媒体记者的转变。总之，在媒体融合进程中，城市台要制定全媒体记者考核方案，增加新媒体作品在考核中的占比，鼓励记者进行新媒体作品的创作。

（五）发力内容创新，抢占全媒体内容传播新高地

城市台作为地方主流媒体，应以"四力"建设为总体目标，打造地方权威的新闻平台，强化主流媒体的公信力、引导力，同时打造品牌化的精品内容，扩大媒体的影响力。在传播布局上，城市台要进行全媒体内容生产和传播，运用新技术与新媒体产品，增强媒体的传播力。一方面，为使新闻宣传内容获得有效传播，城市台应在保证题材严肃性的基础上，通过节目形式、传播方式、表达方式的创新，提高内容的可看性和传播度；另一方面，城市台根据自身条件可尝试"小投入、品牌化"的内容发展道路，例如将每个频道做出一个亮点，力求做小做精，而非做大做强。

在内容生产方面，城市台要着力推进供给侧结构性改革，从内容的类型、定位、目标用户等多个方面进行调整，合并同类、扶持精品，加强系列性的深度报道，实现内容类型多元化。例如，可尝试借助短视频、互动 H5、Vlog 等年轻态的内容形式，发挥其低成本、强传播的独特优势，创新媒体的内容传播。2019 年，杭州广电的 95 后女记者通过 Vlog 这种视频形式，以第一视角展现两会盛况。这种年轻的视角、轻松的表达和充满活力的创意形式，不但提高了报道的可看性和沉浸感，也彰显了媒体的温度。

（六）再造盈利模式，实现城市广电品牌化、产业化发展

要想突破经营难题，城市台必须彻底扭转传统的广告经营思路。在路径上，城市台应整合本地资源，拓展创收渠道，将业务从媒体传播延伸到文化产业、公共服务等诸多领域，条件成熟时可尝试跨界经营，探索广电的产业化发展道路；在方向上，变经营广告为经营服务，依托自身专业能力和特有资源，为政府机关、企事业单位、当地群众等提供专属服务，打造广电品牌，以此拓展收入来源。例如，扬州广电通过在文旅、婚庆、美食等多个领域的服务拓展，实现了广告创收和产业创收比例二分天下。其重点在于主动跨出行政事业的藩篱，积极拓展商业市场，挖掘新的盈利方式。

（七）紧握技术红利，因地制宜推动媒体智能化发展

随着人工智能、大数据、VR、5G等技术的进一步普及，城市台能否及时抓住技术革命的风口转型为"全息媒体"，将决定其未来的发展。就城市台现状而言，降低技术成本、提高生产能力和效率是技术改革的重中之重。对此我们建议，基础较好的城市台可积极参与互联网、大数据、5G、AI等智能化发展的大潮，为自身发展赢得优势。例如，成都广播电视台借力新媒体子公司成都橙视传媒科技股份公司进行媒体融合的探索，推出了一系列新媒体、政务服务、智慧街道、公共文化、大数据等领域的应用产品，并提供运营服务，形成了多领域立体交叉互补的传播渠道和服务网络。杭州广电、苏州广电、无锡广电等较发达地区的城市台在5G、AI、VR、超高清视频等前沿技术的应用上也是可圈可点的。

对于基础薄弱的城市台，一味追求"高大上"并不可取，应采取租用或合办的模式入驻技术成熟、综合成本较低的平台，以最小的成本实现最大化技术创新。在逐步走向智能化的道路上，城市台也要更加注重人才与技术的匹配问题。一方面，紧跟技术革新的节奏，对技术人才、内容人才进行专业且持续的培训，使其更熟练地应用新技术；另一方面，通过政策倾斜提高技术人才在台里的待遇和地位，使其获得持续创新的动力。例如，在成都广电下属的成都橙视传媒科技股份公司中，所有的技术研发人员都享受全公司最优的薪酬待遇，薪资最高的甚至成倍高于内容岗人员。

综上所述，城市台在融合改革的道路上，应着力拓展媒体的信息服务属性，建立一个根植区域的全媒体生产传播平台、信息综合平台与服务平台，重构城市台的媒体生态，推动自身快速走上智能化、产业化、全媒体化的融合发展之路。在传媒行业大调整、大变革的关键时期，城市台唯有准确定位、不断调整、持续创新，才能冲云破雾、行稳致远。

直播促进共享共创的现实图景[*]

数字技术发展催生了日常生活表达范式的变迁与转向,人类社会进入影像化生存"时代。直播作为影像表达的重要形式,凭借其即时、开放、参与等特性,打开了全民日常影像化展演的窗口。其在变革和重塑人们感官接受习惯的同时,进一步激发和培育了自我展演的能动性、创新性、创造性,并建构了更为深入和广泛的群体联系,在多样化叙事中开启和拓展了共享共创的新图景,实现对社会价值和意义结构的重新表征。

一、直播推动构筑共享共创新景观

一是推动政务服务"活"起来。在政务服务领域,直播开辟了一个开放讨论的公共空间,在政府工作人员和普通民众之间架起了一座即时沟通的桥梁。通过直播中的互动,民众不仅有了更多被看见和被听见的机会,也能够从被动接受通知公告转变为主动获取政务信息,政府就能够更有针对性地解决实际需求。政府部门的直播不仅是一场信息发布会,也是一场政府公关活动。直播与政务服务的结合扩大了公民知情权、参与权、表达权和监督权,推动了社会治理主体的多元化,还能优化行政生态、提高行政效能,为我国政务信息服务带来一股清风。

---

* 文章与包圆圆合作,原载于《中国社会科学报》2021年4月22日第003版,收于本书中,略有删改。

二是推动产业发展"立"起来。近年来,"宅经济"已经成为市场热点,直播也成为新的风口。各行各业积极拥抱直播这一形式,通过直播带货、上课、开会等,辐射更广泛的用户,实现复工、复产、复学。直播电商为传统产业创造了新的机遇,使其在线上迸发了新生机。云逛街、云卖房、云卖车、云旅游、云上博物馆等均能通过直播实现,直播拓宽了消费场景,也激发了传统产业的活力。直播也成为在家学习的新方式,在线教学得到大规模推广应用。"直播+"的加速发展不仅促使直播与电商、教育、文娱等产业联姻,帮助其实现垂直化发展,构建起立体的产业结构;还帮助打通了产业上下游,实现线上线下联动,使产业发展逐渐"立"起来。

三是推动网络文化"动"起来。近两年,直播愈发成为文化产业的"自救锦囊",电影院线、综艺节目、实体书店纷纷开始数字化转型,开启"云端模式"。直播有效促进了传统文化与新媒体的加速融合,让传统文化走出书房,插上直播的翅膀飞入寻常百姓家。直播突破了人与人之间的空间距离,形成令人瞩目的媒介事件。一场场直播汇聚成一个个热闹的文化集市,人们穿梭在各个直播间,犹如享用一场流动的盛宴。文化类直播让静态的生活"动"起来,让呆板的画面"活"过来,为"宅家一族"的日子增添了色彩和乐趣,也让文化在互联网空间焕发了生机和活力。

四是推动社会联系"密"起来。当我们步入"随走、随看、随播"的移动直播时代,通过直播所进行的社会交往也悄然发生了变化——更加便捷的对话、更加即时的反馈、视频化的呈现方式和口语化的交流方式,都让人与人在线上的沟通向现实生活中面对面的经验交流靠拢。直播带给用户和远方他人连接的准社会关系,用户通过直播活动参与主播日常生活话语建构和情感建构,获得不亚于现实社交的满足感。同时,直播的即时参与、场景延伸等特性打破了六度分隔理论,让不同地域、毫不相识的用户都能在直播间相遇并产生关联,这种即时、连续、连接的特性让关系的建立变得无比轻松,也让社会关系网络编织得更加紧密。

五是推动公益行动"亮"起来。场景化的直播让用户更容易产生代入感,他人的变得具体,仿佛触手可及。直播的互动让他人的命运与当下的个体联系在一起，于是"无穷的远方，无数的人们"都变得与"我"有关。直播能够充分放大名人效应，起到爱心示范的作用，增强公众的公益参与意愿，推动全民公益文化氛围的形成。直播的交流经验更接近口语传播，降低了用户对公益活动的认知门槛，让公众能更轻松地了解公益活动详情，降低时间成本。此外，直播保证了公益过程的实时呈现，增强了公益活动的透明度，也更方便用户对公益情况进行监督。

二、拓宽直播促进共享共创的思路

网络直播方兴未艾，蓬勃发展的背后与社会各方面的进步密不可分。与此同时，网络直播所展现的内在创新动力又直接反哺全社会的共享共创，其未来的发展方向与系统性的解决方案亦需要我们的深入探索。

一是要坚持价值导向输出精品内容。就直播的核心价值而言，由人类生活本身所创造的生动内容仍旧是网络直播平台发展的核心动力。在此逻辑下，直播并不仅是提供娱乐消遣的工具，那些具有深厚的历史文化底蕴、扎根于现实生活、传递丰富的人类经验与价值追求的内容，才能经受住大浪淘沙。随着用户群体的不断沉淀，用户的消费需求不断升级，其消费行为也从"被动式"地接受娱乐推荐转向对自我发展类内容的主动搜索，知识性和服务性的内容将推动直播平台内容生产向着精品化转型，成为未来的主流趋势。从社会生活中取材，挖掘价值、传递理智向善的平民意识，才能使直播内容从"商品"转化为"精品"，为全社会的共享共创营造良好的精神风貌和社会风气。

二是借助技术应用升级打造全息体验。从文字到图片，从广播电视到网络视频，媒介技术促成了随时、随地、随机的交流活动，重构了人与人的交流场景。5G、人工智能、云计算、区块链等新型基础设施建设为媒介体验带来了全新的速度和维度，也为网络直播带来了全新的共享空间与共创方式。从连接的广度上看，5G直播能够大大提升其覆盖的用户范围，实现全行业、全社会的可视化。从连接的深度上看，连接对象、连接关系和连接方式的变化将激发更多的共享力和创造力，产生全新的技术应用和使用场景，以人工智能、区块链为代表的新技术基础设施建设将进一步优化行业流程。在万物皆屏的时代，每一个个体将变得实时可见可感，直播将在技术的赋能下为用户带来更为波澜壮阔的全息体验。

三是借助数字转型推进产业融合重构。在可以预见的未来，网络直播将覆盖更多的经济领域，成为主流的销售模式之一，并推动产业转型与融合重构。一方面，直播将逐渐从商品销售环节拓展至品牌建设、生产及供应全链条，带动更多品牌、供应商及个体工商户"上线"。另一方面，直播将从提升消费内容出发满足更多样的消费需求。传统的线下销售模式大多关注产品的性价比和使用特点，而线上消费往往还伴随着对产品内容专业性、生活性、趣味性、品质性的追求。因此，未来的直播将不止于拓展商品类别的数量，也会从呈现内容、形式到风格等多个维度对商品进行探索和升级。

四是提高媒介素养，净化共享共创空间。提升网络主播及用户双主体的媒介素养已成为直播行业的共同需要。对未来的网络直播业而言，提升网络直播空间中的群体媒介素养应包含两个层次：一是要培养网络直播从业者对直播相关技术的学习和使用能力，提升对直播职业的认识和理解；二是要提升公众对直播平台各项内容、技术服务的认知、辨别和理解能力。提升网络直播参与者的生存能力和发展能力，促进良性媒介文化形成，保障有序的网络直播参与，净化共享共创的直播空间。

五是加强规范管理，优化行业生态。以社会主义核心价值观为导向，政府部门先后出台了许多部门规章和规范性文件，逐渐细化网络直播在准入政策、内容审查、备案制度、弹幕和主播管理等方面的制度要求，为平台运营商设置有效的巡查与信息过滤机制的执行标准。同时，政府部门对于网络直播的监督覆盖了事前、事中和事后三个阶段，形成了对网络直播的全过程、全方位的监督框架。随着直播行业与社会经济、政治、文化活动的联系日益紧密，一些交叉性的监管政策陆续出台，这势必成为网络直播行业监管的新趋势。例如，《网络直播营销行为规范》就是从广告法出发，对直播中的商家、平台、主播及主播服务机构的责任与义务作了详细的规定，而有关直播中流量造假等问题,也陆续受到知识产权局、消费者协会、广告协会的多方关注。

在多方齐抓共管的大背景下,直播行业不再以一种野蛮生长的姿态向各行各业扩张,健康、可持续的跨界合作成为未来直播行业发展的主流形态。

让民生新闻走向新生[*]

对于大多数城市电视台来说，2015年是愈加艰难的一年，广告收入和市场份额普遍大幅下滑，多方冲击拍岸而来：几大卫视不仅继续占据周末强档，还加大了周间节目的培育力度；央视平台多端经营，以权威资讯"吸睛"地方观众；新媒体企业大手笔投资，网络大剧高端崛起；自媒体蓬勃生长，快速满足用户需求；移动场景加速了城市观众尤其是年轻群体的分流，而一度风光无限的城市民生新闻，在尽享十年市场红利之后，疲态显露，人心、人气、人才似乎都染上了几分"难提当年勇"的落寞。

面对困境，加速媒介融合，既是政策鼓励的方向，似乎也是媒体发展的必然。但是，媒介融合是一场涉及内容、渠道、平台、经营、管理等全系统的观念重构与流程再造的革命。怎样破局，又如何融合，对于技术、人才、资金都相对缺乏的城市广电来说，尤显困难。尽管如此，我们仍然可以看到，不少城市电视台牢牢根植于自身优势和区域特点，探索各具所长的融合路径，武汉电视台《厨房现场直击》即其中之一。

《厨房现场直击》是武汉广播电视台生活频道和武汉市食品药品监督管理局联合推出的栏目。每期节目通过突袭执法，直接呈现餐厅后厨状况，同时借助多平台、全媒体互动，搭建起了公众、餐饮企业、监管部门共同参与治理食品安全的社会共治平台。截至2015年10月10日，《厨房现场直击》已播出182期，报道了武汉市129家餐饮单位，被武汉市民誉为"武汉餐饮食

---

[*] 文章原载于《中国广播电视学刊》2016年第2期，收于本书中，略有删改。

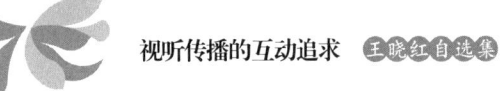

品安全指南",也为中国食品安全领域提供了"武汉经验"。

在传统媒体与新媒体共构的信息环境中,新闻生产有哪些变化?城市电视新闻又如何走向新生?《厨房现场直击》是探索,也是启示。

一、以社交化为突破,实现公众参与的形态创新

如何认识新媒体对电视新闻的影响?从表现上看,新媒体的出现,使得电视报道在速度、广度和深度上都不再具有比较优势。当突发事件发生时,新媒体成为提供第一时间资讯、第一现场画面、汇聚多方观点的最重要渠道。这似乎表明,在新的传播环境中,渠道胜于内容,渠道就是王道。于是,在过去相当长一段时间里,电视台花大力气,建网站、建客户端,以期让自产节目在多渠道中得到更快速的传播、更广泛的影响。显然,渠道建设是必要的,也是融合发展的前提条件,但是,实践证明,仅依靠渠道的增加,将新媒体运用置于电视内容生产之后,并没有也不可能从根本上解决电视新闻生产的困境,因为新媒体表面上带来的是传播渠道的变化,而实质上是传播关系的变革。今天的公众不再是被动的信息接受者,而是主动的内容生产者和传播者,这种变化决定了新旧媒体的本质差异。

公众参与新闻生产,是社交媒体的本质和优势所在。新闻产品形态也因此不再是封闭的,通过公众的点评(新闻)、补充(信息)、转发、反馈,不断丰富所报道事件的信息、观点和意义,并且在多终端的动态扩展中,与公众紧密互动,从而形成广泛的影响力。因此,能否抓住"社交化"的本质,将公众参与纳入节目生产中,是电视新闻形态创新的关键。

《厨房现场直击》的突出特点就在于调动了屏幕内外广泛的公众参与。聚焦后厨卫生,配合执法监督,这样的报道并不少见,但是,以往只是将电视内容照搬上网,网络只是延伸信息价值的新渠道,而现在,从事件发生时的及时网络爆料,到事件进展中的及时调查披露,进而到次日的反馈讨论,每期几分钟的节目处处可见公众的身影。例如,"摇电视"新闻爆料平台与"掌上武汉"App客户端打通,将微博与微信连通,"收集网友评论,爆料新闻事

件，为节目提供更为丰富、生活化、贴近性的观点，将征集到的图片、视频、观众反馈直接用在节目中，吸引观众热情参与"。电视、网络、手机等多终端充分互动，使得每一个个体的微资源、微能量、微价值带着鲜活的气息，汇聚成流动中的、不断壮大的能量。

在开放的新闻结构中，媒体成为话题的引导者，而公众成为信息的发布者。这些信息源自生活的每个角落，也源自市民的生活体验，因此，民生新闻是信息流，也是生活流、社会流。美国学者凯利·马克布莱（Kelly McBribe）和汤姆·罗珊休（Tom Rosenstiel）在讨论新的新闻产品价值时，用这样一段话来强调公众参与的意义："新闻从不属于新闻工作者。新闻属于公众""它是发现的火花，众多问题的聚光灯，寻找途径的过程，值得庆贺的采集，以及与产生社区知识有关的一切。"正如《纽约时报》2015年10月7日发布的一项名为"我们的前进道路"的报告中指出的，"现在记者不再是站在山顶向大众传播新闻了，而是深入大众，尝试一起弄清楚山顶正在发生的事"。

武汉台的实践证明，民生新闻以社交化为突破，打通多终端，精心设置议题，在报道和反馈的即时互动中，激活公众资源，使之全程参与新闻生产。唯有如此，才能突破既往琐碎、肤浅、雷同的藩篱，不仅在速度、广度、厚度上媲美新媒体，而且在深度、温度和清晰度上有了切实的群众基础。

二、以贴近性为依托，实现服务协作的平台创新

贴近性是城市台的优势，因为无论是在空间距离还是心理距离上，城市台都更接近本地公众，其发展更是与本地居民的生活息息相关，因而民生新闻、方言新闻曾经在相当长一段时间里成为许多城市最亮丽的新闻风景线。然而，随着传播渠道越来越多元、媒体竞争越来越激烈，形态和内容都相对单一的传统民生新闻模式已经不能满足人们对于信息服务的需求。新闻产品能否得到观众的认同，在很大程度上取决于产品能否切中社会公众的普遍需求、能否帮助人们在海量信息迷阵中更精确地掌握信息、能否体现新闻的互

动性、参与性和服务性等新的核心新闻价值观。

如前所述，新媒体环境下的新闻不再是封闭式的产品结构，而是不断动态扩展的服务系统，可以说，今天的新闻已经从一个产品成为一项服务。对于城市台而言，贴近性仍然是核心竞争力，不过，需要新发展。城市民生新闻应充分用新的传播平台，深化地方资源的服务协作，把贴近性、新闻服务和用户需求紧密联结，在发展贴近性上做文章。

（一）发展以用户需求为导向的贴近

新媒体传播带来了人与人之间的连接。当信息可以以"一对一"的方式直接切入每个人的生活时，人们对有用性的需求更强，对所感兴趣内容的深度要求也更高，这就是垂直型媒体受到青睐的重要原因。今天的媒体要更善于聚焦需求来连接观众，连接用户，要更善于强化新闻服务来赢得忠诚度。进一步来说，有贴近性的报道不再只是从媒体视角单向提供信息，而是从用户使用信息的角度，来考察和选择信息的有用性、有趣性和有效性，同时根据用户反馈，知晓用户所想所需，从而适时改变媒体之前的预测。

《厨房现场直击》聚焦人们看不见的后厨现场，这是人们应知、欲知而未知的领域，再加上武汉是美食城市，食品安全关切百姓切身利益，所以这档节目具备了天然引发社会关切的元素。但是，栏目的追求并不止于靠揭露来赢得一时轰动，相反，它充分以用户（公众）需求为导向，以信息使用为逻辑，以解决问题为目的。这一理念突出体现在节目结构上。每期节目分为三个板块：厨房现场直击、食品安全回头看和江城餐饮黑榜。"厨房现场直击"现场曝光问题；"江城餐饮黑榜"由市民投票选出；"食品安全回头看"对所曝光问题和黑榜单位进行回访，并督促整改。这三个板块互为支持，互为完善，有问题、有回访，既不夸张渲染，也不刻意回避，有始有终，一追到底，从而不让问题烂尾，确保服务到位。每期节目2-3分钟，每周四次，晚间黄金时间播出，这样的设计既使每期节目不拖泥带水，简短明快，适合移动传播、碎片化收视，又保证了每周四次与观众见面，以足够的频次带动影响力。需要特别指出的是，现场直击和回访播出的时间间隔在一周左右，既呈现了真实的行政执法节奏，推动了问题的督办检查，又借助 QQ 群、微博、微信、新闻爆料平台、"掌上武汉"客户端，形成充分的话题议论场，贴身服务用户（观众）的细微诉求，同时从用户的反馈中进一步推动解决问题。"摇电视"爆料首次上线就反响强烈，参与互动人数约 10 万人。由此，"厨房现场直击"引发的信息流，成为贴近民生需求的生活流、推进公共服务的社会流。

（二）发展以现场可见为魅力的贴近

我们固然处在一个随手可拍、即时可得的多渠道传播的时代，电视新闻报道形态日趋开放，但是这并不意味着，电视视听力量被削弱。相反，我们可以看到，大屏幕图形演示、精良的画面，3D 虚拟演示依然是电视独领风骚的表达方式，正在进行时态的"现场"同样是电视的魅力所在。眼见为实的社会心理驱动人们观看的愿望，身临其境则是"贴近"的最高境界。无论电视如何转型、媒介如何融合，电视新闻的"现场感"和报道过程的"可见性"依然是吸引观众的核心竞争力。其实，当前民生新闻出现的很多问题无关平台，而在于从业者的专业能力不足。发挥电视所长和实现媒介融合，不仅并行不悖，而且有助于确立电视报道的公信力和独特地位。

《厨房直击行动》虽然只有短短几分钟，却充满吸引力，这是因为节目具有揭秘性的现场可见度。每期节目由市食药监执法总队执法人员带队，对全市范围内知名度高、颇受市民欢迎的餐厅后厨进行突击检查。由于厨房是餐厅的非公开环境，是市民耳熟能详、与他们的饮食安全直接相关，他们却毫无了解的场所，因此后厨的真实面貌具有天然、普遍的吸引力。电视纪实坦诚地展现了现场执法过程，包括执法人员的询问点评、厨房工作人员的应答等，现场"可见"令观众身临其境，极大增强了新闻报道的透明性。管理部门通过节目让公众"看见"了专业公正的执法形象；企业通过节目打开了后厨，让消费者"看见"并检验了美食加工的环境；市民通过节目"看见"了武汉餐饮安全的真实面貌。

西方新闻学者认为，在信息不再稀缺的时代，与新闻影响力相关的几个

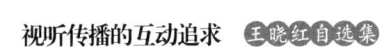

关键词要引起充分关注,即真相、透明度、社区。的确如此,今天,寻找真相的过程变得越来越复杂,获得可靠证据变得越来越重要,新闻过程的真实"可见"变得越来越重要。这种"可见"既来自公众参与新闻生产,更来自具有吸引力的电视"现场"。在媒介融合时代,城市电视新闻应继续发挥快速抵达现场的优势,在信息传播的可见度上下功夫。

(三)发展以资源聚合为优势的贴近

新媒体传播中有一个词"solomo",即"social"(社交)、"local"(本地化)和"motive"(移动)的合体,"social"指社交化,就是人们参与信息的创造、分享和交流;"local"指的是基于位置的服务(LBS, Location Based Service);"motive"指的是在移动中获得。大众点评网是典型的"solomo"模式,依靠用户评价,自动生产信息,任何用户都可以依据其"在地"需求,随时随地获得"在地"信息服务。理想的城市电视新闻,尤其是民生新闻,应该具备大众点评的气质,汇聚"在地"资源,把市民的"在地"需求做足、做大、做好、做强,成为市民生活的必需品。

相对于大媒体而言,地方媒体具有得天独厚的"在地"资源,即生于斯长于斯的信息资源、行政资源、社会资源、情感资源、百姓资源等。地方媒体之所以有可能以小博大,是因为它的在地优势,能够以较小的沟通成本、时间成本、情感成本,与各方形成合作,进而利用媒体的宣传推广,整合资源,盘活资源。尤其在新媒体时代,新闻用户习惯了基于人的兴趣、需要而形成的聚合新闻应用,因此,新闻资源的相关性处理变得尤为重要。从这个意义上说,地方媒体能否利用"在地"资源优势,有力聚合现实资源,有效配置多终端资源,提升公共服务的质量,考验着地方媒体的创新能力。

武汉电视台在几年前创造了"电视问政"的全国样板。电视问政是整合城市公共资源、推进城市进步的典型例证,而《厨房现场直击》是继"电视问政"之后在聚合资源、深化服务上的又一次创新实践,是调整内部运行机制、更好适应融合传播的秣马厉兵。以《厨房现场直击》为抓手,武汉广播电视台生活频道成立了全媒体中心，在对现有的微博、QQ群进行系统梳理的基础上，增设了更具个性的汤包TV3、生活全报道TV3等微信公众号以及"摇电视"新闻爆料平台，并将其与全台的App客户端"掌上武汉"爆料台打通，形成了电视节目引导、"摇电视"互动、微信公众号软文推送的跨屏、跨界的资源整合链，发挥贯通线上线下、屏幕内外的叠加效应。

概括而言，城市电视台可以在两个层面上聚合资源，提升民生新闻的公共服务价值：一是聚合多个传播平台的信息资讯，连通所有相关场景，将用户的消费行为、使用习惯纳入信息产品，成为它的内容。例如，所见商品可购买，所得积分能兑换，从而全方位、全接触地贴近并且满足信息消费的需求。二是聚合城市资源，构建"新型城市公共服务传播体"，在政府、社区、公众、媒介之间搭建多向性的互动平台，融合医疗、教育、交通、文化、房产、天气、养老、火警、治安、社区、商场等于一体的公共服务资讯，以全方位、互动性、接地气的服务品质，拓展媒介的公共服务新功能。

三、以公信力为根本，提升舆论引导的表达创新

新的传播时代不再是信息垄断、知识垄断、观点垄断的时代，即使偏居一隅，人们也可以通过各种传播渠道，第一时间获取资讯、观点、知识。在去中心、去权威的传播环境中，主流媒体的影响力的确遭遇了挑战，但是这并不意味着主流媒体的社会责任感和公信力的必然丧失。我们的主流媒体要成为引导者，而不是被引导者，就必须了解并且主动适配新传播平台的特性、方式，在被信息和选择淹没的世界里，帮助和引导观众轻松地做出选择，引导正向的生活价值观，在媒体竞争中重塑公信力。

《厨房现场直击》是电视与政府部门的跨界合作，双方官方微信——"汤包哥"和"康康姐"及时互动、发布信息；除了电视屏，节目还积极拓展手机屏、移动电视屏（地铁、公交）、户外大屏等多屏传播。如果说，硬件建设是拓展节目影响力的基础，那么，软件建设则是赢得公信力的关键。《厨房现场直击》坚持负面新闻的建设性处理，在不断的追问与充分的讨论中，汇聚

各方民意，引导认识方向，彰显主流媒体的权威公正，从而推动了"社会共治"局面的形成。由此可见，主流媒体引导舆论的公信力建设，关键并不在于是否"网络化"，而在于"在场"，在社会关切的现场，在舆论讨论的现场。

从"电视问政"到"厨房直击"，武汉电视台把政府和公众结合起来，不仅让政府的话语权得到发声，也最大程度地维护了公众的知情权和参与权。在公众的广泛参与和充分讨论中，在多平台、全方位深化新闻服务中，营造了健康向上、丰富生动的主流舆论，实现了城市民生新闻走向新生的突破创新。

电视新闻的好文风从哪里来[*]

优良文风历来是新闻界所倡导的,中国新闻奖即倡导好文风的体现。文风表现为形式,又不止于形式,文风的背后是观念,是作风。文风要平实,作风必然要求求真务实。电视新闻以视觉形象见长,却也容易耽于画面。有些电视记者追求表面热闹,关注细枝末节,却无力把握整体,因此尽管有着看似生动的画面,报道却浅尝辄止,这显然不是好文风。

一、好文风来自对"具体人"的深切关注

获本届中国新闻奖电视系列一等奖的《走基层·塔县皮里村蹲点日记》是2011年新闻战线"走基层、转作风、改文风"活动的代表作,也被认为是对中国现实国情的生动注解。新疆喀什马儿洋乡皮里村地处高原,远离县城,且道路不通。每年开学,马儿洋乡的乡干部们全体出动,分别接送各村孩子到县城上学。央视记者跟随乡党委书记郭玉琨,徒步往返9天,步行近200公里,一路跋山涉水到皮里村接孩子上学。这个系列报道以参与式的观察方式,记录了孩子们极其艰难的上学过程。整个报道没贴标签,不拔高,不煽情,以日记体方式娓娓道来,真实地还原当地干部和村民的生活常态,以及浸润于常态中的尽责与坚守、乐观与互助。

"皮里村"系列报道无疑是好文风的代表作。好文风从哪里来?主创者的

---

[*] 文章原载于《中国记者》2013年第5期,收于本书中,略有删改。

经验是：深入生活的"走基层"，心怀诚意的采访，带来了"触碰人心的真实感"。下决心"走基层"不难，"心怀诚意"也不难，难的是怎样才能"触碰人心"？由此带来的问题是：人们时常会说，电视新闻报道要有感染力，就要有"人文关怀"，要讲故事，要有人物。可是为什么很多报道中有"人"有故事，却仍然让人感到疏离，难以入脑入心？

问题的关键不在于报道中有没有"人"，而在于我们传播者眼中有没有"人"。报道者眼中只有"事"而看不见人，往往流于用概念解释概念，把原本生动的人当作抽象的符号，即使有对"人"的采访，也只是把被采访对象当成孤立的个体。从这个意义上说，传播者眼中是否有"人"决定了报道的文风。这里的眼中有"人"，应有以下两层含义。

（一）"具体的个体"与日常化

所谓具体的个体，是指传播者眼中的"人"是有个性的具体的人，而不是一个抽象物。抽象个体往往是被媒介符号化的，是缺乏个性而面目模糊的，所以难有亲近感；而"具体的人"则是丰富而立体的。从伦理高度来看，新闻报道要关注"具体的人"；从技巧来说，日常化还原了人的日常状态，显示了报道真实感和感染力，有助于吸引观众。

这种"具体"人的观念诉求为时政报道和领导人报道带来了新文风。本届中国新闻奖电视消息一等奖作品《张春贤"逛"夜市》，以新闻特写方式，生动展现了时任新疆维吾尔自治区党委书记张春贤与百姓亲密接触的场景。整个报道文风简约生动，充满现场感。而特别奖获奖作品《胡锦涛主席在中南海会见美国佩顿中学访华师生》的生动性同样得益于"具体"人的理念——将领导人言谈举止置于"日常化"情境中，观众可以直接感受到细节、情绪、故事以及活生生的现场气息。在该作品中，观众可以看到诸多生动细节，如胡锦涛快步小跑与等候着的学生一一拥抱；他像普通长辈，轻轻地提示朗诵忘词的学生。在此，尤如日常生活的情态不仅没有削弱报道主旨，反而很好地拉近了领导人与人民之间的距离，展现了他平易近人的性格。

（二）具体的观众与对象感

所谓"具体的观众",是指不仅报道内的"人"是具体的,报道外的观众也应是具体的。换言之,新闻报道要有具体的对象感,有了这种对象感,报道者就能推己及人地考虑观众需求——是否听得清楚,听得明白,是否提供了帮助,是否反映了心声,这样有具体对象感的报道自然更容易入脑入心。

温州电视台《7·23动车追尾事故现场直播》获本届中国新闻奖电视直播一等奖。这个节目最鲜明的特点在于:在平实的文风中有着强烈的人文情怀和社会服务意识。在以往突发灾难事件直播中,电视媒体通常会关注现场的现象描述和灾难状况的直观呈现。然而,媒体如果只是做到了报道事实、报道悲伤,并不能体现新闻报道对灾民的帮助。与大媒体直播相比,温州电视台这次直播把"新闻服务"落到实处,真正发挥出地方媒体贴近性优势:不断播报各个医院收治伤员的名单和寻人启事;持续关注血站用血量和滞留旅客安置情况;用微博号召市民参与救助;及时发布信息、安抚伤者情绪……有对象感的报道使"一切为了救人"的直播理念得到落实,观众也因此看到了更加务实和贴近人心的报道。

二、好文风来自对报道主题的有机把握

好文风是有整体感的,是符合历史真实、全局真实的文风。有时候,电视报道文风不实,是因为记者对报道对象缺乏整体把握,因而只能浮光掠影。而且,由于电视的线性传播和画面的碎片特性,电视报道还容易出现碎片化倾向。事实上,小场面未尝不能表达大主题,大主题未尝不能体现人文关怀,防止碎片化关键在于对主题的有机把握。

云南电视台电视访谈《南海:前世今生》为有机把握重大主题的报道提供了范例。自2011年5月以来,少数国家在南海问题上频频向中国挑衅,云南电视台于6月中下旬及时播出这个深度访谈节目,这是国内首个深度探讨南海问题历史渊源和近年纷争原因的新闻报道。节目邀请国内权威的南海问题专家和军事专家,通过翔实的历史资料和文献梳理,条理清晰地指出了南

海属于中国的法理依据，以及现今存在的主要争端及其症结所在，充分表明中国政府在此问题上的原则立场。节目从定题到播出只用了不到一周的时间，无论是报道速度还是作品质量，都属上乘，鲜明体现了地方媒体在事关国家安全的重大报道上的责任意识。

特别值得一提的是，不少电视报道在处理大主题时，总是与大制作、大场面、大叙事联系在一起，而《南海：前世今生》一方面高度重视所报道话题的历史的逻辑的统一；另一方面通过寻找人们的"当前兴趣"和"现实关切"，把握历史题材新闻性，为历史讲述找到现实依托。同时，借助新鲜而典型的细节"点亮历史"（编导语），从而把一个复杂而重大的问题讲得"娓娓道来"，入情入理。

浙江卫视电视评论《温州：让民间资本回归实体经济》则显示了另一种理性而有吸引力的文风。节目紧扣全国瞩目的热点问题：在后金融危机时代，国内通胀水平高位运行，银根抽紧，银行惜贷，温州老板"跑路风"惊动上下。一时间，举国关注，各大媒体连篇累牍报道，网络议论喧闹一时。然而，如何解决关键问题，并无现成答案，也缺乏应有的关注。节目抓住这个新闻媒体与社会同步的重要选题，但未匆忙发言，而是对问题进行了深入广泛的调查，对节点性事件进行长期跟踪采访。最终在15分钟的节目时间里，层层剖析了温州信贷危机的实质，清楚说明了资本之痛是如何倒逼金融改革破冰的重要主题，为开启温州金融综合改革试验做了提前预热。在此，当微博喧嚣，媒介性质决定其速度远胜于传统媒体时，电视媒体的"热点冷评"为社会公众带来了更理性和客观的声音。上述作品也说明，只有有机地把握问题，才能真正做到文风的短、新、实。

三、好文风来自直面现实的建设性立场

好文风不只是说百姓的话，好文风也是敢于直面矛盾、理性引导社会的文风。媒体责任在于及时发现并且大胆回应社会关心、公众关切的热点、难点问题，但是如果仅停留在对问题表面的曝光上，就是没有"尽到对人民的

责任",相反真正关切民生的文风是通过深入调查和访问,引发理性的公共讨论,促成公共政策完善,引领问题切实解决,这种直面现实的建设立场决定了众生喧哗时代主流媒体的权威性。

内蒙古电视台作品《拆新房为哪般》获得了电视新闻访谈一等奖。一个商品房小区刚建成两三年,就面临被拆迁的命运,由此引发了业主和相关部门的尖锐冲突。拆迁不算新闻,但是新建小区拆迁就成为一个具有时效性和广泛关注度的新闻事件。这样的民生维权类选题有普遍意义,但是把握不好,节目极易以"百姓代言人"自居,倾向一方,而忘了媒体公正客观的立场和激发正能量的社会责任。

《拆新房为哪般》的突出特点就在于,不以激化矛盾来抓取观众眼球,始终把增进理解、理性沟通、解决问题作为着力点。该节目组认为,有些事情看似是负面的,但分析原因、找到办法、总结经验、解决问题、化解矛盾、解除误会、疏通情绪,它就是正面的;有些正面报道,用所谓负面问题和质疑式提问来考验,甚至是用可能的误解来求得纠正,或者用不专业的百姓的话语来调侃,反而会激化矛盾[1]。

好文风不仅来自直面现实问题的勇气,更来自理性引导社会的建设性立场。这对处于矛盾多发期的中国来说,尤为重要。在第22届中国新闻奖电视新闻获奖作品中,上海电视台《聚焦医患"第三方"》等都代表了电视媒体在创新舆论监督形式、促进社会沟通上的积极作为及好文风。

当然,好文风不仅要遵从新闻原则,也要发挥媒体的独特个性。精当的画面、生动的现场,恰恰是电视新闻的魅力所在,拓展新媒体视听元素,创造更为简洁、清晰、明了的视觉表达形式也应是创造好文风的题中应有之义。

---

[1] 转引自该节目主持人雷蒙在第七届中国新闻奖暨长江韬奋奖高端研讨会上的发言。

新闻的价值实现及社会守望*

今年有96件电视新闻作品被推荐参评中国新闻奖。这些作品均先期通过了各地记协或广电协会分会的初评。最终中国新闻奖评出各类电视作品特等奖1个、一等奖8个、二等奖15个、三等奖26个。尽管技巧是作品获奖不可或缺的因素,但中国新闻奖更强调新闻作品的社会价值,将传播效果置于社会需求和时代发展的坐标中来考察,同时,侧重积极正面的舆论引导作用。

直播常态化、报道民生化、彰显"现场"感、强化解读力等方法的探讨与实践,无疑提升了电视报道质量。随着社会环境日趋复杂多样,公众对于新闻传播的价值期待发生重心转移,评判新闻的价值观也随之深刻变化。新形势下,电视新闻要有所作为,不仅需要技巧层面"术"的提高,更需要深化对"道"的认识:用适应社会发展需求的新闻价值观指导电视实践。本届获奖作品突出显示了中国电视媒体在此方面意义深远的实践与成效。

一、融入群众:从有价值的引导到有认同的传播

《走基层·塔县皮里村蹲点日记》是本届中国新闻奖电视系列报道一等奖作品,也是2011年新闻战线"走基层、转作风、改文风"活动的代表作。它被认为是对中国现实国情的生动注解,开创了走基层"电视连续剧化报道"

---

* 文章原载于《新闻战线》2012年第11期,收于本书中,略有删改。

的先河。记者与基层干部共同经历了接送新疆塔县皮里村孩子们徒步上学的艰险之路。系列报道生动真实地记录了许多细节：趟冰河、攀悬崖、喝洪水……在这艰难路上，孩子们的善良与勇气、基层党员的尽责与担当、支教老师的爱心与坚守，温暖着人心。报道不贴标签，不拔高，不修饰，真实质朴，充满家国情怀，令人动容。

坚持以正面报道为主，以正确的舆论引导人，是我国新闻事业的明确方针。然而，在新闻实践中，以正面宣传为主的主题报道和典型报道，常常因为缺乏感染力而难以让人入脑入心。尽管在改进报道方法上有诸多探索，如以小见大、用细节说话、用故事建构等，但是大多报道仍然差强人意。以《走基层·塔县皮里村蹲点日记》为代表，本届获奖电视作品在提升正面报道引导力上可圈可点。

电视消息一等奖作品《刁娜：舍己一条腿救人一条命》报道了烟台市民刁娜为救助车祸伤者而不幸被撞的事迹，其时正值"小悦悦"事件引发全社会道德大讨论。记者敏锐地捕捉到"刁娜救人"所具有的重要新闻价值，当"小悦悦"事件几乎让世人对整个中国社会的道德良知产生怀疑时，刁娜事件的及时报道补充了社会正向信息的缺失。记者并没有把刁娜作为唯一的报道对象，而是通过对施救方、被救者和肇事方家属这三方采访，从人们共同表现的善良与友爱中，反映社会普遍存在的向上向善的力量。整个报道让当事人说话，而当事人朴素话语所传递的积极价值观更具有感染力，更容易引发社会共鸣。

获得三等奖的新闻访谈节目《夜线约见：不幸之中有暖流》与上述内容相似。上海市民积极救助被土方车碾压致伤的女孩后，栏目组当晚将当事人请进了演播室，通过微博与市民互动，社会反响积极，收视率冲高。原本节目方是议题的设置者，是价值观的引导者，而当普通百姓第一时间成为被访谈的"名人"后，演播室里的百姓成为主动的传播者。让百姓对百姓说话，说最真实最朴实的话，这种关系认同的营造，无疑是实现情感认同进而实现价值认同的前提，微博反馈证明了这一点，有评论如："（救人者）很朴实，被采访时说话很朴实。""我们日趋冰冷的心将会温暖。"需要补充说明的是，本届电视访谈类节目质量上佳，各有千秋。虽然从选题广泛性考虑，这个节目没有获得更高奖项，但仍不失为颇有借鉴意义的优秀节目。

电视新闻专题二等奖作品《凡人的慈善情怀》的主人公阿里木是生活在贵州的新疆人，以烤肉串为生，多年来资助各族贫困学生，因此当选"感动中国2011年度人物"。通常在典型人物或主题报道中，为突出人物事迹、强调主题道理，创作者很容易"放大一面，不计其余"，将人物抽离了生动丰富的本真状态或真实环境后，主题或道理看似更集中了，反而失却了"自现其义"的魅力。《凡人的慈善情怀》之所以朴实、有吸引力，恰恰来自他和新婚妻子的生活互动，在这种互动中，阿里木宽容厚道的性格和助人为乐的情怀，鲜活地呈现在他的动作、声音、细节中，真实可信。

综上分析，我们可以看到，"走基层"不是"走到基层"的形式，也不是添了标签的技巧，究其实质，是深层的价值逻辑转换。从实现正面引导的有效性来看，新闻的价值实现在于受众，而非传播者，只有受众认同，才能实现有效引导。换言之，让群众成为新闻传播的中心，要从"贴近群众"走向"融入群众"，消除关系隔阂。把报道的事物与群众的观念、群众的情感、群众的体验联系在一起，《走基层·塔县皮里村蹲点日记》《夜线约见：不幸中有暖流》《凡人的慈善情怀》等作品莫不如此。记者心中要有大局，有了大局，才能在"小处"见"大道"，才能在寻常事物中发现不寻常的新闻。

二、见微知著：从解读外部信息到传递内在意义

在信息多源多样的今天，信息解读成为提升报道质量的关键词。对于新闻观众来说，在纷杂碎片化的信息迷阵中，单纯获得信息已不能满足人们把握世界的需要，通过媒体对信息的提炼、整合与解读，人们可以精确地掌握信息，有效地理解信息，更好地判断世界；对于新闻媒体来说，在如潮的信息中条分缕析，敏锐触及社会的最深层需求，并做出合理判断和准确报道，既是人们对于传统主流媒体的价值期待，也是新闻媒体承担社会责任的价值皈依。从信息占有转向信息解读，从获得外部信息到掌握内在意义，公众对

新闻价值需求的重心转移，对报道者的洞察力和智慧提出了更高的要求。所谓解读外部信息，即为所报道事物提供清楚的信息和相关背景；所谓传递内在意义，则指通过纷繁表象找到事物的内在关联。古人云"意能遣辞，辞不能成意"，在人人都可以成为记者的时代，把握内在意义，既关乎新闻报道的社会影响力，也关乎社会理性的价值建设。揭示时代精神。电视专题片一等奖作品《右玉精神》，报道了山西右玉县 18 任县委书记棒棒相传，带领全县人民 60 年植树造林，终使荒漠变绿洲的故事。电视片摄影讲究，采访丰富，细节生动。更重要的是，大量采访清楚揭示了"右玉精神"的核心内涵——执政为民。在新的历史时期，"右玉精神"启发人们：科学发展观离不开正确的政绩观。如果不能揭示并贯穿这一核心，报道停留于就事论事，就无法产生有指导价值的社会影响力。

凸显议程价值。电视消息一等奖作品《张春贤"逛"夜市》，为深化时政报道和领导人报道带来了新方向。张春贤轻车简从"逛"夜市的报道中，大量现场细节极为生动，贴近民生。该报道突破性的价值在于报道巧妙关联事件背后巨大的社会意义。2011 年 7 月 4 日，领导出现在与百姓最贴近的夜市，与各族群众亲密无间，这无疑稳定了社会人心。报道从微视角出发，通过议程设置传递了大意义。

把握社会理性。电视专题二等奖作品《一个人的路》，讲述了一个平凡但不寻常的家庭。患有先天性骨不全症的玻璃女孩苏相宜被亲生父母遗弃后，在养父母无私养育下成长，在历经亲人去世、家庭破碎、生活困顿的苦难中，苏相宜坚强乐观及其对尊严、自立的追求，令观者自省。整个报道尊重报道对象，不煽情，不猎奇，不放大隐私，不垂怜苦难，为社会形成理性进步的正能量助力。

新闻媒体之大胜在于见人所未见，察人所未察，道人所未道。在尚无定论的事态中，寻找推动社会进步的点点滴滴，把握社会理性价值建设，应该是一个不断进步和成熟的社会对新闻媒体的必然要求。

三、社会守望：从舆论监督到社会沟通

社会守望是新闻媒体最重要的功能和责任体现，及时、准确、充分地向公众报道所发生的事实（如矛盾和问题）是实现这一功能的基本前提。在当今社会矛盾多发期，热点、难点和焦点问题更不容媒体回避。不过，社会发展和媒介环境变化决定了今天的新闻媒体应该站在新的高度来检视报道的进步。

从问题报道的社会满足来看，大致来说，可以有以下几个标准：是否在及时、准确、充分地为公众提供信息和保障公众知情权方面有更多作为？是否促进了公众更有效地使用信息并且帮助他们在更开阔的视野上理解复杂事件的社会意义？是否进一步发展了各方观点交流的沟通形式，为社会发展的关键问题汇聚智力服务？此外，对于电视媒体来说，还须衡量在技术进步推动节目创新方面是否有更多作为。以此衡量，电视作品在热点问题等报道上有以下几个突出表现：

地方媒体介入重大事件、重大话题，整体报道质量显著提升。在中国，由于人才、资源、技术实力等因素，电视新闻作品总体质量基本按照四级电视呈级差分布。尤其是在重大事件、重大话题的表现上，中央广播电视总台具有全方位的优势，地方媒体除了靠贴近性取胜外，很难有突出表现。2011年地方电视新闻媒体在重大事件、重大话题上有着出色的表现，驾驭复杂话题的宏观把握能力明显进步。

相对于预知性重大事件，突发事件的现场直播更具挑战性，显示了一个媒体整体的新闻素质，包括快速反应能力、整体协同能力以及新闻资源的有效整合能力等。"7·23"特大动车追尾事故发生在温州境内，温州电视台迅速展开了24小时直播，全景式报道事故后社会大救援的过程，充分发挥了新闻媒体在重大灾难面前稳定人心的责任意识。作为一家市级地方媒体，温州电视台第一时间快速反应和有序组织，折射了中国电视业已深入并且日臻成熟的直播水准，《7·23动车追尾事故现场直播》获得电视直播一等奖。

电视访谈二等奖作品《南海：前世今生》同样是反映重大社会热点的佳作。南海问题持续升温，中国社会普遍关注，作为国内首个深度分析南海问题的电视访谈节目，《南海：前世今生》推出时机恰当，传播了中国声音。整期节目嘉宾权威，内容丰富，故事性强，富有吸引力。新闻访谈节目《打击"酒驾"两岸如何互相借鉴》连线海峡两岸，节目信息量大，张弛有致。这些作品显示了地方媒体在民生新闻之后的另一重崛起。

监督报道价值深化，社会沟通走向深入。正视矛盾，报道问题是媒体的新闻责任所在，但是只停留于曝光问题，显然不能满足当今人们对于新闻的价值需求。以往对热点或负面问题报道研究更关注选题面的拓展、挖掘点的深化，如今报道的基本价值支点更多转向了建设性立场。西方新闻界认为，"Answer"（回答）模式将更多取代"Question"（提问）模式。

以获得电视评论一等奖的作品——《聚焦医患"第三方"》为例。医患问题是社会极为敏感又难以说清的话题，媒体报道稍有不慎，就可能激化社会矛盾。记者敏锐地发现了上海社会管理中的新创举——第三方调解，它无疑对日益紧张又一时难以解决的医患矛盾提供了一种解决思路，无论对医院还是患者方来说，都有积极的建设意义。整个报道以一起医患纠纷的调解过程为主线，由浅入深，富有吸引力，同时，充分展现三方声音，呈现各方实际困难，帮助观众理解问题的复杂性。

电视新闻访谈《拆新房为哪般》代表了2011年电视媒体在创新舆论监督形式、促进社会沟通上的积极作为。以居民小区因城市规划而遭遇不合理拆迁的矛盾为主线，将政府官员和居民代表请进演播室，整个节目交流真诚，气氛活跃，访谈内容层层深入，三方交流促进了社会理解。其中，主持人对城市规划中的短视行为进行追问，很好地驾驭了谈话场，幽默犀利。

新闻价值的实现在于受众，而非传播者。只有受众认同，才能实现有效引导。

见人所未见，察人所未察。审时度势，在尚无定论的事态中，寻找推动社会进步的点点滴滴。新形势下，电视新闻要有所作为，不仅需要技巧层面"术"的提高，更需要深化对"道"的认识。

民生新闻的公益品质和价值期待*

媒体承担着为公众利益服务的责任，理应表达社会公益需求，特别是给予社会弱势群体更多关怀和帮助。但是，在市场经济条件下，公益活动可以为媒体声誉加分，却常常让经济效益减分，因此，无论是常态的公益栏目，还是特别的公益活动，在电视媒体中通常处于"必要补充"的地位，绝非发展主导。换言之，在激烈的市场竞争中，把公益作为媒体的核心定位，并使其能真正服务于这一价值追求，实现社会效益和经济效益双丰收，绝非易事。电视媒体需要胆识和智慧。

山东广播电视台齐鲁频道恰恰做到了。2011年9月，齐鲁频道以新闻为龙头，把品牌升级战略定位于"公益"，提出"公益齐鲁，公信天下"，由此，聚焦"公益"，扩张优势，推出新栏目，放大新闻格局。此举不仅开风气之先，而且再领齐鲁风骚：齐鲁频道在山东省网的最高收视份额超过75%，创山东有收视纪录以来的收视巅峰；以单频道之力实现2011年广告创收5.68亿元，超越全国多半省级卫视；2012年，蝉联"中国最具覆盖传播力的省级地面频道"[1]；联手《山东商报》齐鲁网成立中国首家跨媒体合作的媒体公益联盟。

媒体成功离不开多方因素的协同作用，如经营策略、运行机制、节目创新等。不过，从更开阔的社会层面来看，随着信息环境的深刻变化以及

---

* 文章原载于《中国广播电视学刊》2012年第12期，收于本书中，略有删改。
[1]《中国广播影视》2012"TV地标"电视媒体覆盖传播力调研成果。

我国社会转型步入深水区，媒体能否契合时代和社会所需，又怎样真正为公众利益服务，这些问题愈显严峻。无论是新闻战线的"走转改"，还是民生新闻的品质讨论，都反映了新闻媒体寻找答案的现实迫切性。齐鲁频道"以公益提升公信，以公信驱动公益"的成功实践或许可以提供一种参考或者启示。

一、审时度势：打造恒定的价值观

以民生新闻崛起的齐鲁频道多年领军全国地面频道，2011年前后却面临下行之虞。其时，正值民生新闻繁盛十年后，各地收视率普遍下滑，而卫视平台却高歌猛进，大投入大制作激争市场，强力挤压地面频道。何去何从？齐鲁频道调整了节目编排布局，推出两档全新新闻栏目《小溪办事》《么敢当》，继续深化"新闻立台"的理念。两个新栏目一经推出，就拉动了收视高峰。从表面上看，节目改版立竿见影，但是，电视实践反复证明，改版并非灵丹妙药，尤其是对于一个频道的整体发展来说，缺乏核心价值统领的创新是无效创新，相反，有了核心价值，微创新也能成为"代价最小、最有保障的创新"[1]。

问题的关键在于，如何找准核心价值诉求？唯有审时度势，因为契合时代和社会需求的价值判断才是有生命力、创造力和影响力的。当技术操作层面的微调改进已无法解决问题，只有把视野放宽，从时代所需和社会关怀层面考虑问题，结合自身资源和能力优势，做出对应性调整，才可能开创新的气象。"公益齐鲁，公信天下"的提出，正是齐鲁频道敏锐洞悉变化、准确审时度势的产物。

其一，从社会发展的环境变化看，中国社会转型进入矛盾凸显期，贫富分化、社会不公、道德缺失等各种社会问题日趋复杂多元，而社会高度信息化使这些问题更为突出。为弱势群体张目，为社会良知呐喊，自然是媒体义

---

[1] 马莉. 公益齐鲁公信天下：访齐鲁电视台台长徐龙河[J]. 传媒，2011（12）：42-44.

不容辞的社会责任，但是只停留于问题报道，未必能有效促进问题的解决，因此，鼓励社会共治，鼓励公众用参与取代抱怨，鼓励向上向善，激发社会正向能量成为当下社会的主流声音。同时，近年来中国社会公民意识的增强，客观上促进了社会公益活动的日渐活跃，而作为公共利益的表达平台，电视媒体掌握着广泛的社会资本，容易从中获取资源，整合各方力量，而且相对而言，电视比其他媒体更富有表现力和吸引力，相应地被公众期待承担更多传播公益、促进公益的社会责任。在这样的社会转型期，谁能切中社会公益需求的脉搏，有所作为，谁就可能获得公众支持，从而建构良好的品牌形象、扩大社会影响力。

其二，从信息时代的需求变化看，随着获取信息的渠道越来越丰富，越来越便捷，人们对信息的价值需求发生了变化：首先，价值需求的重心转移，即从信息获取的前端更多移向了信息解读的后端；其次，信息服务的附加值作用加大，这种附加值体现为信息的提供方式、所做的价值判断、所提供的信息帮助等。因此，新闻报道不仅要关注民生，反映弱势群体的需求，更要为他们提供切实的信息服务和价值判断，帮助他们知晓乃至把握周遭环境从而找到摆脱困境、解决问题的可能。这其实也是一种社会对媒体履行公益服务责任的要求，社会客观上对新闻报道，尤其是民生新闻增强公共性和服务性提出了更高的要求。

其三，从媒体自身的资源评估看，齐鲁频道作为地面频道，其最大优势在于贴近本区域老百姓的个性需求。面对卫视挤压，地面频道唯有坚定贴近性立场，舍弃"高大全"发展的劣势，才能集中优势资源，彰显个性。对于齐鲁台来说，其优势在于民生新闻，而个性恰恰在于"公益"品质，这种公益品质是由民生新闻本质以及山东文化的特殊性共同打造的。一方面，民生新闻在反映民生、表达民意上的价值取向都是以民为本，它根植于基层百姓，信息源广泛，对于社会问题有天然敏感，最了解百姓的公益需求，"情为民所系，利为民所谋"，可以说，民生新闻具有与生俱来的公益精神。另一方面，齐鲁频道在多年发展中塑造了良好的公益形象，拥有公信力。全国品牌栏目《拉呱》开播之日起，就定位于"倡导中华文明的核心价值：仁爱信义，忠孝和睦"，为民代言、惩恶扬善；打断式新闻直播栏目《独家！》可以随时调整节目编排，进行打断式直播报道，致力于第一时间占领新闻制高点，培养了区域观众"有大事先看齐鲁"的收视习惯。此外，齐鲁频道推出了一批有影响力的社会公益活动，如救助弱势群体的"毫光工程"、解决贫困乡村交通难题的"连心桥工程"、关爱留守儿童活动、建立乡村文化站和卫生站等，主持人也是各种公益活动的参与者和形象大使。总之，在齐鲁频道的发展中，我们可以看到一种坚定的新闻立场，坚定的民生态度，而坚定的公益精神和坚定的公信追求已然内蕴并且贯穿其中，积淀为一种恒定有力的精神内核。

可以说，"公益齐鲁，公信天下"契合了时代社会所需，也是媒体精神所系和区域个性所在，因而赋予了媒体强大的生长张力。它的成功启示我们：在电视媒体发展过程中，比形态创新更重要的是找到自己恒定的价值观和精神品质。这种价值观的逐步坚定依靠过往经验的积累，并可统领媒体的行为表现，从而保证媒体品质的稳定性。当然，这种价值观能否被公众所接纳，能否建立起足够的社会公信力，取决于它是否契合了时代和社会的需求，而时代和社会需求的变化才是媒体定位转型或品牌升级的理由，这种转型升级不是割裂过往，而是继往开来。

二、合纵连横：建构牢固的公信力

一般来说，电视影响力和传播效果的最终承载是节目。电视公益节目除了公益广告外，主要分为常态化的电视公益栏目和特别的电视公益活动。大部分电视台都有帮扶类、社会调解类的公益栏目，这些栏目因其话题相对琐细具体，缺乏普遍关注价值，因而影响力不足。相对而言，电视公益活动近年来越来越受到青睐，因为电视公益活动不仅将电视各种元素融入公益活动，直观生动地呈现电视公益的过程和现场情态，而且将各种社会力量、社会资本汇聚一起，借势发力，彰显媒体的责任形象。从某种意义上说，电视公益活动已成为媒体吸引社会关注的重要策略。然而，除了少数每年固定播出的电视公益活动，如"感动中国十大人物""3·15公益晚会"等公益活动已建立了很高的美誉度和影响力，观众也形成了年度定期关注的约会意识，大部分电视公益活动都是非常态行为，因事应景推出，对效应最大化的追求反而会导致观众对公益炒作的质疑，对媒体公信力造成损失。正如近来坊间借微博戏称：如果明年各大卫视的大型综艺节目里没有"灭灯""转椅"和"公益"，都不好意思称自己是省级卫视。戏称难免夸张，但是，显然也反映了电视公益元素的流行及其沽名钓誉之险与之嫌。

齐鲁频道提出，要以公益提升公信，以公信驱动公益。总体看来，齐鲁频道以节目、活动、联盟为三个层次，通过有效的资源配置和系统化、结构化布局，使得栏目和栏目之间、栏目和活动之间、频道内和频道外之间、形成合纵连横，扩大了公益影响力，同时以节目带活动，以活动促节目，环环相扣，夯实公益行为的公信力，为影响更广的媒体联动提供公信保障，从而使影响力和公信力同进退。

1. 结构化节目统筹，形成合力效应

午间《么敢当》，傍晚《新聊斋》《拉呱》《每日新闻》《小溪办事》，晚间《101》《拍案》，形成了每天三大新闻直播带的民生新闻体。这一调整的突出特点在于通过结构化统筹，完成资源配置效应最大化。一般来说，节目编排更多考虑的是外在的观众收视习惯以及与竞争对手的差异化，但是，齐鲁民生新闻更多是被一种系统化统一的公益价值观贯穿。这种公益价值观渗透不同资讯、不同形态、不同时段、不同主持人的节目中，既避免了同质化，又形成了统一的公益态度和立场。午间《么敢当》是傍晚《拉呱》的衍生版，以麻辣点评方式延续小么哥仗义执言的品质。《小溪办事》则通过小溪别动队现场帮助办实事，传递见义勇为的情怀。新闻《101》则通过新闻资讯的关联解读使观众在关注事件本身外，也能接受事件所蕴含的公益理念和价值导向。例如，关于广州防止流浪汉睡卧桥洞，桥底安上水泥锥的报道中，观众可以从美国、英国如何对待流浪汉；从广州市民平安夜为74名流浪汉送棉衣；从北京摩托车老板10年救助34名流浪汉中，获取丰富平衡的信息，同时，在潜移默化中理解了"公益就在我们身边"的道理。公益不只是捐款捐物，公益人也不只是社会贤达，公益是一种态度，这其实也是齐鲁频道从频道到栏目一以贯之的公益诉求。

2. 常态化公益活动，夯实公信基础

"公益齐鲁，公信天下"的定位并非高调的口号，也不是时髦的跟风，相反，它极为朴实地融入民生内容的服务，是水到渠成的自然结果。

齐鲁频道依托节目，推出常态化的系列公益活动，由此形成了突出的独特风格，即以栏目夯实活动公信力，以活动延展栏目影响力。例如，《拉呱》节目创办六年多之际，齐鲁频道发起捐建了五座《拉呱》连心桥的公益活动，小么哥的婚礼上第四座连心桥建成通车，小么哥承诺捐出喜钱建新桥。结婚一周年，小么哥捐建的连心桥通车，村民带来了核桃小枣，祝福小么哥，大婶扭起了大秧歌："连心桥，心连桥，父老乡亲谢党恩。"正如《拉呱》栏目组自述，"《拉呱》展现给观众的不仅仅是'播什么'，还有自己在社会生活中能够'做什么'"。以节目为依托的公益活动，使"公益齐鲁"真正建立在人民中，紧贴大地，在与群众关系平等和情感认同中，实现了价值观念的传递。可以说，齐鲁频道始终秉持的民生态度积累起了公信的力量，并且深化了公益的内涵。陶醉于演播室里同情的眼泪，只能让公益的意义变得狭窄。活动节目化，节目活动化，在一定程度也有助于有效地开掘资源，节约成本，使静态节目在活动中得以延伸，在动态中实现全面互动。

3. 立体化社会资源，锻造共同影响

2012年10月31日，齐鲁频道、《山东商报》、齐鲁网共同发起并成立了齐鲁公益联盟，倡导"身边公益，从我做起"，力图做大做强山东公益事业。

正如规模经济必须建立在一定的经济规模基础上才能实现效益的最大化，媒体介入社会公益事业，也可以通过跨媒介的整合联动形成更强的竞争力，降低成本，同时通过不同特质的媒体合作，发挥各自优势，连接层次更为丰富的社会资源，促进公益表现多样化，实现品牌影响最大化，加强主流媒体在促进社会公平正义、促进社会和谐与建设性立场方面的作用。或许更深远

的意义还在于,从电视到报纸,再到网络,多媒体立体化的媒体公益联动,将进一步推进社会公共空间的发育成熟,使更多人主动参与社会公益和公共事务。

新历史主义框架下人物文献片的叙事新范式*

大凡有创作经验的人都知道，一个被多次拍摄过的选题是很难出彩的。从文献角度而言，梅兰芳的人生故事、艺术辉煌屡见报章，难有揭秘的诱惑；从创作角度来看，早在1923年，中国第一代电影人就拍摄了梅兰芳的京剧艺术，中央电视台于2004年又推出了长达10集的电视纪录片《又见梅兰芳》，已然全景式地呈现了关于梅兰芳的历史记忆。在此背景下，再有所突破是相当困难的。《又见梅兰芳》（以下简称《又》）试图采用新的表现范式来打破定势，令观众"见"识一个原以为知道但事实上却从未深刻知道的世界，也因此在2007年获得第26届电影金鸡奖最佳纪录片奖。该片努力从影像修辞和精神实质上做到对"美"和"幻想"的共同诠释，为文献纪录片提供一种有价值的创作范本。

一

探究历史实为探索一种理解历史和表达历史的过程，其中，用什么主题贯穿整个历史叙述是创作者首先要考虑的问题，它关涉创作者的历史观。

梅兰芳一生多姿多彩，他8岁学戏，10岁登台，17岁成名，25岁赴日演出，36岁轰动美国，42岁出访苏联，46岁蓄须明志，52岁重返舞台，56岁迎来新中国，成为中国京剧院的第一任院长。然而，在脉络清晰的人生大事记背

---

* 文章与蓝冰合作，原载于《现代传播》2009年第1期，收于本书中，略有删改。

后，是京剧艺术的起起落落，是20世纪中国惊心动魄的变迁。面对纷繁的历史，何去何从？创作者最终确定了"又见"的立场。这"又""见"二字，洗练而传神，如篇章文眼，境界全出。谁"又见"？"又见"什么？在这里，"见"字之意并非只是观众所见，也强调了创作者所"见"的主体意识。

这一"又见"立场及其渗透于作品中的表达策略体现了新历史主义对于文献纪录片创作的影响。近年来，新历史主义的影子在文献纪录片中隐隐可见，它主张对历史文本加以重新阐释。1982年，斯蒂芬·格林布莱特（Stephen Greenblatt）在《文类》杂志中提出了"新历史主义"这一概念，此概念由此开始流传。① 时至今日，新历史主义理论虽然在观点上纷繁驳杂，没有定论，但是，总体上，该学派认为，今天所看到的历史都是关于历史的不同文本，带有强烈的主观阐释的痕迹，因而它主张立足于历史的语境，重视读者与作者的感情介入，对历史文本进行整体审视和综合解读。②

由此而论，文献纪录片与历史的关系不应止于以记录的形式对历史进行客观描述与回顾，它也是对历史的重要表态与介入，体现的是当下社会语境中以创作者为代表的历史观。

这种历史观决定了创作者的取材方向和叙事策略，并从影像叙事内外隐现，如《又》在创作宗旨中指出的：这个"又见"是用今天的思维和"我们"的视角来看待梅兰芳的一生。影片放弃了大而全的人生大事记，转而以当代人好奇的眼光去打量一代京剧大师，创作者力图在展现人物"所为""所思"中，尽可能地贴近真实的梅兰芳。

如果说，"所为"还原了历史人物的骨架，"所思"则是寻回历史人物的神魂。在历史人物纪录片的创作中，立"所为"易，寻"所思"难；只有"所为"，作品缺了神魂，流于大事年表般乏味；欲有"所思"，且不论寻找史料的难度，把握不好，难免落入主观藩篱。然而，无论如何，面对已经远去的历史人物，只有呈现他们的"所为"、体察他们的"所思"、解读他们"所

---

① 走向新历史主义：接受美学的转向［EB/OL］.（2007-01-05）［2008-11-30］.https://www.lunwendata.com/thesis/2007/14528.html.
② 王岳川.后殖民主义与新历史主义文论［M］.济南：山东教育出版社，1999.

思""所为"背后的因缘，才有可能真实进行还原。在这样的创作观之下，《又》的"又见什么"变得清晰起来：一重"又见"一个风华绝代的京剧大师的人生道路（所为）；二重"又见"一个尊崇道学的谦谦君子的人生态度（所思）；三重"又见"集大师气象和君子品格于一身的梅兰芳所历经的风云时代（因缘）。这三重"又见"汇聚于同一个历史人物，其中"所思"成为人物文献片在叙事策略上的突破点。

对于如何用影视化的语言来表现，创作者提出了"又见"四个"时空"的理念，即资料所呈现的历史时空、梅兰芳生前足迹所至的现实时空、梅派弟子所继承的精神时空以及梅葆玖回忆父亲的情感时空。这四个"时空"成为影片叙事选择与影像表现的依据，也展示了一种创新结构策略的可能性。

以往的文献纪录片倾向于将历史资料的解说、对事件亲历者或目击者的采访以及故地寻访的场面结构在一起，以影像证据与历史访谈的结合增添人情与人性的色彩。然而，有时候上述策略并不能达到应有的效果，被访者平淡啰唆的表达往往难以激起观众的收视兴趣。那么，有无可能既保留当事人言说的真情实感，又避免使用采访同期声的问题呢？《又》为此所做的探索及其意义从开篇中可见一斑。

影片是从一张照片上的重要细节开始的：身着西装的梅兰芳手中隐约可见一根点燃的香烟。此细节之所以"重要"，是因为人们心目中的梅兰芳是京剧舞台上的"女神"，这样的梅兰芳似乎很难与象征着男性魅力的香烟联系在一起，然而，反差创造了出人意料的吸引力。

这一细节的处理暗合了新历史主义创作理念，即通过寻找有意义和富于色彩的"历史的碎片"来挖掘一种深层次的历史寓意。当手持香烟的画面转化为袅袅青烟时，画外解说提供了本文声音："对于很多人来说，梅兰芳的形象就像一缕轻烟，无迹可寻""真正的梅兰芳在哪里呢？"这显然是作为创作主体的"我们"对历史的思考。

正因为"我们"的视点聚焦于"所思"，因此，《又》的创作者在选材上不再面面俱到地去铺陈人生故事，而是试图研究更多与人物重要"所为"相关联的"历史的碎片"，闻其言、问其友、察其时、观其行，在历史的细微处和历史话语的含混处挖掘与分析其"所思"。故此,创作者没有详述人们熟知的故事,而是借抗战初期梅兰芳编排《抗金兵》《霸王别姬》的行动,借抗战后梅兰芳所写的一段文字,在纵横交错的历史时空中考据其果敢"所为"背后的"所思",意图打破传统"大历史"观讲究重大性、逻辑性的认识范式,以扩展观众的历史视野。

与"我们"声音相呼应的是梅葆玖的独白。作为内部叙述者,梅葆玖掺杂着浓厚情感的个人讲述给人以历史的"陌生感",换言之,讲述内容的新鲜性和唯一性是文献片的吸引力所在,也与"我们"形成了视点上的互补。开篇段落中,梅葆玖面对舞台陷入回忆:坐在戏院里看父亲演戏,觉得古代女子就是那个样子,自问:"这是我父亲吗?""我却找不到我父亲的一点儿影子。"他的独白保留了当事人对于细节的记忆,如梅兰芳很早就拥有自己的摄影机;他会自己修理坏了的打火机等。即使没有影像资料为证,观众从中仍能想象出一个时尚求新的梅兰芳形象,这种想象因为梅葆玖的身份而具有了真实和权威的根基。

可以说,《又》在观点表达的结构上,创造性地打破了"采访+解说"的模式,构建了一个由两种历史参照——感性与理性、两种本文结构——观察与解释所构筑的表意系统。在这里,"我们"的声音是基于历史研究的理性阐述,梅葆玖的独白是来自亲身经历的感性回忆;"我们"是置身其外的冷静的观察者,梅葆玖则是身处其中的直接的解释者。在对照与呼应中,人们所见所闻的是有根据的、使事物变得意义深远的历史。

这一结构策略的创新意义还在于使叙事不拘泥于某种特定的传统逻辑,创作者对视点的开放式把握对于文献纪录片创作而言是一种进步。

必须指出的是,对于历史人物"所为""所思"进行阐释,主创者的"声音"(主体意识)必然在全片中的比重加大。要保证由这种"声音"推导出的结论或解释具有合理性,就应尽可能提供帮助观众理解的历史事实和信息。比如,在新文化运动中,鲁迅、胡适等都对中国传统旧戏进行过激烈的批判,由于文化选择、审美旨趣等差异,鲁迅对于梅兰芳的批判呈现浓重的个人批判色彩。出于"为尊者讳",《又》对这段历史的讲述过于含蓄,没有提及必要的事实，而更多的是感慨和议论："以他的性格而言，他是不会与人猛烈交锋的。但是，当今天人们再去回顾那段历史的时候，也许会发现在那段东西方思想和文化的对决中，梅兰芳是一个成功者，他用他此后的行动完成了对中国戏剧乃至中国文化的坚守。"这固然是"我们"站在今天的历史高度，纵观梅兰芳一生的风云际会后得出的结论，但是，对于不了解这段历史的大多数观众来说，缺乏明确的事实铺垫，这一段就显得令人费解了。由此可见，在创作过程中，如何在共时性的意义建构（"所思"）和历时性的事实铺垫（"所为"）之间找到平衡，仍是一个挑战。

二

大量使用文献资料是历史文献纪录片区别于其他非虚构作品的一个重要特征。判断一部历史文献纪录片价值的高低，和其所选用的文献资料是否为独家权威、首次公开等价值要素密切相关。

新影厂承担着制作影片与收藏资料的双重使命，其强大的资料库为《又》的成功奠定了坚实而权威的文献基础，其中有不少是初次闪耀的亮点，如新影厂花重金购买的1936年梅兰芳在美国演出《费贞娥刺虎》的电影胶片；梅兰芳的英文翻译员杨秀用西式夸张的动作、一口流利的英文报幕的录影资料等。

具体到创作层面，采用"返回历史的情境"的阐释方式，将看似枯燥孤立的历史碎片还原成丰满并且相互联系的"在场"历史，这是《又》文献处理上的一大特色。

近年来，在新历史主义史观的影响下，"返回历史的情境"成为文献纪录片通向历史、解读历史的一条新途径，具体表现为以下几种情形：

（1）复原历史的原生状态。将叙事置于人们的经验中，使人们回到当时的男女每天都要面对的状态或生活氛围中。比如，在谈到1930年1月18日梅兰芳离开上海赴美演出时，解说词写道："天上飘着细雨，外滩的身影逐渐模糊，等待梅兰芳的是一个遥远而陌生的国度，和有生以来第一次没有把握的演出。"这里对于天气、环境面貌甚至人物状态的描绘,看似闲笔,却把观众带回了历史发生的那一天,使冷冰冰的日期一下子充满了真实感和形象性,还原了历史现场"现在时"的生动气息。

（2）寻找历史的内在关联。将不同历史事件的共同点或是同一事件的不同侧面并置关联,依据其内在逻辑,形成互文性表达。比如,创作者这样讲述1894年10月22日这一天:"若干年后人们会发现,这一天发生的两件事被定格在中国的历史上：中国京剧表演大师梅兰芳诞生；与此同时,旅顺口陷落,大清朝的海军全军覆没。"寥寥数语描绘了梅兰芳诞生的时代背景,营造了一种动荡的历史情境。

（3）发掘史料中的细节。宏大叙事曾经作为我国历史文献纪录片的主导思维存在了很多年,这种模式的问题在于可能导致叙事亲和力的缺失,而隐藏在资料背后鲜为人知的故事细节反其道而行之,为历史往事注入可感知的气息。在梅兰芳京剧轰动全美的黑白影像背后,《又》发掘了许多令人印象深刻的细节,可以说,这些细节栩栩如生地呈现了历史的"当场"情境,大大增强了文本的趣味性。当然,细节的进入应以尊重史料为前提。

（4）还原历史现场的声音。就人物文献纪录片而言,声音是具有高度文献价值的历史素材,一段完整的带有声音的文献资料会营造浓厚的历史情境。《又》中完整保留了一段梅兰芳赴美演出的开幕式上华裔翻译员的声音,这略为夸张甚至因时间久远而有些变形的声音不仅远比解说词更为质感,而且让历史近得似乎触手可及。

由于摄录条件所限,很多历史影像缺乏声音,静态的文物资料更不会有声音,因此,重视声音的艺术处理,利用典型音效还原当年的"现场"氛围,成为将观众带入历史场景的有效策略之一。

三

除了挖掘历史影像不可替代的独特魅力外,《又》的影像风格令许多人印象深刻。创作者希望借助精美大气的画面语言,创造令人难忘的视觉之美,彰显京剧的艺术之美，最终与梅兰芳一生风华绝代之美、高风亮节之美的精神气韵相契合，简而言之，力求使镜头语言成为"思想的视觉外化形式"，简洁精致而充满想象力。

爱森斯坦有句名言："画面将我们引向感情，又从感情引向思想。"也就是说，画面不仅具有视觉感知价值，还应有情感阐释的美学价值，其最高境界在于唤起意义的思想价值。前文所提及的四个时空观为确立画面语言在准确性、情感性乃至思想性方面的诉求提供了明确的方向，并突出表现在以下探索方面。

（一）"陌生化"手段处理现实空镜，传递睹物思人的情感

实现"陌生化"的方式可以是多种多样的。改变正常的观看角度、光线条件、物体运动等都可以使平常所见具有不平常的效果，这也是为什么利用影像的造型效果可以增强作品的艺术感染力。梅兰芳的一生在戏台上度过，戏院和舞台是使其艺术生命日臻完美的场所，因此，我们看到画面内：戏院天顶随着镜头旋转，空灵悠远的女声唱腔似乎从遥远的天际传来，"看我非我，我看我我也非我；装谁像谁，谁装谁谁将像谁"。如梦似幻，高远而神圣，寻常所见的戏台剧院具有了完全不同的神秘的吸引力。

对于现实空镜而言，源自镜头背后的细节故事也可以使"空镜不空"。比如，初见美国好莱坞大街的现实镜头，似乎与梅兰芳毫无关联，但是，解说词令观众体味了历史的深意："这里几乎无法看到来自东方的戏剧。75年前梅兰芳正是面对着这样一个百老汇。"在这里，现实的场景与历史的追述相交汇，使得平淡的画面呈现了新的变化，"现场"进入"历史"，有效地缓解了观众的视听疲劳。

（二）虚实相间的影像修辞，实现气韵相生的艺术追求

所谓实，就是反映梅兰芳一生经历和个性的故事，支撑全片的主要叙事内容，在影像上主要体现为写实性镜头和活动的影像资料。比如，从20世纪30年代末到60年代初期的梅兰芳影像资料。

所谓虚，指的是借画面内容的象征意义来寄托情感，或者以画面造型效果来激发想象，这两者在影片中相融相谐，共同构成了影像叙事上的"意象线"。结合表意所需，营造意象的方式也可以是多种多样的。

梅兰芳先生一生爱梅，梅花是高洁品格的象征。影片以烂漫开放的梅花作始，又让漫山遍野的梅林贯穿其间。1945年抗战胜利，绝缘舞台8年之久的梅兰芳重回梨园，此时，如海的梅花无疑是他坚守民族气节的最好象征。在这里，富有象征意蕴的镜头成为揭示主题的视觉重音。

在空旷的舞台上，所有光源聚集在京剧表演者的身上。他们的一招一式，无不诠释着"中国京剧虚实相生的意境"：推开房门的手势传达姑娘内心的期盼；一个催马扬鞭的举动隐含已行百里的意蕴；一只船桨勾画出一池春水。"黑无白不显，白无黑不彰"，在这里，形式上的"留白"以无形为有形，汇聚观众想象。

《又》力求把人们对于"美的感叹"和对于"中国的幻象"融会在充满中国气质的画面中，融会在张弛有致的声画组合中，融会在迂想妙得的时空想象中，从而使影像既诗意盎然又具备充满理性的穿透力。

"若无形象，灵魂便无从思索"，与一般的纪录片创作相比，因为缺乏正在进行的事件作为影像依托，历史文献纪录在形象表现方面会面临更多的困难。近年来，"真实再现"手法的兴起在很大程度上是出于增强可视性的目的，它无疑拓展了文献片的表现空间。或者正因如此，我们又看到了另一种倾向：无论有无必要，历史文献片都必定运用"真实再现"，有些"真实再现"甚至介入了过多过实的表演，以至于真实的力量被弱化。这既有人云亦云的创作心态问题，也可能是力不从心的基本功所致。在这种情形下，《又》一片对影像叙事策略的探索，尤其是对镜头表意功能的"诗性"开掘，就具有了现实的示范意义。

《又》的成功给我们带来了多方面的启示，它不仅体现了新历史主义的理论观照，而且是对一种开放的思想和探索的精神的实践。文献纪录片的生机勃勃有赖于创作者更投入地表现对象，更热情地探索方向，正如加拿大纪录片学者比尔·尼克尔斯在其代表论文《纪录片的人声》中所指出的：值得坚持的一种看法是，纪录片的策略和风格，如同在叙事片中一样，是不断变化着的。纪录片创作者必须不断创造按照"事物本来面目"来再现它们的新策略。①

---

① 尼克尔斯.纪录片的人声［M］//单万里.纪录电影文献.北京：中国广播电视出版社，2001：537.

稳中求"变"变中守"本":英国电视节目生产机制创新探究*

英国电视业的创新活力向来引人注目。英国既是最早发展电视业的国家,也是当今世界上最大的电视节目样式的生产国和输出国,其创意制作并出口销售的节目占据世界电视市场的半壁江山。风靡全球的选秀节目如"偶像"模式、"达人"模式均原创自英国。在新技术引发的传媒大变局中,当各国电视机构尚在探索新的传播方式时,BBC(英国广播公司)已率先将传统优势资源向新媒体转化,免费向公众提供独特且高品质的互动内容,从而成功吸引了96%的英国人每周至少访问一次BBC网站,这同样印证了英国电视业的创新能力。

英国电视业为什么能够不断创新?它又是如何保证创意实施的呢?近年来,国内各广电媒体,来自上海、湖南、湖北等地的考察团纷纷前往英国考察,以期吸取经验,启发本土创新。2011年12月,笔者带着同样的愿望来到英国,并与上海广播电视总台考察团不期而遇。在英期间,笔者参观了BBC新闻学院(BBC内部培训机构),还参加了曾任BBC节目总监及《英国达人》制片人保罗·杰克逊(Paul Jackson)、BBC时事新闻栏目《全景》前总制片人史蒂文·休伊特(Steve Hewlett)、节目研发公司老板保罗·杨布鲁斯(Paul Youngbluth)以及BBC新媒体战略顾问等电视界资深人士出席的系列讲座和研讨会。

---

* 文章原载于《中国电视》2012年第5期,收于本书中,略有删改。

当被问及英国电视节目创新的成功经验时，这些久经沙场的制作人都不约而同地谈到一些因素，如：鼓励创新的生产机制、严格规范的程序保障、技巧高超的叙事能力等。在他们看来，电视节目的创新并非只是几个人的"头脑风暴"。要保持创新激情并把新点子变成品质稳定的节目产品，既需要专业技巧，更需要规范化执行。从宏观层面来看，鼓励创新的制度保障是前提。

一、稳中求变：以多样性的制度设计激励创新

英国电视创意产业的繁荣始于20世纪90年代，与全球性文化创意产业发展并行不悖。但就英国电视业的发展历史来看，稳中求变的多样性制度设计是其鲜明特点。英国的电视台并不多，最有影响力的莫过于BBC、ITV（独立电视台）、第4频道和天空卫视，这几家电视台在体制和机制上各不相同，却又互为补充。此外，公私营并举，重视公共服务，也是英国电视业与美国商业电视制度的明显不同。

纵观这几家电视台的诞生，笔者发现一个有趣的现象：从BBC到ITV，从ITV到第4频道，从第4频道至今，其出现的时间间隔都在20年左右，而非一哄而上、遍地开花，且这几家电视台无一不是为了补充现有模式之不足而建立的，这在一定程度上激发了电视的创新活力。

（一）第一个20年（1936—1955）：BBC公营体制奠定高品质节目的生产基础

英国广播电视业创建之初，就以BBC（英国广播公司）为代表，确立了公共服务体系的公营体制。国家所有的BBC的董事会成员由政府提名，政府监督其管理工作，但不干涉其具体报道和日常运作。为确保公共利益的最大化，BBC不播出商业广告，其资金全部来自观众缴纳的电视牌照费，最大限度地避免了商业操纵，保证了节目品质。尽管没有广告收益，但BBC仍不差钱，因为每个家庭交纳的收看（听）费，就足以支撑其正常运转。英国每个家庭年平均支付140英镑左右的电视收看费，以目前拥有2400多万用户计，

BBC每年收视费约为3.4亿英镑。这些费用大部分都用于电视节目制作,因此,BBC有实力生产出大量关于文化、历史、自然、地理、科学、教育等领域的高品质作品。

BBC新闻栏目《全景》前总制片人斯蒂文·休利特认为,英国电视之所以会形成公营体制并收取收视费,其初衷源于政府对广播电视强大影响力的担忧。早在1926年,英国政府就颁布了规定买收音机需有收听执照的明确规定。也就是说,人们只有通过申请并缴纳一定数额的执照费,才可以买到收音机,而通过收取执照费,政府也能够知道谁购买了收音机。可见,英国政府从一开始就意识到广播监管的重要性,只不过最初监管的是广播接收者而非发布者。随着广播电视的发展,其监管对象也从接收者变成了发布者,监管方式也变成了审核与颁发广播电视机构的运营执照。不过,每家每户缴纳收看费的方式被延续下来。此外,英国电视能够保持公营体制,还与英国社会的传统文化密切关联。虽然历经撒切尔夫人执政期的新自由主义经济改革,但英国社会仍保留着精英治国和阶层社会的传统,因而,英国可以举国之力发展电视公营体制,从而保证电视履行公共服务的职能。

(二)第二个20年(1955—1982):ITV商业模式促进节目生产的良性竞争

1955年前的20多年间,BBC是英国唯一的一家广播电视机构。为避免一家独大的局面,国会于1954年通过新电视法,同意增设一家完全不同于BBC公营体制的商业电视台——ITV。这家电视台由获得运营执照的14个地方电视台联合而成,依靠广告收入生存。

ITV为观众提供了BBC之外的新选择,成为BBC最大的竞争对手。虽然两者运营机制不同,但它们都需要争夺共同的市场。为赢得更大的收视份额,提升节目品质成为ITV的必经之路。由于ITV是商业台,需要从市场上获得广告收入,因而,敏锐、快速地对市场做出反应,重视市场和观众的需求成为关键。ITV推出的很多节目与BBC形成"双足鼎立"之局面,英国电视由此进入了"黄金发展期"。1998年,ITV推出风靡全球的真人秀节目《谁想成为百万富翁》，节目版权卖到世界各地，成为英国电视节目样式输出大获成功的经典个案。

BBC 和 ITV 两种截然不同的体制相互补充，丰富了媒体功能。"双足鼎立"局面持续了 20 多年，直到第 4 频道出现。

（三）第三个 20 年（1982—20 世纪末）：第 4 频道催生制播分离和电视创意的繁荣

从"双足鼎立"到成为世界上最大的节目样式输出国，对英国电视业来说，至关重要的转折以 1982 年 11 月第 4 频道（Channel 4）的成立为标志。此前，英国已有 BBC 1、BBC 2 和 ITV 三个频道。为什么第 4 频道的出现，给英国电视节目带来了创新高潮呢？

1982 年，撒切尔夫人执政，主张去国有化，以私有制来刺激产业发展。英国广播法规定，成立第 4 频道的目的在于"鼓励对节目形式与内容进行创新和实验，以满足对 ITV 未能提供的一种独特的广播服务兴趣"。

如何才能鼓励创新并补充 BBC 或 ITV 内容生产之不足呢？第 4 频道采取了公营体制、商业运营之模式。换言之，它在体制上如 BBC，而在运营机制上如 ITV。然而，与两者不同的是，第 4 频道在节目生产上采取制播分离的方式，其节目全部从独立的电视制作或创意公司购买，此举大大刺激了独立电视制片公司的出现。目前，伦敦至少有 800 多家独立制片公司，涉及创意、制作、受众调查、发行等电视节目生产的所有领域。这些企业为英国的电视产业提供了高品质的节目和大量的新样式，从而真正实现了"对节目形式与内容的创新实验"。

为鼓励创意产业，英国法律还特别规定，电视台至少要有 25% 的节目从独立制作公司购买。事实上，各电视台现在购买节目的比例早已超过这一规定数量。以 2010 年为例，英国电视台用于购买独立制片公司产品的费用就高达 30 亿英镑，其中 BBC 所购节目占播出总量的 35%，ITV 为 60%，第 4 频道节目则全部来自独立制片公司。

从 20 世纪 90 年代中期开始，英国政府加大了对文化创意产业的资金投入和法律保障。以往节目样式和版权被购买后，节目所有权就属于播出方，但新修订的法律规定，节目样式买卖所完成的只是单次交易，独立制作公司在节目售卖后依然拥有版权，可以多次售卖。新修订的法律进一步保障了创意产业的利益。

（四）媒体融合时代：领先创新，谨慎规制

在新媒体时代，英国电视产业积极拥抱互联网，BBC是其中翘楚。曾在英国政府信息传播管理办公室、BBC研发部门工作的媒体战略咨询顾问安德鲁·斯特林先生（Andrew Stirling）在接受采访谈时说，"我们必须在新媒体时代到来之前，抢占网络电视和手机电视的高地"。在2006年以前，BBC网站90%的用户是消极用户，即只看新闻而不参与任何互动，但现在这个数据已经下降到33%。原先只是单纯考虑内容生产和时间编排的BBC，现在则更多地考虑如何让受众参与内容生产。

作为政府媒体监管机构的OFcom于2013年推出新政策，着力在保护用户隐私、提升媒介素养、新媒体内容对儿童的影响等方面提出一系列规制，以促进产业的健康发展。

英国电视业的发展证明：所有的创造、创新都来自具有广阔活动空间的领域，否则创新行为难以普遍化，更遑论繁荣。

二、变中守"本"：以严谨的技术操控保障创新

2010年，东方卫视成功推出《中国达人秀》，这是一档首次严格落实国际节目版权方开发模式的节目，中国电视制作团队第一次按照西方节目生产的标准体系来工作。保证庞大的制作团队能够在每期节目中执行统一标准的，是一本厚达几百页的制作手册——英国人称之为"节目圣经"。

英国杰出的电视制作人保罗·杰克逊（Paul Jackson）认为，"节目圣经"是英国电视节目样式可以卖到世界各地的秘诀所在。节目样式很容易买卖、复制，但有了样式并不意味着就能做好节目。英国电视节目样式"推陈出新"的

关键在于细节，而"节目圣经"保证了节目对技术细节的操控能够趋于完美。

为什么"节目圣经"有如此魔力？因为在电视节目研发过程中，制作公司和电视台都会引入受众调研机制，聘请专家提供咨询意见，组织观众观看样片。这些测试不只关涉到节目构成，还会细化到制作的每一个环节，如主持人站位、标识性音响、游戏的灯光处理、摄像机的机位设置等。还有一点很重要，就是设想或测试可能出现的种种问题和意外，并记录相应的处理办法，最终才能形成标准化的节目制作流程手册。

保罗·杰克逊反复强调"变中有守"的观点，即任何新节目样式都应该在前期完成创造力的想象，在后期执行严谨的技术操控。每一个细节都不能更改，每一个环节都要依据标准，决不能企图"乱中取胜"。在这里，所谓"变"是指"推陈出新"；所谓"守"则是指"坚守标准"。标准保证细节，细节成就节目质量。

反观中国电视节目的改版或创新，有两种情形：其一，我们并不缺乏"头脑风暴"，也不缺少智慧点子，但最终常常流于纸上谈兵、执行乏力。其二，求助于"拿来主义"的对节目样式的复制和抄袭，其最终呈现的效果，大多与原创差距甚远，从技术到细节都显得粗糙。即使成功了，很大程度上也依赖于有着太多不确定性的嘉宾的出色表现。

上述两种情形反映了我们在节目创新上的观念偏差，即更关注"创新"的形式，忽视"坚持"的标准之本。何为标准之"本"？笔者认为是电视叙事的吸引力，它取决于创作者对于电视叙事技术的掌控能力。缺乏这种掌控，一切好的创意、形式都可能在执行中化为平淡、平庸，使新节目失去应有的张力和吸引力。"节目圣经"其实就是从节目构成、机位设置、主持人站位、灯光处理、镜头设计、音乐节奏、空间背景等一切可操控的细化标准出发，去建构并保证最适合新节目形式的叙事方式，从而创造出"最令人激动的时刻"。从这个意义上说，节目创新离不开对标准之"本"的坚持，而我们恰恰缺少这一点。

其实，考察英国近两年来推出的热门新样式不难发现，大部分节目都有旧形式的影子，其中很多元素既是对传统的变形与改造，也是对叙事技术和技巧更加完美把握的体现。比如，ITV 于 2009 年 8 月推出的游戏类真人秀节目《立方体》(*The Cube*)，让选手在一个 4 米见方的有机玻璃立方体内挑战各种任务，赢取高达 25,000 英镑的奖金。从设计理念来看，把人放置在巨大的空间内，使其处于被围观的状态下，强化了参赛者的孤独感、压力感，这种方式在各类真人秀节目中并不鲜见。但是，"立方体"节目对游戏空间加以变形，透明密闭的立方体较之开放的空间来说，更易使选手感到不安，甚至产生幽闭恐惧症，因此，即使他挑战的是最简单的任务，也可能会感到不知所措。该节目最大的吸引力来自成功与否的"瞬间一刻"，而"瞬间一刻"能否吸引观众，则取决于电视叙事的技巧和技术。比如，有一个游戏需要选手一手将小球放入一根红色的玻璃长管中，另一手从管子下端接住小球，若能成功接住即可赢得奖金。但由于球的漂浮作用，选手其实很难过关。节目设计者在"瞬间一刻"设置了多个摄像机位，此时全场只有一束光带，电视画面从不同角度用慢动作回放呈现接球失败的刹那间场面，强化了失败的戏剧性效果和观众为其遗憾的心理。总之，游戏竞猜模式并不新颖，但摄影、灯光、布景、细节设计等则赋予了节目新的活力。需要强调的是，细节上的精细设计来自节目研发过程中上百次的心理测试，这就使得英国研发的许多节目能够牢牢吸引观众。浙江卫视《快乐蓝天下》中"魔幻立方体"版块的模式即模仿于此。

此外，答题闯关类游戏真人秀《101 种离开游戏秀的方法》(*101 ways to leave a Game Show*)同样是在演播室录制、选手以赢得高额奖金为目的的节目。"变形"环节体现在淘汰者的出局上。以往淘汰者或伤感或遗憾地离开，而现在被淘汰者是将在室外环境中遭受"非人待遇"，如被绑在机翼上喝西北风、骑着自行车被从高台上被推下水……但是，当参赛选手站在现场时，哪位选手会回答正确，哪位选手会掉下去无人知晓。这一环节设计"玩的就是心跳"，主持人用各种方式强调即将到来的"恐怖一刻"，而多机位设置的镜头和到位的剪辑，则呈现了各种各样紧张的表现：有的选手腿在哆嗦，有的浑身战栗，有的紧闭双眼……随着镜头反复在高坡、水面、铁管等中切换，观众也会随之紧张起来。这个节目看似一个竞技比赛，而人们更加关注参赛者的命运。

节目研发公司老板保罗·杨布鲁斯在谈及节目开发时指出，好的游戏节目一定要有风险，有参与度，更要有人物故事——人物在特定情境中接受挑战、做出抉择，这是标准的叙事模式，其创新的关键在于如何通过精细的技术操控呈现全新的故事面貌。

第4频道推出的《每分钟诞生一个新生儿》（*One Born Every Minute*）是肥皂纪录片模式（第一季共6集，每集60分钟），制片方在一个产房内设置了40台摄影机，进行24小时拍摄，从而记录下每一小时、每一分钟内产房里初生儿、医生、丈夫、产妇等的各种状态和表情。

该节目大获成功，模式被卖到美国、澳大利亚等众多国家。如前所述，制片方售卖的不是样式或点子，而是"节目圣经"。因为想法很容易被拷贝，而如何制作才是保证节目成功的关键。40台摄像机24小时拍摄的素材量之大可想而知，如何把周而复始的"每一分钟"讲出故事、讲出精彩，如何选择素材、发现人物、做好细节、避免不宜出现的画面，如何处理生育画面的特殊性所引起的法律纠纷……这一切，"节目圣经"均提供了创作流程与操作方法。

上述例子说明了一点：严谨的技术操控是如何保证节目创新的最终实现的。保罗·杰克逊提炼出"节目研发的七项规则"：（1）提前计划、落实"圣经"；（2）广泛沟通、记录细节；（3）围绕故事、讲好故事；（4）尊重产权、二次开发；（5）精选角色、展现多样；（6）考虑市场、重视推介；（7）善后总结、反思问题。其中第三点需要格外重视，即电视节目创新最重要的出发点还是故事，一切都为讲好以及更好地讲故事而服务。

讲好故事是整个制作团队都应该明确的目标。对于选秀节目来说，选角色并非是在找选手，而是在找故事，因为这些节目本质上不是关于唱歌或竞技的节目，而是关于人的故事。

在"细小实"中求得"深广远"*

社会主义核心价值观是兴国之魂,也是宣传报道的灵魂。中华民族伟大复兴需要强大统一的精神支撑,而作为弘扬主流价值、凝聚社会共识的主渠道,新闻媒体责无旁贷地要以社会主义核心价值观为导向,传播正能量,化解负情绪,为实现中国梦营造崇德向善、攻坚克难的良好舆论环境。有了正确的价值导向为"魂",还需要有效的传播方式为"体","强魄"和"健体"的有机统一,才能真正凝聚人心。那么,如何做到"健体"?如何将抽象的"三个倡导"24字转化为引人入胜的宣传报道?习近平总书记的重要讲话为此指明了方向,"要注意把我们所提倡的与人们日常生活紧密联系起来,在落细、落小、落实上下功夫"[①]。

落细、落小、落实是马克思主义新闻观的实践要求,也是我国社会主义新闻事业"三贴近"原则的具体体现。宣传报道只有将社会主义核心价值观外化为具体实践,做到落细、落小、落实,才能增强社会主义核心价值观的认识、认知、认同;只有理性认知加上情感认同,真理的力量加上道义的力量,社会主义核心价值观的传播才能有更广泛的共识,才能更深入人心、更行之久远。

本文所推荐的优秀案例,体现了创作者积极回应时代挑战,从观念到方法上对社会主义核心价值观宣传报道的创新探索,尤其是在"落细落小落实"

---

* 文章原载于《实践中的马克思主义新闻观——新闻报道经典案例评析》第40-59页,高等教育出版社2015年版,收于本书中,略有删改。

① 把培育和弘扬社会主义核心价值观作为凝魄聚气强基固本的基础工程[N].人民日报,2014-02-26(1).

中求得"更深更广更远"方面的努力。

一、案例概述

本专题选择了四个来自不同媒体、不同形式的报道案例。这几个案例从先进典型到普通百姓，从精神传承到时代创新，从事实报道到观点评论，多层面诠释了社会主义核心价值观的丰富内涵，社会反响积极。这些报道有感染力，有说服力，对如何找准社会主义核心价值观宣传的着力点有一定启示。

【案例一】《守望精神家园的太行人——红旗渠精神当代传奇》[①]

这部长篇通讯是"回应时代对民族精神召唤"的新闻力作。牢固的核心价值观都有其固有的根本，中华优秀传统和民族精神是社会主义核心价值观最深厚的源泉。然而，在物质逐渐丰裕的今天，艰苦奋斗的愚公故事是否还有必要讲述？自强不息的民族精神是否还能得以传承？人们又如何在重拾信仰的路上找到方向？为回答这些问题，新华社社长李从军和几名记者一起深入太行山，重访红旗渠。红旗渠是20世纪60年代在太行山间开凿的一条长达1500千米的"人造天河"，它彻底改变了当地十年九旱的生存困境。在一个多月时间里，新华社记者采访了30多位典型人物，召开了近十场座谈会，查阅了30多万字的文字资料，做了上百万字的采访笔记，最终完成了这部万言通讯。

作品全景式报道了半个世纪以来红旗渠人的奋斗故事，尤其是今天的新传奇、新创造。它以永恒的理想、奋斗的气概、坚韧的力量、奉献的精神以及民族的灵魂为五个部分的关键词，逐一展开。每部分以代表中华民族精神起源的神话故事开场，进而依托大量可触可感的细节，讲述了九位有代表性的红旗渠人拓荒创业的故事。

---

① 刊播平台，新华社；刊播时间，2011年10月16日；作者，李从军、刘思扬、朱玉、赵承。

作品突出之处在于将红旗渠精神置于中华民族文化源流和精神成长的时空坐标中，辅以对人类共同理想追求的观照，提炼出"难而不惧，富而不惑，自强不已，奋斗不息"的时代内涵。整个报道采写扎实，富有思想性，"一个国家真正的财富，不仅在于拥有有形的物质力量，还在于，某种意义上说更在于是否拥有无形的精神力量"。

稿件播发后，受到了广泛好评。400多家媒体刊登了此稿件，《新华文摘》也予以转载，引发了社会对弘扬社会主义核心价值观和时代精神的深入讨论，"唤起了人们心中那份神圣和崇高"[1]。此作品获得了2012年第22届中国新闻奖特别奖。

【案例二】《素描罗阳》[2]

这组电视系列报道是恪尽职守、精忠报国的英雄篇。罗阳是歼-15研发项目总负责人、中航工业沈阳飞机工业集团董事长，也是沈飞历史上承担型号最多的现场总指挥。2012年11月23日，歼-15成功降落在"辽宁号"航空母舰甲板上，中国航母计划迈出关键一步。遗憾的是，在执行完此次任务的归航途中，罗阳同志于11月25日突发心肌梗死去世，终年51岁。

中央电视台第一时间组织报道，赶赴罗阳曾工作生活的地方，进行深入采访。

罗阳是大型国有企业的管理者，是老百姓眼中的官员，但又是母亲、妻儿、同事眼中的普通人，"没人知道这个被母亲和阿姨们叫作'阳阳'的人是做什么的，即使是罗妈妈，也仅仅知道儿子在沈飞工作，工作很忙"[3]。与以往先锋人物报道不同，记者没有见过罗阳，也不可能听到他的回答，只能通过寻找罗阳生平的点点滴滴去

---

[1] 赵承.在太行山寻找思想的火花[N].中国新闻出版报，2012-01-20（1）.
[2] 刊播平台，中央电视台《新闻联播》；刊播时间，2012年11月26日—29日、12月9日—11日；作者，肖璞、崔霞、王威、李进、吴杰、赵忠良、辛欣、文为民。
[3] 《素描罗阳：干惊天动地之事，做默默无闻之人》的解说词。该片于2012年12月9日在中央电视台《新闻联播》头条位置播出。

触摸罗阳。记者在采访中最深切的感受是，航空报国不是印在墙上的一句口号，罗阳用生命诠释了一个航空人的报国情怀，他代表了无数为了国家航空航天事业发展默默无闻的奉献者，正是他们的无私奉献和恪尽职守托起了中国航空航天事业的辉煌。罗阳是一个什么样的人？报道应该从哪里入手？又如何呈现记者们在每个现场、在每次采访中所体会到的那份感动？《素描罗阳》系列报道运用罗阳的生平资料和大量采访细节，将平凡与伟大交替递进，把国家的任务、团队的力量和个人的理想联系在一起，让观众看到了一个真实的罗阳，一个立得住的中国梦。

《素描罗阳》由7个报道组成。11月26日，罗阳殉职次日，中央电视台在《新闻联播》头条位置播发第一条报道《罗阳：用生命托举中国战机完美升空》。11月27日至29日，《新闻联播》连续在第二条重要位置并以加提要的方式，播出报道《罗阳：30年航空报国》《罗阳素描：真心英雄》《罗阳：祖国和人民会记住你》。12月9日至11日，《新闻联播》播出后续系列报道《干惊天动地之事 做默默无闻之人》《逆境的坚守 无悔的选择》和《兄弟们的歼15》。及时全面的报道产生了极大的社会影响。

【案例三】《诚信身边事》[①]

这组50集的广播报道是讴歌诚信、展示"小人物大境界"的群芳谱。培育和践行社会主义核心价值观离不开社会公民的道德实践。近年来功利至上、诚信缺失的极端个案被广泛传播，仿佛整个中国社会道德滑坡。然而，现实生活告诉我们，向善向上的力量仍然是社会主流，讲诚守信依然是中国人所遵循的最朴实信念。为了反映社会诚信现状、激活人们心中的道德力量，中央人民广播电台推出了道德建设系列报道《诚信身边事》。

---

① 刊播平台，中央人民广播电台经济之声《天下财经》；刊播时间，2012年8月15日至10月26日7：30；作者，集体创作。

系列报道共50集,每集3分钟,着眼于身边人、身边事。报道组以"在生活中找素材,到百姓中寻案例"为原则,在全国范围内广泛寻找诚信故事,最终确立了50个有代表性的案例,要求记者"一城一地,一人一事,必临现场",以点带面,深入采访。报道对象既有诚实守信的个人,也有诚心服务的商家,还有风清气正的城乡;报道内容既感性讲述道德建设的大情小事,也理性剖析诚信问题的各种成因。

这组广播报道于2012年8月15日起,以中央人民广播电台经济之声为主体,同步在中国之声、中国之声、华夏之声、民族之声、文艺之声等频率以及中国广播网推出,形成了强大的规模传播效应。同时,纳入新媒体互动元素,将记者的采访手记、音频和文字链接提前上传到央广网、新浪微博、腾讯微信,借力网友评论和小编点评,加强线上线下的互动,扩展了影响力。

【案例四】《如何定义我们的时代气质》[1]

这篇评论是论述社会主义核心价值观的清新之作,其生动、贴近、活泼的文风体现了评论创新的成效。党的十八大以来,习近平多次阐述培育和弘扬社会主义核心价值观的重大意义,把它作为凝魂聚气、强基固本的基础工程。2013年12月23日中共中央办公厅印发《关于培育和践行社会主义核心价值观的意见》,明确指出新闻媒体要发挥社会主流价值的主渠道作用,不断巩固壮大积极健康向上的主流思想舆论。《人民日报》评论部作为"各类媒体旗舰上的汽笛",责无旁贷地要用思想的力量来引领思想建设。近年来,《人民日报》评论锐意突破刻板语态,努力塑造适应新时代需求的现代政治话语体系,深受好评。同样,在社会主义核心价值观的宣传上,《人民日报》评论部以社论、任仲平文章、人民时评等各种形式,推出了一系列有分量、有感染力的评论,其中2014年1月2日起推出

---

[1] 刊播平台,《人民日报》评论版;刊播时间,2014年1月13日;作者,《人民日报》评论部。

的"创造一个更好的中国"系列评论颇受瞩目,《如何定义我们的时代气质》是其中的第四篇①。

2014年新年伊始,《如何定义我们的时代气质》从时代精神层面来探讨应该建设什么样的中国。这是一个大题目,容易说高、说空。如何让这一命题的评述贴近人心?评论将视线投向了人们能够直接感知并容易产生共鸣的流行文化,因为流行文化最能代表时代气质,反映了比较普遍的社会精神状态。评论从流行的"土豪"现象切入,分析其背后的社会心态,勾勒出了转型期中国的精神世相,同时,以小见大,其对社会主义核心价值观的阐述更容易引发共鸣,正如评论问众人的:"把成功仅仅定义为物质的富有,我们安于这样的常态吗?谁又发自内心地喜欢这样的常态?"评论以日常生活所见为论据,娓娓道来,回答了文章的命题:要养足健康茁壮的精气神,以良好的价值观、幸福观和财富观来定义我们的时代气质,让社会主义核心价值观"为呼啸前行的中国列车,增添恒久强劲的精神动力"。

"创造一个更好的中国"系列评论并没有直接阐述培育社会主义核心价值观,但一经发表,获得了高转载率和转发量,共有334家海内外网站转载。

二、专家评析

社会主义核心价值观的宣传报道本质上是观念的传播,强调思想性,强调向上向善的价值引领。观念的抽象性使得社会主义核心价值观的宣传报道颇具难度,容易产生两种倾向:一是把讲思想简单等同于搬文件,仿佛不用概念讲事实、不用观点说观点,就无以突出思想高度,宣传报道乏味空洞;

---

① "创造一个更好的中国"系列评论包括:《2014年你将如何存在》(之一)、《谁来加厚信息时代的文化土层》(之二)、《教育,如何让生命蓬勃生长》(之三)、《如何定义我们的时代气质》(之四)。

二是片面追求吸引力,使报道流于碎片化、表面化,结果是"见人见物"不见"精神",宣传报道失去引导和激励。显然,这两种倾向都无益于促进社会主义核心价值观的认知认同,更难以完成凝聚共识的重任。

社会主义新闻事业历来重视思想宣传,重视用事实和言论来激励人、感染人、引导人,也有很多好作品、好经验和好传统。不过,随着互联网带来的社会结构和媒介生态的深刻变革,主流媒体在激浊扬清、引领精神、凝聚共识方面的任务更显艰巨。在传承传统的基础上,塑造契合时代需求、更具传播效力和引领作用的宣传话语体系也更为迫切。

(一)社会主义核心价值观宣传报道的基本原则

社会主义核心价值观"三个提倡"24个字的表述具有高度凝练性,但并不与现实生活相脱节。任何价值观都是与人的具体生活实践息息相关的,而人的具体活动背后也必定隐含着价值取向,因此,"一种价值观要真正发挥作用,必须融入社会生活,让人们在实践中感知它、领悟它"[①]。结合"最大公约数"的本体属性和"反映中国特色、民族特点、时代特征"的实践要求,分析本专题案例,我们可以初步总结出社会主义核心价值观宣传报道的一些基本原则。

1.将抽象理念融入具体实践

把社会主义核心价值观宣传融入具体实践,其实质是在社会主义核心价值观的目标要求与社会生活的具体实践之间建立起有说服力的逻辑联系和现实联系。通俗地说,社会主义核心价值观的宣传报道要"顶天""立地",既有思想的引领,又有现实的根基。那么,如何做到这一点呢?

第一,找准落点。落点要找准,首先要"着地",报道内容要接地气,要与社会现实对接,让老百姓可以在具体人、具体事、具体行为中感受到社会主义核心价值观;其次要"聚气",要找到群众感受、社会期待和国家理想的交汇点。具体来说,要从人民群众中挖掘主题的依托,从社会问题中寻找观

---

① 把培育和弘扬社会主义核心价值观作为凝魄聚气强基固本的基础工程[N].人民日报,2014-02-26(1).

念的载体，从国家需求中捕捉价值的引领。我们可以看到，无论是对罗阳作为时代先锋的讴歌，还是对红旗渠所代表的民族精神的召唤；无论是对百姓诚信的挖掘，还是对"土豪"现象的反思，其指向都是当下的价值观问题，其背后都隐含着人民向善向上的心愿。

第二，把握关键。要让社会主义核心价值观的宣传报道很好地融入具体实践，关键要做到并且做好"落细、落小、落实"。

落细，才能感之深切。社会主义核心价值观不是标签，也不是口号，它蕴含于社会生活的细节里，体现在人们的日常行为中，因而呈现价值观的行为总是具体而微的。对于报道本身而言，越细化，越具有丰富性，也越具有针对性；对于受众接受而言，记者越会用细节说话，越符合人们的经验感知习惯，所报道的内容也越容易被接受。

落小，才能传之广泛。以小见大是朴素的方法论，内容实在了，才能与百姓息息相关。事实上，"落小"更为深刻的意义在于群众意识。一方面，身边事可以教育身边人，小故事可以阐述大道理，是因为国家的建设、社会的进步，离不开每一个普通人的付出；另一方面，"落小"可以放大榜样的力量。把先进典型的精神融入日常生活工作的小事，榜样的选择才可能为更多人所参照，道德的标杆也才可以为普通人所企及，社会主义核心价值观的传播才能有最广泛的群众基础。

落实，才能行之久远。真实的内容、诚实的态度、扎实的报道，是落实社会主义核心价值观的前提，也是宣传报道产生公信力的基础。用先进的思想引领人，并不意味着宣传报道要回避现实问题。相反，媒体只有真实地直面社会的价值焦虑、行为失范等问题，才可能抑恶扬善；只有通过诚实的社会讨论，才能明辨是非，澄清模糊认知；只有通过扎实的历史说明，才能让人民理解发展的艰难与进步，也更有利于人们看到主流、达成共识。

《守望精神家园的太行人》看似报道"红旗渠"的老传统，实则在回答当下的价值疑惑，寻找信念的意义。报道并没有板着面孔教育，而是娓娓道来几代太行人的故事：52年打了1685眼旱井的老支书、带领全村人挖山修路的许存山、红旗渠精神"长在骨头里"的钢铁大王、走遍几百个山村义诊的秦

周顺……因为有了具体人、具体事、具体细节，关于信念的追寻才有了可触可感的现实依托，这无声地诠释了精神传承的价值。

《诚信身边事》系列报道紧紧围绕"身边"这一关键词，努力发现、发掘和发扬寻常生活中，那些容易被人们所忽视的抑或极为平常的诚信故事。报道对象是生活中的普通人，是我们身边卖鸡蛋的大伯、开出租的司机、包子铺的老板；报道的举动或许只是一句简单的承诺、一张轻薄的便条、一份平常的合同，如一个送奶工用一张请假告知的便条获得了百户人家的信任、一个"憨老板"因为不能拖欠工人一分钱的信条而卖房等。平常的小事、朴素的信念蕴含着看得见、信得过、学得来的意义，因而也具有了"我也应该这样做"的社会效应。

2. 在普遍诉求中确立价值主导

在价值观日趋多元、多样、多变的情形下，社会主义核心价值观的宣传报道是在多元中确立主导、多样中实现引导、多变中促进认同的实践过程。但是，在人人都是传播者的今天，传播效力已不等同于媒体的权力，主流媒体的影响力是在与其他媒体的竞争中获得的，因而主流媒体的价值引导力不在于单向传播的美好愿望，而在于所报道的内容能否反映社会的普遍诉求，能否最大限度地激发社会认同。

所谓普遍诉求，即社会普遍的价值诉求。通俗地说就是人人可以有话说，人人能够找到共鸣点。因而社会主义核心价值观所报道的内容，应包含着一个社会的共同体会、社会认同最广泛的生活信念或价值行为，或者能够代表这个时代大多数人的精神取向，或者能够反映着国家和社会公众共同期待解决的普遍问题。落实到宣传报道的方式上，还要努力寻找"共同性"和"贴近性"，写出共知、共鸣和共识。

《如何定义我们的时代》很好地体现了上述观点。站在新年的起点，《人民日报》评论部力图从精神领域来探讨应该建设什么样的中国。以往我们谈及国家发展时，多强调物质进步，而今天人们深切地感受到，一个国家如果没有健康的社会风气和良好的道德水准，即使经济再发展，人民生活也难以获得真正的幸福。社会主义核心价值观就是要从精神领域来发展问题。伴随着中国社会的逐步富裕，拜金享乐风开始在社会滋长，精神信念的迷茫令大众困扰。今天的中国应该有怎样的精神气质，这已然成为一个普遍的问题。然而，要评述一个时代的精神气质，不仅提炼有难度，更有吃力不讨好的风险，因为精神气质难以触摸，评论容易流于空泛。

然而，这篇评论无论是考察视角、落笔视点，还是论述视野，都紧紧扣着普遍诉求，努力朝着"共同性"和"贴近性"的方向去写，努力挖掘并且呈现人们所感同身受的事物，从而直观且富有吸引力地"定义"了时代气质。首先，评论将宏大命题转化为日常生活的情景，以"土豪"流行、微信热等热点事物，来贴近大多数人的"共知"感受；其次，放低身段，从普通人视角观察社会世相，从而道出普遍的社会疑惑，拉近评论与读者"共鸣"之间的距离：为什么"土豪"称谓如此流行？凭什么"土豪金"手机可以卖出离谱价格？……对于这些人人疑惑的问题的解答，使评论有了一语点醒梦中人的功效，赢得了说服力；最后，以日常生活的凡人善举为论据，更容易激活每个人心中的向善向上的社会"共识"，如结伴"驴行"、清扫路桥、为留守儿童点亮光明、转发让心灵平和的鸡汤微信……这些日常生活中人人可为的美好行为汇聚在一起，水到渠成地回答了今天中国应有怎样的时代气质。从看得见的事物入手，实现看不见的宣传，而这种润物无声的方式应是社会主义核心价值观宣传的最高境界。

在传播全球化的背景下，在普遍诉求中实现引导具有更为重要的意义。一般而言，越具普遍性，越具有穿透力，越能引起广泛共鸣。如果一则报道怀有对人们共同命运或者社会共同精神的思考，理解人类普遍的存在困境或理想追求，那么这样的报道就可能对发生在具体地点、具体个人或群体身上的"事件"的普遍性关联有更本质的把握，也才有可能避免"碎片化"，由点及面，引发最大限度的共鸣。

3. 在历史发展中契合时代需求

任何有生命力的价值观及其实践都是在历史发展中不断与时俱进的。强调社会主义核心价值观的宣传报道要在历史发展中契合时代需求，其有内容和形式两层含义。

在传播内容上，应体现时代精神。要认识到，中华优秀传统文化是涵养社会主义核心价值观的重要源泉，而文化是有历史继承性的，不能割断现代文化和传统文化之间的关系，但是对于它的阐发更应着眼于时代价值，以历史发展的眼光来认识事物。以《守望精神家园的太行人——红旗渠精神当代传奇》为例，这篇通讯能够激荡人心、重新点燃人们追求理想的信念的很重要的一个原因是，这篇报道没有停留在事实的简单描述层面，而是从民族文化源流和精神成长的历史视角，从人类对理想信念的共同追求中来思考红旗渠精神的时代性，其所揭示的"难而不惧，富而不惑，自强不已，奋斗不息"的精神正是我们这个时代改革创新的强大动力。同样，中国的强盛需要罗阳这样的贡献者，时代的进步需要罗阳这样的英雄，罗阳的报道之所以打动人心，是因为罗阳精神包含着百姓的期盼，也反映着这个时代应有的最朴实的价值理念和爱国情怀。

在传播形式上，须适应时代话语。我们要认识到，正确的内容要用"契合"时代需求的方式来表达。新的传播技术重构了社会关系，也重构了新闻生产方式，更重新定位了受众的接受方式和话语方式。一方面，从接受方式看，今天的公众借助自媒体和社交媒体成为新闻生产的一部分。这种新的新闻生产方式打破了封闭的报道模式，"新闻报道+社交媒体"构成动态扩展的新闻产品，这使得公众对于某些问题的理解变成了一个过程，而不是一个结果。另一方面，从话语方式看，"土豪""普大喜奔""躲猫猫""打酱油"等网络流行用语，塑造了新的话语方式和交流语境。社会主义核心价值观的传播需要应对这样的变化，只有学会在互动分享中发展报道，才能很好地避免自说自话，才能以更贴近的方式实现引导。如果我们的报道还在重复过往经验，不能将社会主义核心价值观落实到主流群体尤其是年轻群体所乐意接受的传播方式乃至话语表达方式上，即使观念再正确，内容再有意义，也会缺乏吸引力。

在互动分享的形式上，《诚信身边事》系列报道做了初步探索。节目组将记者采访手记、音频和文字链接放在网络上，设置网友互动专区，同时上传至微博、微信。这不仅扩展了报道时空，让节目以及节目外的相关内容可以随时被收听点看，而且扩展了节目内容，众多网友的跟帖评论成为观点讨论的一部分，为节目注入了鲜活的气息。"小编点评"放下了身段，语态贴近入耳，既在互动分享中表明态度，又有润物无声之效。

（二）社会主义核心价值观宣传报道的提升途径

原则提供了方向，但实际成效还取决于宣传报道的方法把握。社会主义核心价值观渗透于社会生活的方方面面，内容极为丰富，提升传播成效的路径也必然多样。结合本专题优秀案例，可以概括为以下三点。

1. 回归新闻本质：提升吸引力

新闻的本质是真实，真实是媒体公信力所在，有公信力才会有引导力。这是众所周知的道理，不过，今天的主流媒体应比以往任何时候都更加深刻地感到复杂环境的挑战，更加迫切地感到"回归新闻本质"的重要。记者须注意小到对每一个细节，大到对局部真实与全局真实的把握，因为任何摆拍、拔高、片面乃至一点瑕疵都可能被在网络中放大，进而对媒体公信力造成损伤。如何认识真实、把握真实、报道真实成为媒体必须反复追问的责任。

回归新闻本质，其核心是要求宣传报道尊重新闻传播规律。好的宣传应该是好的新闻报道。以往有的典型人物报道偏重宣传价值，忽略新闻价值。在第一时间、第一现场、第一话语权变得越来越重要的传播环境下，社会主义核心价值观的宣传报道也要充分重视新闻意识，善于结合新闻事件，抢占先机，扩大宣传报道的影响面；善于把握报道时机，审时度势，增强价值观引导的针对性。

中央电视台对罗阳的报道充分体现了新闻价值和宣传价值的合力效应。罗阳同志因公殉职后，网络媒体最初只是单纯以消息形式播发这一突发事件，但是中央电视台敏锐捕捉到这一事件的重要性，第一时间深入挖掘，全天候、全方位播出罗阳系列报道。整个宣传报道，以航母梦想的实现、歼-15首飞的成功、航空事业的飞速发展等公众关心的事件为背景，将"敬业"的个人价值准则和"富强"的国家价值目标融为一体，同时，充分的报道使得观众对罗阳其人其事有了深入的了解和发自内心的尊重。众多媒体包括新媒体大量采用和转发央视报道,形成了极佳的宣传效果。

2. 坚持人文关怀:提升感染力

以人为本是马克思主义新闻观的核心,其内核是人文关怀。在此,我们需要思考:什么是新闻报道的"人文关怀",又如何呈现之?为什么有些先进典型的报道中,有人有故事也有细节,却依然无法入脑入心?

问题的关键不在报道中有没有"人",而在于有没有"具体的人"。人文关怀体现在宣传报道中不是有没有动情点,而是报道者眼中有没有"具体的人"。这个"具体的人"包含两个层面:其一是报道外的"人"是具体的,也就是报道要有具体的对象感,从而设身处地考虑报道是否说得实在,讲得明白。其二是报道内的"人"是具体的。"具体的人"一定存在于现实的生活环境中,因而要将典型人物、先进事迹放置在日常生活工作的情景中去考察,通过考察他或她在各种现实关系和矛盾中的选择,来呈现其所作所为及其背后的价值理念。如果人物事迹或细节脱离了日常生活工作的现实情景,那么这样的事迹和细节就成为孤立的存在,就可能产生另一种形式主义,即"人物+事迹+细节+口号"的简单叠加。割裂了现实关系,人们自然难以感知、感同和感动,这正是习近平总书记强调的"与人们日常生活紧密联系起来"的深意所在。

《素描罗阳》系列报道的突出特点体现在对典型细节的把握上。例如,简朴的住房反映了他的廉洁;与母亲挥别的场景表达了他的孝心以及"舍小家为大家"的情怀;"辽宁舰"上给妻子的最后一个电话体现了他对艰苦工作的坚守。值得称道的是,报道者对所有细节的运用都不是孤立的,也不是用细节来佐证观点,而是将细节放置于日常生活的现实情景中,让观众从这些朴实无华的细节行为中,看到一个真实的罗阳,看到作为领导、作为丈夫、作为儿子、作为同事,他是如何在各种现实关系以及矛盾中做出选择的。例如,尽管罗阳总是仅回家短短几十分钟,但是他总是手拉手陪着母亲在院子里散步,很少有人知道,这个老人的儿子在为中国航空航天事业尽心竭力,当罗阳在母亲面前静静离去时,他常常面对的是激情震撼的场景。再如,在

《干惊天动地之事 做默默无闻之人》的报道结尾，记者用了一段罗阳当年的采访视频，他谈到了常年保守机密、默默奉献的航空人亲属在新机型解密之后的反应："啊呀，才知道，原来我的孩子，原来我的丈夫，我们家里这些亲人，常年加班加点干了这么一件大事"。报道戛然而止，却余音袅袅，罗阳的这句话不仅是对他个人，也是对整个航空航天事业工作者报国情怀的具体诠释，它朴实简单，却直击人心。这些细节以最朴素的方式还原了一个日常状态中简单而真实的罗阳，而他身上的品质以及他所做出的选择，是我们每一个人在常态的生活工作中都可遇可为的。正如记者所说的，"在罗阳身上，我们看到了许多简单却深入骨髓的中华传统美德：谦卑、律己、为他人着想、在家尽孝、为国尽忠"，由此，榜样的力量具有了真实的魅力和朴素的感召力。

3. 把握理性逻辑：提升说服力

有说服力的报道来自"摆事实"，也来自"讲道理"。所谓讲道理，其实质就是主体在认识与活动中对事物的逻辑把握。受众对事物的理解是经验层面的，媒体的任务在报道经验认知外，还要透过经验，发掘其背后规律，从而促进人们对事物的认同。今天的新闻不仅要满足观众对信息的需求，还要满足受众对理解复杂环境的需求，帮助受众在更开阔的视野上、在历史的发展中，理解复杂事件的社会意义。社会主义核心价值观的宣传报道同样需要找到有说服力的知识，以人们可以理解的方式展现事实以及事实背后的逻辑关系。

在《守望精神家园的太行人》的报道中，精卫填海、盘古开天、夸父逐日、女娲补天、愚公移山等典故追溯了中华民族的精神源泉；60年代解决水源问题、80年代解决粮食问题、90年代解决发展问题等历史呈现了一个国家的精神力量；开渠引水、开山造林、开路引资等太行人的奋斗故事涤荡人心，使传统的精神有了当下炽热的时代意义。总体而言，东方文化的古老传说和典故，提供了人类追求理想的普遍经验；个人、民族、国家三个维度的阐述，打开了理解的视野；大量的知识背景和历史逻辑的演进，避免了生硬的说教。

事实证明，有穿透力的报道不应停留于表面事实的"碎片化"层面，而应从历史与现实的联系中,从个体与整体的呼应中去增强报道的说服力。社会主义核心价值观的宣传报道,从来就不是也不应该是高高在上的说教,它是大众化的,须贴近广大群众;是具体化的,可致广大而尽精微;是普遍化的,应触及社会共鸣;是实践化的,能同步时代脉搏。只有这样的报道,才能够让群众乐见、让社会接受、让时代检验,看似"概念化"的社会主义核心价值观才会具体转化为你我生活的言行,也才能被传播得更深、更广、更远。

情境信息的协同构建：基于危机事件中的共享文档功能考察*

一、引言

危机是一种社会常态化秩序被扰乱的紧急情况。身处其中的人们充满不安全感、不确定性[②]，亟待摆脱险境。在此情形下，无论是外部救援者，还是内部自救者，都需要及时获得关于危机环境、事态状况的准确信息，以了解情况、作出判断、实施行动。这类"在危机或紧急状况下有助于当事人或政府了解环境状况、预测危险、实施恰当行动的信息"被研究者称为"情境信息"。[③] 情境信息对危机处置来说至关重要。

---

* 文章与张辰合作，原载于《中国新闻传播研究》2023 年第 2 期，收于本书中，略有删改。

[②] MITROFF II，ALPASLAN M C，GREEN S E.Crises as ill-structured messes [J].International studies review，2004，6（1）：175-182.

[③] LUOKKALA P，NIKANDER J，KORPI J，et al.Developing a concept of a context-aware common operational picture [J].Safety science，2017，（93）：277-295；MUKKAMALA A，BECK R.The role of social media for collective behavior development in response to natural disasters [C] //BEDNAR P M，FRANK U，KAUTZ K，et al.26th European Conference on Information system：Beyond Digital Digitization-Facts of Socio-Technical Change.Portsmouth：ECIS 2018，2018：109；RUDRA K，GHOSH S，GANGULY N，et al. Extracting situational information from microblogs during disaster events：a classification-summarization approach [C] //Proceedings of the 24th ACM International on Conference on Information and Knowledge Management.New York：Association for Computing Mchinery，2015：583-592.

在危机下，信息流动速度、数量、质量（准确性）影响着人们掌握情境信息的能力。一是危机中的个体需要通过各种渠道获得信息，以对自身所处的环境作出判断。这些信息来源既可能是政府公告、媒体新闻，也可能是口耳相传的；既可能是准确明晰的，也可能是鱼龙混杂的，甚至可能是谣言、流言。二是实施有效的救援需要信息，特别是需要打通内外部不同层次、不同主体、不同渠道的信息流动。人们对于情境信息的掌握能力与媒介技术发展密切相关。最早，人们通过人际传播交换信息，凭直觉、知识积累和经验来对周遭的情境进行判断，应对危机的效果是十分有限的。进入大众媒介时代，人们通过报纸、电视等传统媒介获取情境信息，官方、媒体的信息发布成为危机中人们获取信息的主要来源。社交媒体的出现丰富了信息传播的渠道，人们不仅拥有了更为多元的信息来源和内容，也有机会参与情境信息的生产、发布和分享。这使得信息流动的速度和数量远超以往，也令媒介技术在危机救援网络中扮演的角色日益重要。

近年来，通过运用共享技术建立危机中的应急信息网络的案例已不鲜见。例如，2021年河南、山西汛情中的"救命文档"。一些案例中的应急信息网络搭建了开放、共享的情境信息池，还具有多人在线、同步编辑、实时共享的技术特征。借由这种技术优势，这些由大众提供的情境信息能够为突发危机中的当事人及时提供决策依据，并为构建应急信息网络、改善危机状况提供助力。

在此类危机事件中，包括当事人、救援者、技术等在内的多元主体共同参与了危机中的应急信息网络构建。本文以行动者网络理论（Actor-Network Theory）为框架，考察共享技术影响下危机情境信息网络建构的新特征及其消解信息不确定性的新机制，以更好地应对未来可能面对的危机情境。

二、研究综述

（一）行动者网络理论

行动者网络理论（Actor-Network Theory，ANT）是以法国社会学家米歇尔·卡利恩（Michel Callon）和布鲁诺·拉图尔（Bruno Latour）为代表的社会学家提出的理论，用以描述人类行动者（如个体、群体）如何与非人类行动者（如技术、观念、组织方式、思想等）联系起来并形成网络的发展过程①。早期的行动者网络理论源于对"科学事实"（scientific facts）建构过程的认识。以卡利恩、拉图尔和约翰·劳（John Law）为代表的一批学者认为，科学事实并不是既成的客观事物，而是一个由科学家、科研经费提供者、研究团体多元主体共同建构的复杂网络，经过实验、论文撰写和竞争三个过程产出结果②。进入20世纪90年代，加速迭代的新科技不仅深刻影响着社会观念，也深度嵌入社会生活，与多元社会行动者之间形成了日益复杂的互动关系。聚焦技术—社会复杂互动③的行动者网络理论因此成为备受关注的研究范式④。其中，行动者、转译、强制通行点等概念是行动者网络理论的重要构成。

（1）"行动者"（actors）：行动者原本是指参与科学实践的一切要素。随着这一研究范式的应用拓展，行动者这一概念也发展为"能对事物状态起到改变作用的所有要素"⑤。在社会网络理论的研究视野中，人、观念、符号、技

---

① CALLON M.The sociology of an actor-network: the case of the electric vehicle [M] //CALLON M, LAW J, RIP A.Mapping the dynamics of science and technology: sociology of science in the real world.Queensland: Palgrave Macmillan, 1986: 19-34; CALLON M, LATOUR B.Unscrewing the big Leviathan: how actors macro-structure reality and how sociologists help them to do so [M] //KNORRC K, CICOUREL A, CICOUREL A V.Advances in social theory and methodology: Toward an integration of micro-and macro-sociologies.Boston & London: Routledge & Kegan, 1981: 1.

② LATOUR B, WOOLGAR S Woolgar.Laboratory Life: the Construction of Scientific Facts [M]. Princeton: Princeton University Press, 1986.

③ WALSHAM G.Actor-network theory and IS research: current status and future prospects [C] //In Information Systems and Qualitative Research: Proceedings of the IFIP TC8 WG 8.2 International Conference on Information Systems and Qualitative Research, 31st May-3rd June 1997, Philadelphia, Pennsylvania, USA.Boston, MA: Springer us, 1997: 466-480.

④ LATOUR B.On actor-network theory: A few clarifications [J].Soziale welt, 1996, 47 (4): 369-381.

⑤ CALLON M.The sociology of an actor-network: the case of the electric vehicle [M] //CALLON M, LAW J, RIP A.Mapping the dynamics of science and technology: sociology of science in the real world.Queensland: Palgrave Macmillan, 1986: 19-34.

术等所有构成复杂社会互动的要素,都是同等重要的分析元素[1]。(2)"转译"(translation):转译是指行动者"吸纳"(enrol)并"控制"(control)其他行动者或资源的过程[2]。行动者立足于自身的价值取向和兴趣特点,用自己的表达方式把其他行动者的意思翻译出来,并通过彼此转译让行动者间相互作用并组合在一起,不断建构进而形成整个网络[3]。"转译"过程非常重要,它"是形成行动者网络的原因,也是使行动者网络得以稳固维系的动态机制"[4]。(3)"强制通行点"(Obligatory Passage Point,OPP):广义上,OPP指的是网络发起者或核心行动者设置的一种情况或一个过程,它使得所有网络中的参与者聚焦在统一的目标和核心问题上,以便实现共同利益[5]。OPP在化解异质行动者的冲突矛盾、对齐参与者的共同行动目标、维护网络环境的过程中起到重要作用。(4)转译的四要素(four moments of translation)。行动者网络理论的代表人物卡利恩对行动者转译过程做过明确且具体的阐述。他认为这一过程包括问题化/问题呈现(problematisation)、利益相关化(interessement)、征召(enrolment)和动员(mobilisation)四个步骤。首先,"问题化"是指网络发起者将不同行动者关注的对象阐述为问题和假设,并概述解决策略的过程;其次,越来越多的参与者被"问题化"中的设想吸引、激励("利益相关化"),接受了发起者提出的问题、策略以及赋予他们自身的身份定义,继而被"征召"进来成为新的网络成员,完成了从个体行动者变为群体的过程[6];最后,网络发起者"动员"各种相关的人力、非人力资源,界定这些新参与者的角色,使得他们在网络中的身份和地位被确立,从而形成了一个崭新的、

---

[1] PLESNER U.An actor-network perspective on changing work practices:communication technologies as actants in newswork[J].Journalism,2009,10(5):604-626.
[2] LATOUR B.Science in action:how to follow scientists and engineers through society[M].Cambridge,MA:Harvard university press,1987.
[3] 郑晓松.社会塑形技术的三种路径[J].哲学分析,2017,8(5):145-156,199.
[4] 郭荣茂.转译社会学视角下的技术治理研究[J].科学学研究,2016,34(11):1608-1614.
[5] SARKER S,SIDOROVA A.Understanding business process change failure:an actor-network perspective[J].Journal of management information systems,2006,23(1):51-86.
[6] 骆雯雁.行动者网络理论的名与实及其对社会翻译学研究的意义[J].外语学刊,2022(3):55-61.

相互关联的且相对稳定的行动者网络。

行动者网络理论既是一种社会理论，也是一种方法。它一方面提供了观察社会网络中诸要素的理论视角，同时为追踪、解释和证明各个要素间的关系提供了一种方法论的遵循。拉图尔认为，行动者网络理论是研究关联的社会学（sociology of association），它将社会现象视为网络效应，密切关注在特定时间段内网络的互动与演化，尤其强调网络行动者之间的相互联系既是多样的（heterogeneous），也是多变的（changing）和不确定的（uncertain）。因此，该理论关注对多变的情境、不稳定的群体和复杂的实践活动，探讨具有共同利益目标的异质性网络是如何建立并保持稳定的。近年来，该理论被引入新闻传播学领域，为理解、阐释媒介技术对于复杂新闻生产活动的影响提供了新的研究视角[1]。国内新闻学者则多关注媒介融合[2]、算法实践[3]、危机传播[4]等议题中的技术力量及其对媒介角色、关系与实践的影响。

危机传播就是一种复杂的社会实践，危机中的信息系统涉及多元的参与主体和动态变化的情境。例如，在危机期间和危机结束后，人们会改变自己的行为方式，发展新的（社会）角色[5]，并形成新的行为习惯以应对新的社会环境[6]。有学者观察到，在突发、重大的危机事件（如战争）中，ANT中的"转译"过程对理解"失序状态下的社会复原"具有重要意义，人们通过重新配置

---

[1] DOMINGO D.Research that empowers responsibility：reconciling human agency with materiality[J].Journalism，2014，16（1）：69-73.

[2] 朱江丽.媒体融合行动者网络的制度逻辑及"散射效应"研究[J].新闻大学，2022（1）：105-118，124-125.

[3] 徐笛.算法实践中的多义与转义：以新闻推荐算法为例[J].新闻大学，2019（12）：39-49，120.

[4] 田新玲，黄芝晓.大数据时代突发危机事件噪音治理：基于行动者网络理论的视角[J].新闻大学，2015（4）：34-42.

[5] WEBB M，COX M.A review of pedagogy related to information and communications technology[J]. Technology，pedagogy and education，2004，13（3）：235-286.

[6] RODRIGUEZ H，TRAINOR J，QUARANTELLI E L.Rising to the challenges of a catastrophe：the emergent and prosocial behavior following Hurricane Katrina[J].The annals of the American academy of political and social science.Philadelphia：America Academy of Political and Social Science，2006，604（1）：82-101.

自身的角色和行为，重组日常生活与社会秩序，展现了社会复原的力量。①

因此，本文拟以行动者网络作为分析框架，考察作为技术变量之一的共享技术对信息网络的建构过程的影响及其意义。

（二）情境信息传播与媒介技术

"情境信息"的学术研究源于对危机处置的关切。早在第一次世界大战时期，有学者就以"情感感知"（situation awareness）一词来描述在危机下当事人对危机情境相关的信息掌握能力。"情境感知"其实是军事用语，特指空军飞行员的一项关键技能，后被引申为感知危机环境的能力。美国学者米卡·安德斯雷（Mica Endsley）明确地将这种能力描述为："在一定的时间和空间内对环境的感知，理解它们的意义，并预测它们在不久的将来的状态。"② 她认为，情境感知是一个复杂的过程，包含了对诸多信息和环境要素的综合理解，为当事人制定决策、行动奠定了基础③。在军事行动中，训练有素的飞行员可以通过习得的知识对周遭的环境变化和危机进行判断，并依照经验采取进一步的行动④。然而，对于处在危机中的普通人来说，粗略地感知到周遭的环境与状态是不够的，还需要时间、地点、程度等诸多具体的信息才能帮助他们做出判断⑤。尽管早期研究者没有对"情境信息"这一概念做出清晰的界定，但是对于情境感知、情境信息的多种描述都指向了获取信息的能力与危

---

① DUKES E F, WILLIAMS J, KELBAN S.Collective transitions and community resilience in the face of enduring trauma［M］//COWELL M M.Collaborative Resilience：Moving Through Crisis to Opportunity.Cambridge，MA：MIT Press，2012：231-251.

② ENDSLEY M R.Design and evaluation for situation awareness enhancement［C］//Proceedings of the Human Factors Society Annual Meeting.Los Angeles，CA：Sage Publications，1988，32（2）：97-101.

③ Endsley M R.Measurement of situation awareness in dynamic systems［J］.Human factors，1995，37（1）：65-84.

④ SARTER N B, WOODS D D.Situation awareness：a critical but ill-defined phenomenon［J］.The international journal of aviation psychology，1991（1）：1，45-57.

⑤ VERMA S, VIEWEG S, CORVEY W，et al.Natural language processing to the rescue? extracting "situational awareness" tweets during mass emergency［C］//Proceedings of the International AAI Conference on Web and Social Media.Menlo Park，CA：AAAI Press，2011，5（1）：385-392.

机应对的成效之间的关联。

事实上，何为情境信息？哪些类型的信息可以被纳入情境信息的范畴？研究者给出了多重解读。本文梳理了几个有代表性的表述。

表 1　情境信息的范畴

社会环境信息（social environment information）：建议、警告、疏散、伤亡、医疗护理、失踪人员和提供帮助 建筑环境信息（built environment information）：危机事件造成的基础设施损害 物理环境信息（physical environment information）：环境影响、一般区域信息（危害状况）和一般危害信息（天气预报等）①
警告和建议、伤亡和损害、捐款、货物、服务、失踪与发现、信息来源②
灾难初始信息、情况更新、对于疏忽的批评、道德支持、准备、控制谣言、请求帮助、提供帮助、自组织支持和积极志愿服务③
状态更新（status update）和救援行动（help relief operations）④

由表 1 可见，情境信息主要涉及"警告与建议""救援进展""失踪与寻找""物资与服务""辟谣"五个方面。其中，学者们争论的焦点之一是"批评与建议"是否属于情境信息。有观点认为，"批评与建议"等评价性信息并非对"现场情境的描绘"，属于非情境信息⑤；相反，也有学者

---

① VIEWEG S E.Situational awareness in mass emergency: a behavioral and linguistic analysis of microbloged communications [D].Boulder: University of Colorado at boulder, 2012.
② IMRAN M, ELBASSUONI S, CASTILLO C, et al.Extracting information nuggets from disaster-related messages in social media [C] //The 10th International Conference on Information System for Crisis Response and Management, Karlsruhe.Münster: ISCRAM, 2013: 791-800.
③ MUKKAMALA A M, BECK R.The role of social media for coollective behaviour development in response to natural disasters [C] //26th European Conference on Information Systems.Atlanta, GA: AIS Electronic Library (AISeL), 2018: 3.
④ RUDRA K, GOYAL P, GANGULY N, et al.Summarizing situational tweets in crisis scenarios: an extractive abstractive approach [C] //IEEE Transactions on Computational Social Systems. Piscataway, NJ: Institute of Electrical and Electronics Engineers, 2019, 6 (5): 981-993.
⑤ RUDRA K, GHOSH S, GANGULY N, et al.Extracting situational information from microblogs during disaster events: a classification-summarization approach [C] //Proceedings of the 24th ACM International on Conference on Information and Knowledge Management.New York: Association for Computing Machinery, 2015: 583-592.

认为，公众对于危机救援行动、政府救援策略等信息的"批评和建议"会影响当事人的心理和行动，应归于情境信息①。综合来看，本文认为，在社交媒体深度介入危机救援的今天，公众在线的"批评与建议"会直接影响当事人的环境感知，尤其是当事人基于特定环境的建议或批评反馈，实际上也是一种对"现在情境"的描绘，对于危机救援有着切实的价值和意义。

值得注意的是，研究者不仅将危机现场当事人、官方渠道发布的信息纳入情境信息的范畴，还将来自社交平台的信息包含在内，主要原因是：随着媒体技术的演进，社交媒体介入危机救援的程度逐渐加深，情境信息的来源更丰富、更新速度也更快，对危机现场的描绘呈现着"实时更新"的新特征。从行动者网络视角来看，媒介技术的变化深刻影响着情境信息网络的复杂互动关系。

首先，媒介技术的演进催生了新的行动者。在大众媒体时代，危机传播的主体以政府、专家、主流媒体为主，由媒体向大众发布应对危机的相关信息②，媒体成为其中的"关键行动者"，负责代理、发布权威信息。社交媒体的出现打破了传统媒体的"代言制"，处于危机情境中的当事人也能够第一时间发出信息，情境信息的发布广度、速度、强度发生了极大的改变③。由此，社交媒体成为实时信息的重要来源和新的网络。几项关于美国波士顿马拉松爆炸案、日本福岛核辐射等危机事件中信息传播的研究发现，社交媒体披露的现场信息有助于救援组织了解受灾群众的受灾

---

① LI L, ZHANG Q, WANG X, et al.Characterizing the propagation of situational information in social media during COVID-19 epidemic: a case study on Weibo [C] //IEEE Transactions on Computational Social Systems.Piscataway, NJ: Institute of Electrical and Electronics Engineers, 2020（99）: 1-7.

② 高山，王京京.社会稳定风险评估的两种模式及其融合 [J].湖南师范大学社会科学学报，2015，44（2）: 44-49.

③ WANG Z, YE X.Space, time, and situational awareness in natural hazards: a case study of Hurricane Sandy with social media data [J].Cartography and geographic information science, 2019, 46（4）: 334-346.

情况①。

其次，媒介技术作为应急网络的"加速"行动者，其组织协调者的角色越发鲜明。例如，在2010年的海地地震中，高分辨率的卫星图像、社交媒体的大数据以及人工智能技术的应用为公众参与"危机数字地图"的共创提供了重要支撑，"危机数字地图"使危机情境信息由分散走向了集中，数字地图团队、救援团队和志愿者组织等多重力量参与救援②。有研究表明，在社交媒体时代的危机事件中，大量数字志愿者在社交媒体上收集、分享可能挽救生命的信息，是官方救援组织的重要补充，其背后的技术要素为提高全社会协同应对危机的能力创造了条件③。

然而，新的行动者也带来了新的风险。与传统媒体相比，社交媒体缺乏把关，信息真假难辨。特别是在突发危机时，各类"行动者"涌入信息网络，一方面造成了失序和混乱，另一方面也导致了信息需求的时效性与验证信息的时间性之间的矛盾。如何满足应急情境下人们亟待把握真实状况的迫切需求，直接影响着危机应对的成效。

（三）积极的情境信息网络

20世纪60年代，传播学研究以"受众导向"（audience control）为主要范式，主流的传播学者较为关注受众研究，他们认为传播的目标是制定有效、有说服力的传播策略，以改变受众的态度和行为。与此同时，以詹姆斯·E.格鲁尼格（James E.Grunig）为代表的学者却更关注积极主动的信息发出者，他率先提出公众情境理论（the situational theory of publics）④，用以预测和分析

---

① SURAN M, BROWN D K.Freedom from the press? How anonymous gatekeepers on Reddit covered the Boston Marathon bombing [J].Journalism studies, 2015, 18（8）: 1035-1051.
② MEIER P.Digital humanitarians: how big data is changing the face of humanitarian response [M].1st ed.London: Routledge, 2015.
③ CASTILLO C.Big crisis data: social media in disasters and time-critical situations [M]. Cambridge: Cambridge Ulniversity Press, 2016: 18-34.
④ GRUNIG J E.The role of information in economic decision making [D].Austin: University of Wisconsin, 1966.

大众寻求信息的行为。该理论认为传播是一种情境化的行为，传播者的目的是获取决策所需的信息和知识[1]。其研究者选择将"主动传播的行为"（active communicative behaviors）作为研究对象，考察情境中大众的信息需求何时增加、何时减少，以及其获取信息的能力与作出的决策之间的关系。基于此，情境理论被广泛应用于公共关系、传播学研究[2]，用以考察人们的信息选择、信息传递和信息获取行为。

1997年，格鲁尼格在研究中指出了影响情境判断和决策的三个主要变量——问题认知（problem recognition）、卷入程度（involvement）和约束认知（constraint recognition）[3]。其主要观点可概括为：当人们对所处的情境了解得越清楚、介入程度越深、感知得越强烈，对信息的搜索和加工就越积极。反之，当人们对所处情境缺乏感知，或自认为难以补救、挽回这种糟糕的态势时，其对信息的搜索和加工就越消极。

在社交时代的危机传播中，这三个变量同样与人们应对危机的意愿息息相关。危机中的当事人迫切需要了解周遭的情境信息，以求进行有效的危机应对。当人们对信息掌握得越及时、清楚、准确，人们参与情境信息的搜索、加工就会越积极，意愿也会更强烈，这将推动更多的情境信息被生产和传播，由此为更多危机当事人提供参考和帮助。

在后续的理论发展中，情境理论被不断拓展，并延伸了新的概念——"问题解决的情境理论"（the situational theory of problem solving，STOPS）。这一理论可以解释面对问题情境时，个体为何、如何进行信息传播。其后，STOPS

---

[1] KIM J N, KRISHNA A.Publics and lay informatics: a review of the situational theory of problem solving [C] //Annals of the International Communication Association.New York: Routledge, 2014, 38 (1): 71-105.

[2] KIM J N, KRISHNA A.Publics and lay informatics: a review of the situational theory of problem solving [C] //Annals of the International Communication Association.New York: Routledge, 2014, 38 (1): 71-105.

[3] GRUNIG J E.A situational theory of publics: conceptual history, recent challenges and new research [M] //MOSS D, MACMANUS T, VERCIC D.Public relations research: an international perspective.Andorer: Cengage Learning EMEA, 1997: 3-48.

跨越了多个传播语境，被应用于组织传播、健康传播和危机传播的相关研究。

基于对"问题解决情境中参与者的主动传播"这一观点的理解，我们在危机应对的语境中进一步思考，行动者出于何种意愿构建了情境信息网络？他们的"主动性"和"积极性"是如何被激发的，而新技术作为一种动力机制又如何有效参与建构了一个更为积极的行动者网络？

综上，本文提出如下研究问题：

RQ1：在危机响应中，情境信息网络的构建过程是什么样的？

RQ2：在共享技术的影响下，行动者网络的"转译"过程是否产生了新的变化？

RQ3：当大规模行动者参与网络构建，如何设置"强制通行点"来保障情境信息传播的准确性和有效性？

三、研究设计

（一）研究样本

基于上述研究问题，本研究选取 2021 年郑州汛情中《待救援人员信息》共享文档的应用作为研究对象。2021 年夏，我国河南、山西等地出现极端强降水天气，引发重大洪涝灾情。以河南省会郑州市为例，2021 年 7 月 20 日郑州市突降特大暴雨，降雨量突破了当地有气象记录以来的极值[①]，导致全城交通瘫痪，生活受阻，多地救援告急。在此次郑州市汛情中，除了国家救援力量外，在场者的"协商"自救引人注目，其中表现最突出的是一份刷屏朋友圈的"救命文档"。这份"救命文档"实际上是一份名为"待救援人员信息"的在线表格，网友们在这里自发上传、收集救援信息，参与此次郑州市汛情的应急响应。自 2021 年 7 月 20 日 20 时 57 分起，在 24 小时内，该文档被更新了 270 多版，访问量达 250 多万次，创下了单个文档在同一时段的历史访

---

① 河南河北等地有强降水"查帕卡"继续影响华南［EB/OL］.（2021-07-21）［2023-03-27］. https://baijiahao.baidu.com/s?id=1705872457668493214&wfr=spider&for=pc.

问最高纪录，最高峰时有 254 人同时参与在线编辑①。在灾情发生后的数小时、数日内，通过信息分享和协同编辑的庞大力量，一个简单的信息登记表格成为"救命文档"，进而被在场者丰富为承载了多种服务功能的应急信息网络，为汛情救援提供了明确的信息，争取了宝贵时间。

本研究选择这一样本的原因有二：其一，郑州市汛情危机突如其来，且连续多日，大批市民处于亟待救援的紧急状态。为应对危机，他们积极参与信息的获取、选择和传递，这些行动者留下的行为痕迹在一定程度上还原了应急信息网络构建的过程；其二，共享文档搭载的共享技术具有同步编辑、实时共享的技术特征，一方面为危机传播与管理的效率提升提供了支持，同时有可能导致信息网络陷入失序和混乱的风险。考察这一鲜明的技术特征在情境信息网络构建过程中的影响，以及在过程中产生的自我组织、运维机制，具有典型的案例价值。

（二）研究方法

本研究主要采用话语分析法和深度访谈法，考察共享技术影响下危机情境信息的构建过程。

首先，本研究将网友在该表格可编辑期间留下的最后的使用痕迹作为样本文本，对其进行认知话语分析（cognitive discourse analysis）。文本内容（截至 2021 年 12 月 27 日）是指该表格可供查看的、包含有效信息的（非空）单元格，共计 5360 个。该表格包含子表单 20 个，分别为：首页、车牌遗失信息、给河南加油、避险地点、医疗信息、互助介绍、漏电塌方风险地区、求助信息统计、救援队信息、物资援助、需救援、待救援人员信息、官方消息救援队信息、求助信息统计、心理疏导、已救援信息统计、民间救援队信息、文档修改意见汇总、官方救援队（临时备份）、114 查号。文本类型包括表格内容（时间、地点、人员、联系方式）、表格功能、表格形式（文字颜色、字

---

① 一份救命文档的 24 小时 [EB/OL].（2021-07-21）[2023-03-27]. https://mp.weixin.qq.com/s/nxHrvg_mg7e7VRmolW0_Tg.

体、填充色、符号)等信息。在分析过程中,本研究通过对样本文档进行时间轴整理、高频词分析、约束规则与机制话语的抽绎,梳理情境信息网络的构建过程,明确网络中各行动者的意义表达和身份构建,进而把握这一动态过程中共享技术具体产生了何种作用和影响。

其次,为了进一步验证话语分析中观察到的现象,本研究对样本文档的首位创建者 Manto[①] 进行了两次半结构化深度访谈。第一次访谈主要从共享文档发起者的视角,描述了共享文档建立的缘起,及其发展为最终的文档形态的完整过程。第二次访谈基于文档参与者的视角,主要聚焦共享文档在进行危机救援时的显著功能与特征,着重探讨了其中的开放性、自组织性和协商机制是如何体现、如何建立的。上述内容为本文在话语分析中的发现提供了重要的补充说明。由于参与其中的网友大多是依托共享文档平台临时组织起来的,汛情结束后,网友们的个人信息也在文档中被抹去,这对本研究中访问者的寻找、联系造成了困难。因此,本研究进一步针对腾讯官方(样本中共享文档应用的平台方)对外披露的报道内容进行分析,弥补研究者未能参与这份在线表格发展初期的观察缺失和探访样本不全面的遗憾。

四、研究发现

(一)共享技术:情境信息网络中的"关键行动者"

共享文档是一种实时协作的办公工具,支持多人同时在同一文档中进行编辑和实时讨论,因此被称为组编辑(group editor),意为允许多个用户通过网络同时参与一个共享数据对象(文字、图片等)的编辑和修改[②]。这种共享

[①] Manto,来自河南,是上海某大学的一名本科生。2021 年 7 月 19 日,河南汛情爆发,她因心系家乡,发动身边同学共同创建了《待救援人员信息》,以帮助受灾者获得援助。本研究对发起者 Manto 进行了两次深度访问,访问共 1 小时 20 分钟。

[②] BEAUDOUIN-LAFON M.Computer supported co-operative work [M].New York:Wiley New York,1999:103.

功能由"计算机协同工作（computer supported cooperative work，CSCW）理念"为其提供技术支撑，该理念由依瑞·格里夫（Irene Grief）和保尔·喀什曼（Paul Cashman）于 1984 年提出，意为"地域分散的群体可以借助计算机及其网络技术，共同协作完成一项任务"①。在本次郑州市汛情的应急响应中，所谓共享文档中的核心技术即"多人在线、协同编辑、异地同步"的共享技术，它使得公众可以简单、迅速、无门槛地进入信息网络，成为参与情境信息网络构建的行动者。

为进一步厘清情境信息网络的建构过程，本研究梳理了样本文档在建立后 24 小时中的重大事件节点。这份表格整理自腾讯微信公众号于 2021 年 7 月 21 日发表的文章《一个救命文档的 24 小时》。由于普通用户无法查看共享文档的编辑记录，这份来自腾讯官方对共享文档发展过程的披露对本研究具有重要价值（见表 2）。

表 2　样本文档建立后 24 小时中的重大事件节点

时间	重大节点	网络构建进程
2021 年 7 月 20 日		
20:57	文档被创建，设立了基本信息、求救人员信息、救援人员信息等表头	问题化、利益相关化
21:04	表格编辑的参与者逐渐增多，用不同颜色进行了功能区分	征召
21:10	出现了"地铁五号线""5号线隧道"等救援热点信息	利益相关化
21:21	新规则：出现了"核实信息"的规则	设置强制通行点
23:12	表格中标注了第一个脱离险境的家庭	动员
2021 年 7 月 21 日		
0:01	新增"可支援地点"表单，提供避险地点和救灾资源	问题化、利益相关化
0:10	新增"漏电风险地区"表单	问题化、利益相关化

---

① GRUDIN J.Computer-supported cooperative work：history and focus［J］.Computer，1994，27（5）：19-26.

续表

时间	重大节点	网络构建进程
0:59	新规则：划分需求等级——强、紧急、高、急	设置强制通行点
2:59	表格中标注了第一个"已成功救援"	动员
3:56	参与者自发提供的避险地点已超过50个	问题化、利益相关化
4:57	表格中标注了"我们的救援队到了"，成功实现内外救援资源对接	利益相关化、动员
5:23	新规则：不要误触文件；求助信息已超过500条，涉及数千人	设置强制通行点
5:59	医生们自发组织线上问诊群，为受灾群众提供线上医学答疑	问题化、利益相关化
6:56	出现专门的"待产孕妇生产指南"	问题化、利益相关化
8:10	编辑人数达到上限，出现254人同时在线编辑的情况	征召
9:54	不断有救援信息被划掉（救援完成）	动员
18:12	新规则：设置了独立首页目录作为索引，完善了表格内容指示标	设置强制通行点
18:59	求助信息超过1000条	征召

从表2可见，情境信息网络的发展特征如下：（1）问题化。从单一的"基本信息"到丰富的"功能分区"（可支援地点、漏电风险地区、线上问诊群、待产孕妇生产指南等），"问题化"过程逐渐丰富、细化。（2）利益相关化。求援者、专业救援组织、数字志愿者、场外专业人士、场外热心网友等多方行动者参与情境信息网络建设，进行积极的协同共创和资源整合，有助于提升情境信息的有效性、科学性。（3）征召与动员。志愿者在核实救援情况后，划掉了越来越多的脱险人员的信息，获救信息的不断涌现与实时展演提供了一种情感的正反馈。（4）强制通行点的设置。最早由网络发起者——数字志愿者设立了样本文档的部分规则，后续越来越多的行动者参与进来，通过组织、协商的方式，令样本文档的编辑规则不断被建立，协作规范逐渐丰富、明确（核实信息、划分需求等级、误触文件说明、目录索引）。

自社交媒体技术广泛应用以来，包括危机当事人、救援者、志愿者在内的主体通过社交媒体参与危机传播日渐成为主流[①]，多元行动者共同参与应急信息网络的现象并不鲜见。然而，本文关注的是，共享技术作为新近出现的行动者之一，对情境信息网络的构建过程（尤其是"转译"四要素）产生的特别意义。首先，由于共享技术创设的开放式协作环境，大量行动者可以在线、异地、同步参与信息发布，在信源丰富、信息多样的情境信息池中，行动者的问题呈现不断细节化，信息需求得到了个性化的满足，进而产生了"各取所需"式的自助救援新形式。其次，共享技术使得情境信息网络处于实时更新、动态变化的状态。行动者的资源整合、信息调配、情感动员等行为都能够被实时展现，令处在困境中的行动者更具安全感、凝聚力，有助于行动者群体的联盟巩固、目标统一和利益实现。最后，共享技术与协同工作理念孕育了情境信息网络中的协商、组织机制。以数字志愿者为核心的行动者巧妙地运用协作功能，建立协商程序、制定约束规则，为维护情境信息网络的良性运转提供保障。

下面，本文将就话语分析与深度访谈中的发现，从三个方面进一步详细阐述共享技术影响下情境信息网络"转译"过程的新特征。

（二）开放、协作的"问题化"：重塑情境信息的发布、获取与分配

在行动者网络理论中，行动者转译的第一个步骤即将关注的对象"问题化"。在本文的情境信息网络中，所谓"问题化"就是行动者在理解个人所处的危机情境之后，从中析出较为具体、准确的对危机情境细节的描述，进一步提出具有针对性的信息需求与情境判断，在危机传播中表现为行动者的信息发布、信息获取、信息分配行为。

以往，线上危机救援"问题化"的主导力量是数字志愿者。发布在社交平台的求助信息会被数字志愿者记录、梳理、总结，并对接给专业的救援团队，以人工中转的方式按需分发散点式的求援信息，以缓解集中式救援的注意力分配问题。然而，随着微博求援信息的爆炸式增长，以及受困者迫切的

[①] LIN X, SPENCE P R, SELLNOW T L, et al.Crisis communication, learning and responding: best practices in social media [J].Computers in human behavior, 2016, 65: 601-605.

自救需求，共享文档发起者（约 30 人的志愿团队）已无法负荷如此庞大的信息整理、核实和对接工作，于是这份工作文档向所有人打开了编辑权限。大量行动者涌入网络，造成了信息超载，传统"问题化"方式无法负荷如此庞大的信息量，使得"问题呈现"的过程不得不转向开放、协作的新形态。

> 我们最开始是有了一个方案，分为信息搜集、整理、核实三个步骤。最初大概有 30 个同学参与了这项工作。我先在共享文档中做了一个表头，包括基本信息、求救人员信息、救援人员信息，相对应的是三个志愿者群：信息搜集群、信息录入群、救援资源匹配群。后来，随着文档被转发到朋友圈和各种微信群，越来越多的人加入进来完善文档，它的发展速度已经超越我们的控制和预期了。当达到 200 多人同步编辑时，腾讯的团队注意到了这个文档，他们派出专业的算法工程师和公司的志愿团队为表格提供了扩容的技术支持，让更多受灾者可以参与表格的编辑。（受访者 Manto）

首先，开放式共创令信息发布的内容更丰富、细致。一方面，随着更多行动者加入应急信息网络，越来越多的细节化、个性化问题被呈现。这是由于每个个体身处的困境不同，开放式共创令个体困境有了被看见的可能。另一方面，集纳专业救援团队、算法工程师、医生、企业家等多元行动者的应急智慧，有效提升了情境信息的科学性、准确性。例如，文档中出现了"车牌遗失信息""充电桩信息""漏电塌方风险地区""待产孕妇生产指南"等非常细致的危机救援情境分类。正是由于细节性信息的相互激发，信息整合的力量大于信息简单相加的力量，为行动者做出决策提供了有价值的依据。

> 后来我听到很多反馈，说受灾者看到这个表格里某处有充电桩，或者想要找到临时的避难所，就在表格中查看就近的救援信息，然后根据信息去这个地方寻求帮助。一些孕产妇甚至通过表格中的知识科普正确处理了紧急情境下的身体问题。所以，与其说通过表格

调动救援力量救了多少人,可能更多的是受灾者查看信息之后的自救。(受访者 Manto)

其次,多元行动者的共同参与令个性化的信息需求得到满足。正是依托共享文档实时更新、多人在线、多点协作的丰富功能,行动者有机会在"问题化"的进程中发掘、获取更多的细节信息,构建对周遭危机环境的感知和理解,编织更为细密的情境信息网络。在救援人员无法及时抵达的时候,这种细节力量让个体的情境感知有可能被建立,其困境也有可能得到自我纾解。

最后,去中心化的集体协作促进了及时、合理、充足的信息分配,进而转化为救援中实际的资源匹配。有研究者在对灾难中的人类行为的研究中指出,在灾难发生时,最关键的问题不是人们失控的行为,也不是强烈的情绪反应,而是协调和组织的不足①。在对突发事件进行应急响应时,来自官方的救援力量会首先聚焦灾情发生的热点区域,而个别受灾者由于游离在核心救援组织力量之外,将面临救援资源分配不均的窘境。表格创建者 Manto 认为,与以往资源集中式的救援相比,共享文档表现出的开放、协作式救援,以及对民间救援者的征召与动员是颇具价值的,散点式的民间救援力量被充分调动起来,情境信息网络更具平台化的特征。

物资、医疗资源以及避难所这些部分,官方的救援力量会更强大,但是我看到表格中许多救援信息是来自民间的,如一些热心市民家中存有多余的日常物资或企业主恰好有安全的办公区可供避难、充电,他们就会将信息登记在表格中,让很多受灾者的救援需求很快就近匹配和解决,而且不会影响官方救援的时间、分散注意力。(受访者 Manto)

---

① FRITZ C E,MARKS E S.The NORC studies of human behavior in disaster [J].Journal of social issues,1954,10(3):26-41.

情境信息的协同构建：基于危机事件中的共享文档功能考察

基于共享技术，许多散点式的救援资源和人力被充分动员，使得传统救援中跨省市区级别的资源调配缩小为社区级别的资源内部流动，缓解了主流救援通道的压力，加快了救援优先级的分流。

由图1可见，在传统的互助救援方式中，线上志愿者、救援者与求援者形成了一个信息流转的闭环结构，其传播渠道局限于中心化、半封闭的信息网络，无论是信息的承载量还是响应效率都十分有限。在本研究的样本中，共享技术作为关键行动者，令"问题呈现"具有了开放、协作的新特征，重塑了危机情境中信息发布、获取、分配的流程，并由此推动了自助式救援的产生，创设了散点式、去中心化的开放信息网络，为危机应对中资源分配的效率问题提供了高效的解决方案，建立了危机应对的临时秩序，展现了强大的社会动员力。

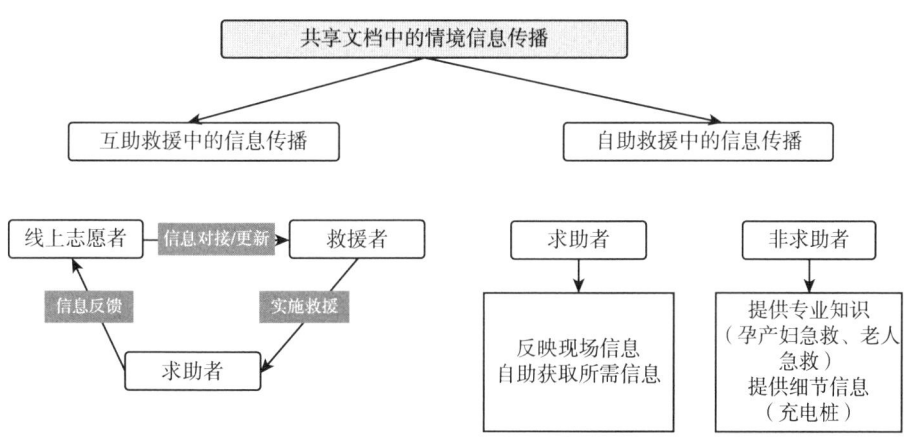

图1 情境信息网络中的互助救援与自助救援

（三）设置"强制通行点"：建立协商机制与约束规则

当回忆起巨量用户通过各种渠道点击链接，涌入表格查看和编辑的情形，共享文档创建者Manto在采访中用一个词来形容当时的局面，即"失控"。共享文档的本质是一个在线编辑表格，并没有严格的编辑规则限制，每一个单元格都是可被自由填充的，每个具有权限的编辑者也都可以自由修改、擦除表格中已有的内容。这就意味着,这份面向百万级用户的可被随意编辑的表格,如果没有一种有效的协作机制约束,将会成为一场数字混乱与灾难。那么,这份从零开始的共享文档是如何迅速发展为一份分类清晰、格式规范、简明高效的情境信息网络的?

  大概在(7月21日)凌晨三四点的时候,一些专业救援人员和热心同学开始自发在群里维护秩序,说"大家不要随便乱动那个文档,我们正在整理维护它",这时候文档也开始发生一些变化,出现了一些大字提示,如"不要乱写,不要乱改"等,这个就是最早的编辑规则。我和一些同学在互联网公司实习过,我们按照实习经验对在线表格进行了一些布局上的调整,同时还有很多不认识的热心网友和专业人士,丰富了医疗、心理咨询等功能板块。后来腾讯团队的人加入进来,表格就变得更专业、更规范了。服务商腾讯,也在后台持续提供产品支持,了解灾情后,快速上线了33个腾讯文档的救灾模板,提供社会各界直接使用。(摘自《救命文档的24小时,一款互联网产品迎来了高光时刻》)

信息技术、危机救援的专业人士、具有文档使用经验的网友等多元行动者合力完善了文档的功能,提升了这一数字信息平台的便捷性和易用性,加速了情境信息网络的成形。当文档的功能基本搭建完成后,行动者们因身处异地、关系陌生和彼此工作经验的不同,难免产生规则制定上的争议和分歧,如何在这种特殊情境下进行协商和交流成为线上危机响应的一个难题。那么,在应急信息网络中,异质行动者及其行动中产生的矛盾、冲突是如何被化解的?

过去,"强制通行点"的设置主要由少数网络发起人主导,而在本研究的样本中,数字志愿者通过共享文档的诸多功能设立了高效、透明、科学的民主协商程序,鼓励更多的行动者参与到OPP设置的协商中来。行动者通过提案的形式在一行表格中阐述自己的修改意见,需要完善的提案信息有:提出人、意见类型、具体内容、原因、回复(意见的反馈)、进度查询(是否落实了这项意见），大家为意见评级（从一星到五星，表达对意见的支持程度）。获得民主评级较高的修改意见会被优先落实，落实进度也可以被实时、公开查看，完成了贯穿提案、讨论、监督、落实的流程闭环，有效解决了多元行动者的协作阻碍问题。

在上述问题得到妥善解决后，文档最核心的功能——资源的有效、准确匹配是如何实现的，救援单位有限的注意力资源又是如何被有序、按需分配的，这是本研究关注的焦点。

本研究根据共享文档文本中出现的高频词语绘制了词云图（见图2）。出现频率在前10名的词语是："紧急""老人""信息""被困""核实""急需""目前""河南省""救援""电话"。

图2 样本文档内容析出的高频词云

其中，"老人""被困""急需""目前""河南省"等高频词来自求救者的情境描述，"信息""电话"来自文档的模板式标题栏。此外，"紧急""核实"这两个关键词引起了本研究的关注，这也代表了这份样本文档最为核心的两项"强制通行点"：救援响应机制与信息核实机制。

> 比如，某个人需要某种物资，他不是那么紧急，或者说他的需求只要有物资或者是个人的力量去提供帮助就能被解决。我们就会把这种需求的评级降低一些，让零散的、就近的救援力量直接通过表格对接他。如果涉及受伤、被困多日这种紧迫的情况，我们会标注"特别紧急"，让志愿者与他确认状态、保持联系，并把他优先、

迅速地对接给专业的救援团队。（受访者 Manto）

这意味着情境信息网络的救援响应机制应按照评级高低分为两层：评级较低的需求会由民间救援力量自发进行点对点对接；评级较高的需求将转入核心行动者团队，由线上志愿者进行一对一对接与资源匹配，实现响应和处理效率的最大化。此外，这种效率的提高离不开信息核实机制的运转，它有效过滤了一定的错误、虚假信息，避免了资源的重复利用与浪费。

我在（微信）群里面也遇到骗物资的情况，如他在表格中说急需某种物资，但其实他并没有这种需求。所以需要志愿者的核实，针对这种较为紧急的需求，志愿者会通过多次拨打电话等方式来核实信息的真伪，如果它是假的，我们也会第一时间在群里同步，并将这一条目在表格中删除。同时，我们会对涉及生命安全的信息进行跟进随访，如果已经完成援助，我们会在表格中标记删除线，防止后续救援的重复劳动。（受访者 Manto）

综上，在情境信息网络中，一条具体的信息会经过信息发布、信息排序、信息核实与更替三个步骤进行流转，完成其在救援行动中的功能闭环。所有行动者的具体行为都围绕着文档的编辑与维护两个方面展开。从文档功能与规则完善的形式线到文档需求阐明与资源匹配的内容线，从求援信息优先级标注机制到信息核实机制的互为补充，展现"强制通行点"对维护情境信息网络高效运转的重要价值（见表3）。

表3　情境信息网络的运维机制

操作类型	响应需求	约束规则
文档维护	信息环境的安全需求	"不要随便按撤销键！直接在最新一行进行填写，不要私自修改其他信息（已获得救援请标明！）""如果想看隐藏栏信息，请把在线表格下载下来本地查看，线上不要打开看了（防止误触）""不小心改动了一个数字可能就失去了一个联系方式、一条人命，感谢每个可爱的人"

续表

操作类型	响应需求	约束规则
文档编辑	信息发布的准确需求	"发布信息时请标注信息是否经过核实，消息源来自哪里""如发现假消息请及时标注辟谣，并附依据"
	信息排序的紧迫需求	"请按照伤员受伤情况、水势危急程度、是否有老人、病人、小孩、孕妇等弱势群体为标准进行优先级标注"
	信息更替的高效需求	"如已完成援助请及时标注，以免浪费救援资源。"

由表3可见，行动者在情境信息网络中的行动主要有两种：一种为文档维护，主要对应信息环境的安全需求。由于共享文档多以小程序的形式在微信中被打开使用，受到手机显示屏的面积、敏感度以及无门槛的开放编辑规则的影响，极易发生文档内容的误修改和误删除，所以此类规则的建立很大程度上避免了误操作带来的诸多弊端。另一种为文档编辑，主要满足三类需求：其一，信息发布的准确需求。通过网友个人提供的信息线索，志愿者参与线上信息核实，避免谣言和虚假信息带来的资源浪费。其二，信息排序的紧迫需求。参与者尤其注重求援信息的紧急程度，自觉按照伤员受伤情况、水势危急程度分类，以是否有老人、病人、小孩、孕妇等弱势群体为标准，为救援团队厘清求援需求的优先级排序。其三，信息更替的高效需求。志愿者对已完成救援的需求进行核实，并在共享文档中用删除线标注，实现"线上—线下—线上"的有迹可循的救援闭环。

在郑州市的案例中，线上志愿者作为情境信息网络发起者，其关心的主要问题是"如何及时获得准确的情境信息，有效地帮助当事人作出应对危机的判断和决策"，这也成为行动者们的集体目标。虽然开放式、无门槛的特征对线上大规模的群体协作提出诸多挑战，但行动者基于对共享技术和语言的充分理解与运用，在短时间内合力完成了功能搭建与协商程序建设。他们通过设置"文档维护"与"文档编辑"两项重要的"强制通行点"，让情境信息网络的运转满足安全、准确、紧迫和高效的需求，有效降低了行动者带来虚假消息和传播谣言的风险，使群体行动者的目标统一和权益实现成为可能。

（四）可视化的积极"动员"：因地制宜、超越文本的情感支持

作为建立行动者网络的最后一步，网络发起者往往以"动员"行为为主导，通过调动多重资源加固网络中行动者的共同目标与凝聚力。不过，在共享文档中，多元行动者被共享技术充分赋权，通过对文档信息进行批注、标记、涂色、绘制形状等"因地制宜"的编辑方式，将鼓励、安慰、同情等抽象情绪具象化，提供了超越文本的情感支持，令这一网络中的行动者联盟更为坚固可靠。

情感支持（emotional support）是指帮助受灾者缓解危机中产生的情感压力并减少灾后继发的情感创伤。更重要的是，有研究表明，这种社会支持必须被在短时间内迅速供应，才能最大限度地减轻危机对公众的影响[1]。当公众通过社交媒体相互表达情感支持的时候，他们变得相互依赖和依恋[2]。近年来，线上危机响应的相关研究开始关注情感支持信息的作用和价值。在最新的一项信息传播的研究中，研究者通过自然语言处理技术对微博用户发布的情境信息进行识别。研究中选取的情感支持类信息样本主要有以下两种形式：（1）用户在社交平台通过文字进行正向/负向情感表达，并从网友的文字评论、回复中获得情感支持；（2）用户通过文字发布的与心理咨询、情感支持相关的专业性信息和知识。研究发现，情感支持类信息对受害者从情感伤害中恢复具有积极作用，分享这类信息有助于他人获得集体支持并感同身受[3]。不仅如此，情感类信息也会成为发动公民主动参与自组织活动的驱动要素。

巴斯·登特（Bas Denters）在其著作中提出名为"ACTIE"的公民参与自组织活动的模型，讨论了驱动公民自发参与活动的动力来源：A—aim & ambitious（目标和野心），C—contacts（人脉与社会关系），T—talents and time

---

[1] KANIASTY K, NORRIS F H.A test of the social support deterioration model in the context of natural disaster［J］.Journal of personality and social psychology，1993，64（3）：395.

[2] RUTHRAUFF J.A new weave of power, people & politics：the action guide for advocacy and citizen participation［M］.London：Practical Action Publishing，2004.

[3] LI L，ZHANG Q，WANG X，et al.Characterizing the propagation of situational information in social media during COVID-19 epidemic：a case study on Weibo［C］//IEEE Transactions on Computational Social Systems.Piscataway，NJ：Institute of Electrical and Electronics Engineers，2020（99）：1–7.

（人力、财务资本与时间），I—institutionalization（制度化），E—expectations and empathy（期望和同理心）①。反观郑州市案例中的情境信息网络，行动者实现自救的共同目标（指标 A）固然是推动情境信息网络建立的重要动力，而对汛情困境尽快纾解的共同期盼（指标 E）与危机现场内外的"感同身受"，似乎也成为推动网络发展和致密的重要动能。触发同理心的情感支持类信息衍生了新的可视化形式，并成为激发行动者的积极性与群体凝聚力的新变量。

本研究发现，在样本文档中，色彩、图形、字号、样式等表格编辑元素可以直接作用于人的视觉感知，并进一步唤起情感。例如，2021 年 7 月 21 日晚，郑州东站一位滞留旅客在样本文档某表单的最后一行留言，表达了被困车站的沮丧情绪。多名网友发现了这条因表单体量过大而可能被忽视的留言，自发地用标记粉色色块的"加油"将这句话团团围住。后来，越来越多的网友开始在文档中表达情感支持，最终形成了一页名为"给河南加油"的表单，截至 2021 年 11 月 26 日，仍有 334 条情感支持信息保留在此。

在腾讯官方公众号的报道中，有受灾者谈到，表格中越多的信息被划掉（代表已完成救援），内心就越踏实、越有活下去的信心和希望。同时，一位参与救援的技术工作者戴阿迪（昵称）同样感受到了共享文档传递的情感力量。

> 从昨晚午夜到现在，我都在处理求助、求救的文档，我这辈子都没见过这么多的求助信息，我也没想过……我曾以为腾讯文档可能只是一个提升生产力的工具……没想到，我所服务的产品竟成了一个求生工具。协作光标像 SOS 那样闪，能把人看哭。（摘自《一个救命文档的 24 小时》中的网友留言）

综上，表格单元格的颜色、字体、字号、删除线、图案、造型等元素超

---

① DENTERS B.Community self-organization：potentials and pitfalls［J］.Critical reflections on interactive governance，2016：230-253.

越了单纯的文字,以富含中国精神意味的视觉符号和颇具仪式感的文字样式丰富了情感支持的表达。其次,共享技术带来的共时性编辑功能让"不断闪动的协作光标""团团围住的加油"显著塑造了"集体共在"的临场感,让无形的情感支持在数字表单中有形化,强化了行动者被关注、被支持的安全感与认同感。在正向情感支持的动员下,行动者们以更为积极的面貌参与情境信息网络的持续建设和维护,为网络的持续活跃和发展提供动力。

五、结论与讨论

随着社交媒体在危机响应中的角色日益变得重要,线上救援成为危机传播研究中不可忽视的现象。正如前文谈到的,响应郑州市汛情的数字志愿者主导了这场线上救援,在汛情爆发的初期,他们率先创建了情境信息网络,并完成了情境信息与求援需求的关键中转。然而,郑州市案例的独特之处在于,除却数字志愿者们的出色工作,共享技术作为网络中的"关键行动者",其征召多元行动者参与情境信息网络构建的庞大社会力量不容小觑。在开放、协同的"问题化"进程中,细节性信息彰显了重要价值,并催生了自助救援的新形式。此外,网络发起者建立了透明、客观的协商程序,动员了更多行动者参与"强制通行点"的设置,有效降低了情绪极化与谣言传播的风险,加固了情境信息网络的护城河;可视化的情感动员完善了危机应对中的情绪纾解功能,加强了网络联盟的凝聚力量,有效提升了行动者的积极性。由此,情境信息网络的构建和发展过程表现着有别于以往的新特征,展现了数字技术作用于危机传播与危机管理的潜力和价值。

因篇幅有限,本研究未能对许多问题进行深入探讨,这也是研究者在未来危机响应研究的着力之处。第一,共享文档作为一种无门槛、多人同时在线的信息平台,在大规模应急响应中仍存在脆弱性、失序性和隐私泄露的风险,这将在一定程度上影响其在危机传播中的效力。共享文档距离成为理想的、常态化的应对突发事件的信息传播工具仍有发展的空间。第二,本文探讨的是共享文档对危机当事人的情感支持作用,但未能展开探讨其对数字志愿者的情感影响。此前，一篇聚焦海地地震中数字志愿者的研究发现，参与线上救援的数字志愿者在救援后往往呈现沮丧、疲惫甚至恐惧的消极情绪[①]，而在本研究整理的资料与访谈中，参与此次郑州汛情救援的数字志愿者呈现了更为积极的状态和情绪面貌，并期待借助救援经验帮助更多的人。这种情绪反馈的差异是与危机事件的程度有关，还是与不同国家的文化语境有关，还有待进一步的研究。第三，本文更多关注危机响应中情境信息的类型、内容特征，聚焦其在协同文档这一媒介中表现出来的新变化。后续研究可以继续关注情境信息的多元行动者间的关系、传播路径、传播环境等重要面向，以呈现危机传播中情境理论的系统面貌。

未来，开放式的协作救援将在线上危机应对中扮演重要角色，成为数字时代守望相助的新形式。有关此次共享文档对危机应对的经验总结，会对未来常态化、系统化的危机响应处置方案提供借鉴与意义，而以上讨论中的问题，或可为未来的相关研究与实践应用提供启发。

[①] STARBIRD K，PALEN L.Voluntweeters self-organizing by digital volunteers in times of erisis［C］//Proceedings of the SIGCHl conference on human factors in computing systems.New York：Asociation for Computing Machinery，2011：1071-1080.